作者简介

尹伶俐 教授，思政部主任。"教学名师"、省高校思政课骨干教师、省高校素质教育委员会委员，黄埔区理论教育讲师团成员。主持省优质课程、省部级课题，主编多部教材，发表论文几十余篇。

高校德育成果文库·教育部思想政治工作司组编

海洋文化传承与爱国主义教育

——以广州航海学院为视角

尹伶俐　贾文武◎编著

中国书籍出版社
China Book Press

图书在版编目（CIP）数据

海洋文化传承与爱国主义教育：以广州航海学院为视角/尹伶俐，贾文武编著.—北京：中国书籍出版社，2015.1
ISBN 978-7-5068-4699-8

Ⅰ.①海… Ⅱ.①尹…②贾… Ⅲ.①高等职业教育—海洋—校园文化—研究—广州市②高等职业教育—爱国主义教育—研究—广州市③高等职业教育—德育工作—研究—广州市 Ⅳ.①G718.5②G711

中国版本图书馆 CIP 数据核字（2015）第 007739 号

海洋文化传承与爱国主义教育：以广州航海学院为视角

尹伶俐　贾文武　编著

责任编辑	卢安然
责任印制	孙马飞　马　芝
封面设计	中联华文
出版发行	中国书籍出版社
地　　址	北京市丰台区三路居路 97 号（邮编：100073）
电　　话	（010）52257143（总编室）　（010）52257153（发行部）
电子邮箱	chinabp@vip.sina.com
经　　销	全国新华书店
印　　刷	北京彩虹伟业印刷有限公司
开　　本	710 毫米×1000 毫米　1/16
字　　数	323 千字
印　　张	18
版　　次	2015 年 3 月第 1 版　2015 年 3 月第 1 次印刷
书　　号	ISBN 978-7-5068-4699-8
定　　价	68.00 元

版权所有　翻印必究

总　序

中发〔2004〕16号文件颁发以来，各地各高校充分认识高校德育工作的极端重要性，坚持育人为本，德育为先，坚持贴近实际、贴近生活、贴近学生，不断推进理论、内容、机制和方式方法的创新，在传承中发展、在改进中加强、在创新中深化，大学生思想政治教育的吸引力、感染力、针对性、实效性不断增强，科学化水平不断提高，基本形成全员育人、全方位育人、全过程育人的生动局面。

今年是中发〔2004〕16号文件颁发十周年，为深入研究总结和集中展示近年来各地各高校落实立德树人根本任务、推动高校德育创新发展的理论和实践成果，教育部思想政治工作司决定组织出版《高校德育成果文库》，旨在引导和鼓励思想政治教育工作者聚焦高校德育工作的重大理论和现实问题，系统总结梳理近年来各地各高校加强高校德育工作所取得的可喜成绩和宝贵经验，并对下一步工作进行系统设计和统筹谋划，切实提高高校德育工作的水平和质量。

《高校德育成果文库》坚持正确的政治方向和学术导向，围绕立德树人根本任务，收录了一系列事迹案例鲜活、育人效果显著的研究专著、工作案例集、研究报告等成果。入选《高校德育成果文库》的这些著作都是各地各高校在长期研究和探索过程中心血和智慧的结晶，他们着眼于高校德育领域的重要理论和现实问题，研究规律，总结经验，探索路径。这些作品从不同的角度反映了高校德育理论研究与实践探索的丰硕成果，是推动高校德育创新发展的宝贵财富。

希望在《高校德育成果文库》的引领和示范下，各地各高校继续坚持理论联系实际，以高度负责的态度、科学严谨的精神开展理论研究和实践创新，不断丰富路径载体、健全长效机制，坚持以社会主义核心价值观引领学校德育工作，为培养德智体美全面发展的中国特色社会主义事业合格建设者和可靠接班人做出新的更大贡献！

《高校德育成果文库》编委会

本书编委会

主　编：尹伶俐　贾文武
副主编：牟方君　马国华　陈雪芳
编　委：吴妙英　黄丽红　雷新兰　黄咸强　王　华
　　　　　王明霞　陈　艳　孙利龙　施群丽　李旭霞
　　　　　苏怀富　欧俊伟　陈　沁　陈　驰　朱　楷

序

《中共中央关于进一步加强和改进德育工作若干意见》中明确指出："现在和今后一二十年学校培养出来的学生,他们的思想道德和科学文化素质如何,直接关系到二十一世纪中国的面貌,关系到我国社会主义现代化建设的目标能否实现,关系到能否坚持党的基本路线一百年不动摇。必须站在历史的高度,以战略的眼光来认识新时期德育工作的重要性。"今天,世界各海洋大国之间展开了作为综合国力重要领域的海洋经济、海洋科技、海洋军事竞争,而左右这种竞争格局和态势、决定这种竞争发展方向的是世界各海洋大国的海洋思维、海洋意识、海洋观念等海洋文化因素。对于航海院校而言,站在历史的高度,以战略的眼光来认识新时期航海院校德育工作,就必然发现航海院校德育教育中传承海洋文化价值与贯彻并体现海洋爱国主义教育显得何其必要和紧迫。对于航海院校思想政治理论课的教师而言,更须站在历史的高度,忠诚党的教育事业,以为海洋强国服务的社会责任感,大力加强海洋文化传承与海洋爱国主义教育。

教育的核心职能是在传递文化、培养文化主体的过程中,使民族文化传统得以继承,民族精神得以弘扬。海洋文化价值教育在对海洋文化的传递、选择、发现、创造中起着不可替代的重要作用。航海事业是一个国家对外联系的纽带,体现着这个国家的经济实力。没有一个发达国家的航海事业是虚弱的,也没有一个国家航海事业衰败而国家反而强盛。无数的历史事实已经证明了这一点。大国崛起的历史深刻地告诉我们:海洋文化的传承与海洋爱国主义教育是大国思维、大国战略。海洋文化的传承与海洋爱国主义教育是社会发展对航海院校提出的新要求,航海院校要善于用航海文化价值不断丰富和发展航海学子的文化内涵,塑造航海学子的形象。

航海院校的思想政治教育要坚定不移地依托海洋文化价值的力量开展。海洋文化是海洋强国的内在精神与素质,是一国成为海洋强国的内在动力和外在表现，是海洋强国始终保持旺盛生命力的源泉。建设海洋强国，必须打造海洋文化，弘扬海洋文化。航海院校海洋文化要有地域特色。广东省的海洋文化历史悠久，广东省的航海院校既要善于挖掘广东省航海文化资源，又要清醒地意识到广东作为海洋大省、航运大省、海事大省，在国家实施海洋强国战略的过程中有着举足轻重的地位。航海院校要充分地利用自身优势，通过宣传教育，提高广东人民的海洋意识，帮助他们了解海洋文化，了解国家的海洋强国战略，从而更好地为祖国的航海事业贡献力量。

  作为航海院校的思想政治教育工作者，我们更加深刻地认识到：海洋与中华民族的命运息息相关，海洋爱国主义是建设海洋强国的精神动力。面对严峻的海洋形势，在建设海洋强国的过程中需要不断加强海洋爱国主义教育，需要深入探讨海洋爱国主义教育的时代内涵，注重引导青年学生透过对中国海洋历史与现状的认识，深刻领悟海洋强国战略的现实意义与时代价值，不断弘扬爱国主义精神。

编者
2014 年 12 月

目 录
CONTENTS

第一篇　理论研究篇 …………………………………………………… 1

第一章　探究德育机理　提升教学实效 / 3
 第一节　强化高校思想政治教育若干要素　/ 3
 第二节　开发高校思想政治教育文化载体　/ 7
 第三节　改革高校道德教育教学　/ 13
 第四节　促进思想政治教育科学发展　/ 16
 第五节　完善高校思想政治理论课实践性教学　/ 21
 第六节　提升高校思想政治理论课教师职业道德　/ 25

第二章　深厚蓝色情感　挚爱海洋中国 / 30
 第一节　海洋爱国主义教育的基础　/ 30
 第二节　海洋爱国主义教育的时代内涵　/ 38
 第三节　全球化背景下航海院校爱国主义教育的再认识　/ 46
 第四节　加强航海院校爱国主义教育的策略　/ 51
 第五节　海防文化与海洋爱国主义教育　/ 58

第三章　观照生态哲学　丰实海洋伦理 / 73
 第一节　马克思主义哲学的海洋生态道德关怀　/ 73
 第二节　海洋生态道德展开人类文明的新征程　/ 81
 第三节　高等院校生态道德教育　/ 85

第二篇　特色经验篇 …………………………………………………… 103

第一章　特色校园文化建设 / 105
 第一节　我院航海特色校园文化的内涵及功能　/ 106

1

第二节　我院航海特色校园文化建设的思路　　　　　　　　　　／108
第三节　我院航海校园文化的构建　　　　　　　　　　　　　　／111
第四节　我院航海特色校园文化建设中的思想政治教育　　　　　／124

第二章　坚持航海特色　打造实践平台　完善育人体系　　　　　　／130
第一节　打造学校思想政治教育与航海职业教育创新性结合的特色　／130
第二节　依托半军事管理促进学生形成"三自我"的良好意识　　　／133
第三节　营造以"蓝色文明"为核心的校园特色文化氛围　　　　　／139
第四节　巩固暑期"三下乡"社会实践活动的特色育人功能　　　　／144
第五节　探索建立以协同创新理论为突破口的特色育人机制　　　／145

第三章　强力推进特色课堂教学与省级优质课程建设　　　　　　　／147
第一节　《思想道德修养与法律基础》课程建设　　　　　　　　／147
第二节　《毛泽东思想和中国特色社会主义理论体系概论》优质课程
　　　　建设　　　　　　　　　　　　　　　　　　　　　　／155
第三节　利用红色文化提高《概论》课教学实效性的思考　　　　／166

第三篇　调查报告篇　　　　　　　　　　　　　　　　　　　　　171

第一章　广州大学生创业引领和创业孵化基地建设研究报告　　　　／173
第一节　研究背景及意义　　　　　　　　　　　　　　　　　　／173
第二节　主要研究工作概述　　　　　　　　　　　　　　　　　／175
第三节　卓有成效的广州航海学校创业引领工作　　　　　　　　／196

第二章　我校大学生职业生涯规划教育　　　　　　　　　　　　　／204
第一节　大学生职业生涯规划教育的价值　　　　　　　　　　　／204
第二节　我校大学生职业生涯规划教育的现状　　　　　　　　　／205
第三节　校企合作对我院大学生职业生涯规划教育的拓展　　　　／211

第三章　广州航海学院实践教学调研报告　　　　　　　　　　　　／218
第一节　我院实践教学开展的背景　　　　　　　　　　　　　　／218
第二节　我院实践教学开展情况综述　　　　　　　　　　　　　／220
第三节　我院实践教学调查问卷及分析　　　　　　　　　　　　／228
第四节　完善我院思政课实践教学的建议　　　　　　　　　　　／238

第四章　新时期高校良好师生关系的构建研究　　　　　　　　　　／241
第一节　构建高校良好师生关系的必要性　　　　　　　　　　　／241
第二节　我校师生关系的现状考察　　　　　　　　　　　　　　／243

第三节　新时期高校良好师生关系的构建　　/248
　第五章　航海院校学生心理健康调查报告　　/254
　　第一节　新生心理健康状况调查　　/254
　　第二节　航海类专业贫困生健全人格的培养策略　　/257
　　第三节　航海类专业学生的人格特点及相应的教育对策　　/261

第四篇　工作大事记　　265
广州航海学院德育工作大事记(2005-2013年)　　/267

后　　记　　274

第一篇 01

理论研究篇

柏拉图有言:"人心可分为二,一部较善,一部较恶。善多而能制止恶,斯即足以云自主,而为所誉美;设受不良之教育,或经恶人之熏染,致恶这一部较大,而善这一部日益侵削,斯为己之奴隶,而众皆唾弃其人矣。"司马光也曾给出"才者,德之资也;德者,才之帅也;自古以来,国之乱臣,家之败子,才有余而德不足也"的精辟论断。知识经济、数字化时代,拥有高尚灵魂的创新人才乃民族国家掌握竞争主动权的根基。可见,重视德育是中外古今的共识。因此,经强化教育要素、促进学科发展、改革教学方法,探究德育机理,提升教学实效;由关切海洋现实、体认海洋文化、投身海洋实践,深厚蓝色情感,挚爱海洋中国;自和谐人海关联、规制涉海行为、培养绿色公民,观照生态哲学,丰富海洋伦理;以注重价值导向、恪守价值观念、完善治理结构,聚焦科技伦理,强化科学道德,实为当下高校德育的急点、重点与中心点。

第一章

探究德育机理　提升教学实效

21世纪是知识经济的时代、是数字化的时代。这个时代的竞争，归根到底是人才的竞争，谁培养了具有创新能力的人才，谁就掌握了竞争的主动权。不过，针对现实和未来发展的需要，所培养的人才不仅要具有开拓新知识的能力，而且还要具有一个高尚的灵魂。当今时代经济全球化，政治多极化，信息网络化，选择和运用相适的载体对大学生进行有效的思想政治教育，是各高校面临的突出问题之一。05方案的实施对于高校思想政治理论课教学摒弃传统陈旧的教学方法，吸取优秀教学方法之精华，运用情感等非智力因素的效应及良好的学法指导，充分调动学生学习政治理论课的热情与积极性，提高学生课堂参与率，促进学生有效接受教育内容等有着根本的指导作用。实践性教学是思想政治教育的现实性、思想政治教育价值实现的实效性与社会现实生活及其他实践活动的紧密结合，是思想政治教育本质属性最显著的表现，是思想政治教育发展的趋势，是实现思想政治教育实效性的重要环节，指引着思想政治理论课教学方法发展研究的方向。实践性教学也对任课教师业务能力尤其是职业道德素养提出了更高的要求。

第一节　强化高校思想政治教育若干要素[*]

江泽民同志在《关于教育问题的谈话》中指出："抓好教育和青少年的思想工作，直接关系到我们实施科教兴国战略能否取得成功，关系到社会主义现代化建设能否取得成功，大家都要从这样的高度来认识问题、开展工作。"2004年中共中

---

[*] 本节作者陈艳。原文《加强高校思想政治教育的若干要素》发表于《广州航海高等专科学校学报》(2005年8月)。

央、国务院下发《关于进一步加强和改进大学生思想政治教育的意见》，这既是高校加快改革发展的有力精神武器，也是高校深化思想政治教育工作的宝贵财富。不同地区、不同专业的各个高校应如何结合中央决策方针，联系工作实际贯彻落实，赋予思想政治教育课以新的教学内容、教学手段、考核办法等，成为近年来越来越受到大家关注的课题。

一、思想政治教育的"内容"要素

教育法规定：国家在受教育者中进行爱国主义、集体主义、社会主义的教育，进行道德、纪律、法制、国防和民族团结的教育。教育应当继承和弘扬中华民族优秀的历史文化传统，吸收人类文明发展的一切优秀成果。上述这些思想政治教育的内容，每一项又可具体分为许多方面。从定义上看，思想政治教育的内容既有相对的稳定性，又有现实的变化性，是非常丰富多彩的，不过，教材在内容编排上却总有某种程度的滞后性，缺乏变化，有些内容重复或和现实脱节。

特别是最近这几年，由于对外开放步伐的加快，各种思潮涌入国内，各种深层次矛盾日益显露，人们的价值取向日趋多元化。这种多元化主要表现在：享乐主义和拜金主义思想严重，个人本位、功利主义观念滋长，价值观模糊，在知行关系上道德认知与道德实践脱节。这些变化也反映到年轻人集中的高校中，对思想政治教育课提出了新挑战。如果教育工作者不善于在实际中去发现内在或外在的问题，单纯片面地看待学生的精神需求与物质需求，主观武断地对学生的思想状况或性质加以判定，同时照本宣科的话，那么思想政治教育就会缺乏内容，也就必然会回到"形式主义"的老路上来。目前一些高校思想政治教育课的美誉度偏低，处于"三不太满意"，即领导不太满意、学生不太满意、教师自己也不太满意状态。原因之一就是有些课程内容重复、空泛，使学校的思想政治教育工作因脱离现实而被弱化。以哲学为例，从初二就开始学生产力、生产关系，高三的文科又学，到了大学再学，虽然说大学的理论性强了，但学生们总感到提不起兴趣，教学效果也就大打折扣。因此，思想政治教育课的内容必须针对学校的具体情况、学生的具体要求设置。在和党的政治大方向保持一致的情况下，要结合学生的实际，在挖掘中华民族优秀文化传统、突出民族性的基础上，借鉴其他国家成功经验，对大学生的人生观、价值观进行潜移默化的影响。

二、思想政治教育的"环境"要素

思想政治教育的环境是指教育工作者依据一定的目的，有计划地选择、加工和创造的对人的思想情感产生激励、鼓舞和促进作用的环境。它既包括自然性环境因素,又包括社会性环境因素;既包括物质性环境因素,又包括精神性环境因素;既包括政治环境因素,又包括经济环境因素与文化环境因素;既包括历史的因素,又包括现实的因素;既包括社会大环境,又包括社区环境、组织环境、家庭环境、人际环境等范围相对较小的环境。这些大大小小、各式各样的环境因素构成思想政治教育环境的网络系统,全方位地、多渠道地影响着思想政治教育过程、影响着大学生思想政治品德的形成。如上面提到的改革开放的社会大环境导致了大学生群体思维异常活跃等。而面对如此广泛而复杂的环境系统,高校可试着从以下方面着手,建立一个优质的思想政治教育环境。

首先,培养优良的校风。优良的校风是高校长期积淀下来的。它的主要内容包括:教师端正的教风,学生良好的学风,管理者优良的政风。

其次,建立繁荣的校园文化。一是建立完备的思想政治教育和知识传播体系,二是开展充实的校园业余文化生活,三是创建优美的校容校貌。

最后,完善思想政治教育体系。高校除了原有的思想政治教育部门外,还应增设外来信息的接收部门(如校信息办公室)、信息分析部门(如政策研究室等)、信息处理部门(如校教育改革委员会等)。

三、思想政治教育的"途径"要素

思想政治教育的方式、方法是多种多样的,而其中课堂教学在大学生思想政治教育中发挥着主导作用,那么,如何讲活、讲好,让学生喜闻乐见,看似老生常谈,实则举足轻重。笔者结合自己两年来的教学实践认识到:课堂教学是大学生思想政治教育的一道"主菜",完全可以烹制得色、香、味俱全,厨师就是我们这些思想政治教育课的教师们。比如在讲解邓小平理论中的一些改革和发展原理时,主要用实际的事例来讲解"大道理"。广东是我国改革开放的前沿,在改革开放中长时间领风气之先,创造了许多全国第一。笔者就利用这些发生在学生身边的事情和变化,在讲课时摆事实,举数据,看变化,谈感受,使书本知识变得生动起来;同时,较多引入一些社会流行的热门话题,让学生畅所欲言,提出自己的观点与困顿疑惑,组织他们讨论,然后有针对性地加以引导。当我们设身处地为他们着想,真心实意关心他们的成长,并使课堂成为帮助学生解开思想疙瘩的场所时,学生自然会喜欢这样的课堂。当然仅仅靠课堂教学还不够,还应积极拓展思想政治教育课的实践参与功能。根据课程的需要组织学生赴工厂、农村等地实地考察,然后根据社会实践的主题,组织学生撰写调查报告或小论文,让学生真正做到理论和实践相结合。此外,还要充分利用电视、电脑、计算机网络等多种手段,发挥大众传媒的作用,打破传统教育时空上的限制,拓宽思想政治教育的信息渠道,给教育对象多种选择。特别是现在网络在高校学生生活中占据的地位越来越重要,网络媒体处于思想舆论阵地的前沿,只有在加强互联网宣传队伍建设中,用客观、公正、翔实的报道先发制人,为社会公众提供全面、透明、迅捷的信息服务,才能引导舆论。因此,有必要在网上建立"大学生生活社区""网络虚拟群体"等新型大学生组织,让它们成为思想政治教育的重要补充。

四、思想政治教育的"时间"要素

在以往乃至当前的某些高校思想政治教育中,有的领导将这项具有学习教育色彩的工作等同于"学习教育",尤其表现在时间的安排上。平时埋头抓学习,上面的指示一来就集中"学习"文件,或是宣读,或是班会,会后效果并不明显。是不是时间太少没有保障学习的效果呢?多集中学习几次效果就会提高吗?其实不然,症结就在于对"时间"的理解有误。思想政治教育决不能仅仅等同于"学习教育",思想政治教育的时间不可能是集中的某个时间点或时间段,它应该贯穿于学生的学习、生活全过程,思想政治教育工作者必须紧密跟踪学生的思想动态,及时收集各方面的反馈信息,深入了解学生的所思所想以及"思不清,想不通"的问题。这一方面要求教育者认真投入,另一方面要求教育者转变对时间的理解,务必消除"突击"思想政治教育的传统思维。思想政治教育的时间与工作者的时间是同步的,是不矛盾的,抓思想政治教育应当融入到工作、学习、生活之中去。

五、思想政治教育的"人力"要素

前面谈到思想政治教育要贯穿学习、生活全程的观点,也就是说"思想政治教育是全体教职工的共同事业"。所以管理层的各级领导干部不要忽视了自己作为思想政治教育主体的角色,教师也不要忘了自己在教学中不仅要教书,而且要为学生树立榜样。管理者在管理学校事务的过程中、教师在教学中,他们的言行举止以及表现在其中的政治立场、观点态度、思维方式、语言用词等都具有较强的自上而下的辐射性,同样的内容采取不同的表达方式则会产生不同的接受效果,正确及时的教育行为对广大学生的世界观、价值观、人生观、学习态度、精神面貌会产生积极的教育效果。思想政治教育工作的长期性、重要性、复杂性和艰巨性,要求我们必须建立一支政治性强、专业精、作风正派的思想政治教育队伍,这是做好思想政治教育工作的基本保障。同时,思想政治教育工作是全校教职工共同的工作,每个人都应从身边做起。

六、思想政治教育中的"考核"因素

在高校的多项考核指标中,列入"软件"之列的思想政治教育工作似乎很难用数据加以评价,考核办法往往也就是组织学生进行几次政治学习,写几篇心得体会。这种考核"量"而不考核"质"的办法,根本不能真实地了解学生思想政治素质的提高程度,不易做出准确的定性结论。我认为:思想政治教育工作的考核应采取定期与不定期相结合、定量与不定量相结合、软件与硬件相结合,运用综合指标衡量评估结果的方法,在注重学生期末考试卷面成绩和学生日常行为表现的基础上,结合思想政治总结、心得体会、调查报告、专题征文等,综合考核学生分析解决实际问题的能力,全面检测学生的思想政治素质水平。当然,考核的真正目的不在于"考核",而是要通过强有力的思想政治教育工作来充分调动和发挥学生的积极性和创造力,把学生的思想政治素质提高到一个应有的水平。

第二节　开发高校思想政治教育文化载体[*]

当今时代经济全球化、政治多极化、信息网络化。选择和运用相适的载体对大学生进行有效的思想政治教育,是各高校面临的突出问题之一。党的十七大报告指出:"文化越来越成为民族凝聚力和创造力的要求,越来越成为综合国力竞争的重要因素,丰富精神文化生活越来越成为我国人民的热烈愿望。"因此,合理开发高校思想政治教育的文化载体,将会有力地增强思想政治教育的吸引力和渗透力。思想政治教育文化载体,即以文化为思想政治教育载体之意,是指思想政治教育工作者充分利用各种文化产品并将思想政治教育的内容寓于文化建设之中,借此对人们进行教育,以达到提高人们的思想道德素质的目的。随着社会的发展,文化在思想政治教育中的作用逐渐显现出来,成为现代思想政治教育的一种重要的载体形式。它在内容上一般包括物质文化载体、制度文化载体、精神文化载体三个层面,在形式上又具体区分为校园文化载体、企业文化载体、社区文化载体、村镇文化载体、军营文化载体和家庭文化载体等。

---

[*] 本节作者王华。原文《论高校思想政治教育文化载体的开发》发表于《学校党建与思想教育》(2009.8)。

一、高校思想政治教育文化载体的运行现状

文化载体对社会及人的发展所具有的意义日益凸显,成为高校思想政治教育的重要载体。高校思想政治教育的各个环节,包括内容的实施、活动的开展、任务的完成等,不能离开一定的文化载体。文化载体为高校思想政治教育的开展提供了便利,但在文化载体的具体运用中,仍然存在着一定的问题亟待解决。

(一)高校思想政治教育文化载体硬件环境的优化不及时

高校思想政治教育文化载体的硬件环境是指在思想政治教育中发挥作用的教学设施、文化场地等物化的高校思想政治教育的传统载体。比如书籍、校园只具有自然属性,不是高校思想政治教育的文化载体,但如果有意识地组织开展读书活动,有目的地对校园环境进行改造,建成引人注目的人文景观,那么,书籍、校园就变成为思想政治教育的文化载体。然而长期以来形成的教育思维定势的惯性作用,使得高校思想政治教育文化载体的硬件环境很难得以与时俱进地优化。一些高校在抓紧抓好日常教育教学工作的同时,并没有重视和加强校园文化硬件环境的建设。

(二)高校思想政治教育文化载体隐性功能的发挥不充分

高校思想政治教育文化载体的隐性功能,是指在课堂教学、党校、团校等显性教育载体之外的环境、行为和内容所具有的传递、运载思想政治教育信息的功能,包括校园物质环境、文化环境、制度环境、校风学风、学术氛围等等。目前高校思想政治教育文化载体的隐性功能未能得以充分地发挥,隐性功能对受教育者所起到的暗示、启迪、影响和教育作用淡化。

一些思政教育工作者口里喊着要树立"以学生为本、为学生服务"的工作理念,实际上仍然坚持的是"以权压人、以力服人、以管整人、以惩吓人"的工作方法,学生抵触情绪、戒备心理严重,如此何来隐性功能的发挥,何来思想政治教育工作的和谐氛围。

(三)高校思想政治教育文化载体组织管理的作用不明显

高校思想政治教育文化载体的组织管理是指将教育内容寓于管理活动之中,用组织纪律和行政命令、经济手段、规章制度等来约束和规范大学生的行为,以达到提高大学生思想道德素质的目的。高校思想政治教育渗透于学校组织管理的整个过程,具体表现为思想管理、行为管理、学习管理、活动管理、生活管理等。在组织管理过程中,教师要与学生经常接触、及时沟通,随时掌握学生的动态。由于思想政治教育总是通过融合、渗透的方式参与组织管理的各个环节、各个方面,所以使学生在潜移默化中受到教育,是高校思想政治教育的传统方式和主要手段。而组织管理则是一项需要明确地、经常地、规范地实施的工作,与高校思想政治教育的传统方式相悖,从而使得高校思想政治教育文化载体组织管理的作用发挥并不明显。

(四)高校思想政治教育文化载体虚实互动的影响不趋同

高校思想政治教育文化载体的虚拟形式是基于信息技术、网络技术而发展起来的,对大学生的思想和行为产生了重大的影响,已经能与高校思想政治教育"实体形式"相互对应、分庭抗礼。但由于施教者和受教者对高校思想政治教育文化载体的"虚拟形式"和传统的"实体形式"的认识都存在一定的片面性,"虚拟形式"与"实体形式"的影响不趋同,甚至正在相互异化。网络不仅信息量超大、传播形式多样、交流方式互动,而且这种教育形式完全消除了彼此的监督,一定程度上实现了教育者和被教育者双方心与心的沟通。因此高校思想政治教育工作进网络,有着巨大的学生心理市场和可利用的网络空间。但由于网络思想政治教育平台的建设滞后,不能满足大学生的要求,所以思想政治教育网站点击率并不高。而且由于缺乏有效的激励机制,使得可以利用网络进行思想政治教育的专业性人才数量严重不足。

二、高校思想政治教育文化载体开发的原则

随着社会历史条件的变化,文化载体的形式与功能正在不断地丰富和发展。为增强思想政治教育的实效性,开发高校思想政治教育的文化载体必须遵循一定的原则。

(一)政治性原则

政治性原则是高校思想政治教育文化载体开发的前提。我国改革开放和现代化建设进入新的发展阶段,经济社会发展呈现出一系列新的阶段性特征。这就要求我们准确把握国际国内形势的发展变化和全面建设小康社会的实践对文化建设的新要求,从现实生活中汲取养分,在人民群众的伟大创造中进行文化的创造,使文化更好地为社会主义建设服务、为思想政治教育服务。为了适应中国特色社会主义建设和思想政治教育新要求教育要求,必须准确把握文化载体发展的方位,树立文化载体发展观,不断深化对文化载体的地位、作用、发展方向、发展目的的认识;保证文化发展和创新的社会主义性质,大力弘扬以主旋律文化为中心内容的主流文化;积极建设健康的、向上的、科学的、先进的文化,抵制低级的、庸俗的文化。

(二)全面性原则

全面性原则是指应针对高校思想政治教育的过程,全方位、多角度地开发文化载体。文化的构成因素十分广泛。文化对大学生的影响,既包括价值观念、思想观点、道德规范等方面,也包括文化知识、科学素养、专业技能等方面。文化对这些方面的影响总是紧密结合在一起,很难将其进行明确的划分。文化载体是对各种文化活动和文化建设的一个抽象的概括,其具体表现形式则是多种多样的。高校思想政治教育文化载体的开发应针对文化对大学生的多方面的影响,深刻挖掘文化中蕴藏着的教育因素,并将其更好地渗透到高校思想政治教育的过程中。

(三)协调性原则

协调性原则是指要重视高校思想政治教育文化载体的开发主体、开发客体、开发介体等各个要素之间的相互联系及相互协调作用等。科学地促进大学生优良思想道德的形成和发展。高校思想政治教育文化载体的开发是一项复杂的系统工程,要切实处理好各要素之间的关系,搞好上下、内外、左右等各种关系的综合协调,做到全盘规划,明确责任,分工合作,齐抓共管。既要处理好思想政治教育文化载体开发过程中各要素间的关系,又要处理好文化载体本身与活动载体、管理载体、传媒载体等诸载体之间的关系,注意相互融合、补充和渗透。

(四)可持续性原则

可持续性原则是高校思想政治教育文化载体开发的一条重要原则。当今世界发展突飞猛进、瞬息万变,思想政治教育的形式和内容也处于不断发展和变化之中。文化载体如果不能与时俱进,紧跟时代发展脉搏,其思想政治教育功能将有可能被弱化或消解。文化的创造主体是人,人的活动不仅产生了文化,而且还不断改变文化的存在方式,并创造出新的先进的文化形式和形态,使文化呈现出很强的可持续性。开发高校思想政治教育的文化载体,应把握时代性,根据客观条件与环境的变化,适时创新文化载体,使之具有前瞻性、进步性和延续性。

三、高校思想政治教育文化载体开发的思路

如何遵循高校思想政治教育文化载体开发的原则,发掘优秀文化资源,合理开发文化载体正确引导大学生,是摆在我们每一位高校思想政治教育工作者面前的新课题。

(一)开发物质文化载体,打造高校思想政治教育的硬件

物质文化载体是以物质形态存在的,包括校园环境、建筑风格、绿化卫生以及教学、科研、生活及文化体育设施。整洁有序的硬件环境可以增强师生们的自豪

感和归属感,可以提高工作和学习效率,进而有利于增强高校思想政治教育的效果。校园里的一草一木、一砖一瓦都可以育人,教室和宿舍内外到处都能传递文化信息。正如著名教育家苏霍姆林斯基所说,学校教育"要努力做到使学校的墙壁也说话"③。物质文化载体是高校思想政治教育文化载体的基础。高校应根据各自的办学管理理念、历史文化底蕴和人才培养目标,着眼于大学生的身心发展的实际,将文化设施建设纳入到学校总体建设规划之中:要切实改善图书馆、展览馆、体育馆、学生食堂、学生宿舍等环境,建立集学术性、艺术性、服务性为一体的学生活动中心和校园文化场馆;要重视校园人文景观的营造,如雕塑、喷泉、草坪、宣传栏、橱窗、墙壁和走廊等;要充分发挥校训、校歌、校徽和校服等文化表现物的作用。

(二)开发精神文化载体,统摄高校思想政治教育的核心

精神文化载体是以软件的形式存在的,包括各高校营造的学术氛围、育人氛围和舆论氛围。精神文化是一所高校的特色和灵魂,受学校传统、历史、地域文化的影响,由学科特色、办学理念、师生的品格和气质共同培育,集中反映着一所高校的追求和信念。精神文化所具有的号召力、凝聚力和向心力,是高校与时俱进、昂扬向上的精神财富。精神文化载体主导着物质文化载体和制度文化载体的变化和发展方向,是高校思想政治教育文化载体的核心和灵魂。各高校应将师德师风建设、学风校风建设作为开发高校思想政治教育精神文化载体的重要举措。在教书育人及科研活动中,着力营造"崇师重德"的氛围,培养大学生的科技道德及求实创新的精神;充分利用地域历史文化资源和人文景观,开辟高校思想政治教育的新渠道;大力开展富于思想性和知识性的学术交流、学术探讨、学术讲座等活动,打造育人环境,拓宽大学生学术理论的维度;以传统节日为契机,抓准社会热点问题,通过辩论、演讲、主题班会等形式对大学生进行竞争意识、自律意识的教育,提高学生的综合素质。

(三)开发制度文化载体,确立高校思想政治教育的取向

制度文化载体是各高校在法规、行政、道德层面上建立起来的,折射大学精神和价值观念、办学管理理念的法律法规、管理制度、道德约束等的总和。如学生守则、教师岗位职责、教学管理制度、文明行为准则等。制度文化载体是高校思想政治教育工作得以正常有序进行的重要保障。制度文化作为规范师生行为的手段,带有一定的强制性,它通过奖惩等手段进行教育导向和引导,对于高校思想政治教育主导价值取向的确立,良好校风的形成及各项工作的正常运转而言是非常必要的。应遵循大学心身心发展的规律及高校自身发展的方向,不断建立健全高校

思想政治教育工作的各项规章制度：完善工作指导制度，如岗位责任制度、工作奖惩制度、培训及考核制度等；完善组织建设制度，如党组织生活制度、学生社团管理制度、公示制度等；完善大学生日常行为管理规范，如学生守则、学生公寓管理制度和生态文明规范等。合理的规章制度是引导人、服务人、发展人的教育标尺。只有将规章制度内化为高校思想政治教育主体和客体的内心信念和需求时，才能真正发挥制度文化载体的育人功能。应加强规章制度的内化和执行监督，切实树立和维护规章制度的严肃性、权威性及公正性。贯彻规章制度面前人人平等的基本原则，对严格履行规章制度者给予一定的物质与精神奖励，对违反规章制度者给予必要的物质与精神惩罚。

（四）开发虚拟文化载体，延伸高校思想政治教育的领域

虚拟文化载体是一种蕴涵特殊内容和表现手段的文化载体形式，是以信息技术、通讯技术、网络技术为依托，以创新和互动为核心，与现实文化密切联系的文化现象。如网络文化、手机文化等。网络是继报刊、广播和电视之后第四大传播媒体，因其全球性、即时性、交互性等特征已逐渐渗透到社会各行业和人们生活的方方面面。高校是我国"网络化"发展的最前沿，网络文化对大学生的影响尤为深远。网络成为一个新的传播思想文化、开展舆论斗争的阵地。手机因其体积小、携带方便、传播迅速直接、覆盖面广、阅读频率高等特点，引起了当代社会的广泛关注。大学生使用手机体现了一种独特的文化现象，手机文化正在一点点地改变着当代大学生的日常学习、生活和文化素质。手机文化包括短信、彩信、彩铃、手机文学、手机电影、手机电视、手机电台、手机广告等多种形式。它所传播的内容对大学生的思想观念产生了巨大的影响，我们必须加以正确引导。虚拟文化的发展对高校思想政治教育的主体、客体和内容都提出了新的更高要求。我们应在坚持主导价值取向的前提下，积极开发虚拟文化载体，要站在科技发展前沿的高度，充分运用先进技术对文化生产经营和传播模式进行改造，要高度重视信息技术、通讯技术和网络的运用和管理，运用好网络和手机作为高校思想政治教育文化载体的形式，占据信息主动权，拓展高校思想政治教育的新渠道，延伸高校思想政治教育的影响表现领域。着力提高高校思想政治教育工作的科学性、针对性、实效性和主动性。

党的十七大报告指出："在时代的高起点上推动文化内容形式、体制机制、传播手段创新，解放和发展文化生产力，是繁荣文化的必由之路。"④文化是不断发展的，文化载体也并不是永恒不变的，它必然会随着时代的变化和社会环境的变化而发生一定的变化。把文化作为思想政治教育的载体，也要与时俱进，增强文

化载体的发展创新,始终保持文化载体勃勃生机和旺盛活力。

第三节　改革高校道德教育教学*

目前我国在校大学生包括本科生、专科生和研究生约有2000万人,这是十分宝贵的人才资源。他们的思想道德素质、科学文化素质和心理健康素质如何,直接关系到党和国家的前途命运,关系到中国特色社会主义事业的兴衰成败,关系到全面建设小康社会和中华民族伟大复兴目标的实现。德育是指一定的阶级、政党、社会群体用一定的思想观念、道德规范对受教育者施加有目的的、有组织的、系统性的影响,使他们形成符合一定社会、一定阶级所需要的思想品德的社会实践活动。德育实践过程是一个教与学的"双边互动"的教育过程,但是在目前的实践中德育过程往往被视为教育者向被教育者传导与灌输德育内容的过程,变成了一个"我教你学"的单向过程。

一、我国高校德育的困局

随着市场经济体制的建立、知识经济的到来、科学技术的飞速发展,我国整个社会生活发生了巨大变化。人们在享受便利的、丰富的、多元化的生活的同时,也越来越依赖于高科技手段,而对道德教育的作用有所忽视,甚至怀疑德育的必要性和重要性,致使在高校德育实践中德育定位有所偏误、忽视学生主体性道德需要、教育方式方法单一呆板等。

(一)忽视大学生主体性道德需要

目前,随着社会主义市场经济体制改革的不断深化,大学生思想活动的独立性、选择性、多变性、差异性明显增强,但这一社会现实在高校德育实践中却被忽视了。在高校德育实践中还存在忽视学生思想、个性、尊严等方面的现象,存在忽视对大学生的道德情感、道德意志、道德信念、道德习惯的培养的现象,存在过于重视知识的传递与教育的技艺性而轻视学生的道德接受性的现象。这些是违背了人的心理发展一般规律的,也压抑了学生的道德创造性冲动,其结果就像有的教育专家所说的"教育可能导致的消极后果:一是我们的教育造就的只是一些惟

---

* 本节作者尹伶俐。原文《关于高校道德教改革的思考》发表于《学校党建与思想教育》(2006.3)。

命是从、唯书唯上的人,不利于造就有独立人格和自由个性的创造型人才;二是造就出阳奉阴违、言行不一、双重人格的伪君子;三是造就出什么都不信的道德虚无主义者"。出现这样的现象究其原因在于高校德育并没有对大学生在新时期面对变化、发展的社会与时代而产生的新的道德需要给予足够的关注,没有对内含于整体生活的整体德性给予足够的关注,而是过于强调德育的外在功能,使德育活动本身过多地涂上了功利色彩,在一定程度上加剧了个体整体生活与角色行为的分离,削减了个体对整体德性的追求。德育现代化的核心为"教育的人格化",即要把学生视为德育的主体,尊重学生的人格与权利,满足其内在的道德需求。只有关注个体的内在道德需要,才能通过德育实践施加道德影响,因此,必须关注、研究大学生面对迅速发展的社会而不断变化的道德需要。

(二)教育内容没有与时俱进

德育实践只有成功地将社会与时代对大学生品质的要求和大学生自身对品质的需要统一于大学生的整体素质中,它才会使个人、教育及社会得到可持续发展。通过对适合社会和适合大学生发展需求的道德理念、道德精神的弘扬和教育,可使大学生的社会价值与个体价值和谐统一。但随着经济的快速发展,实用性和多变性的道德冲击着我国原有的道德理想,致使集体主义道德、个人主义道德、享乐主义道德、实用主义道德等良莠并存。而部分高校在德育实践中不能在坚守道德理想的同时对新时期的各种道德现象及其之间的关系给予清晰的说明,不能积极体现教育对大学生独特个性的尊重,价值标准窄化现象十分明显,导致高校德育所倡导的某些理念难以被大学生普遍接受并内化,从而影响到大学生道德生活的进行、道德理想的追求与道德境界的提升。

(三)过程设计缺乏科学性与前瞻性

高校德育应在时代的变化发展中,依据社会与群体对大学生的期待与要求,根据学生思想观念发展的具体特点,不断更新德育内容,使其侧重于思想政治及道德知识的基本体系教育,坚持方向性、实践性、思想性、科学性原则的同时,关注学生的全面发展。但德育实践中所谓"万能"德育、德育包罗万象的现象,则从客观上淡化了德育的科学性,减缓了德育的科学化进程,影响了德育的效果。另外,德育是一项既解决现实问题,又具有先导作用的活动。现代社会的复杂性、变更性、竞争性、发展性使每个人随时面临着多种选择、多重风险和许多思想道德方面的实际问题,人们需要消减对未来发展的无知程度,从而避免挫折和失败。因此,在现代社会条件下,德育不仅要关心人们的现有存在,更要关照人们未来可能面对的问题,为此,高校德育既要有现实的针对性,更要有前瞻性、先导性。

(四)教育渠道、方法单一呆板

现代意义上的方法,是指人们在认识和改造主客观世界的过程中,为达到预期目的所采用的手段或方式。德育方法,则是指为了实现教育目标、传递教育内容,教育者对受教育者所采用的思想方法和工作方法。为了达到德育目标,应尽可能选择最适合时代与大学生需要的方法。但部分高校在德育实践中忽视学科道德教育渗透,造成教育渠道单一的局面。又由于受德育实践中教育者的观念、能力、素质、习惯及教育环境等的限制,高校德育往往侧重于灌输、忽视双方互动,德育因唱"独角戏"而较难有好的效果。因此,如何协调处理好隐性德育课程的开发与建设问题,如何在潜移默化中提高高校德育的效果,对高校德育改革者而言是必须深入思考的。

二、我国高校德育的破局

要深入、全面、创造性地做好高校德育工作,需要采取更加有力的措施、下更大的功夫,使德育为学生所喜爱、接受,这样才能真正发挥德育的作用。

(一)重新定位德育目标

高校德育要适应不断变化的社会与时代,必须在确立目标时不仅重视其对整体的有效性,而且重视其对个体的有效性。要关注个体意识的培养,使个体对自身、对他人、对社会能给予积极主动的关注。长期以来,高校德育强调知识的逻辑体系而远离大学生生活实际与大学生道德需要,因此,高校在德育改革中,在强调适应终身学习的基础知识、基本技能和基本方法教育的同时,应突出道德情感教育和价值观教育,使得大学生能正确认识生命的意义,珍惜人类所共同生存的环境,找到自己奋斗的目标,给予人生比较合适的定位,并将自己所学、所长回报社会。

(二)注重教育的互动性

历史与现实都已证明,凡是有意义、有价值的人生道路,都是与时代潮流同行,在推动社会历史前进中作出过贡献的。高校德育是为社会主义建设服务的,也是为学生的全面发展服务、为学生的道德发展服务的。德育要通过实践引导大学生做到:"两拥护"(拥护党、拥护社会主义)、"两服务"(服务祖国、服务人民);树立四个基本观念——祖国观念、人民观念、党的观念和社会主义观念。对于那些青年学生中的先进分子和骨干力量,则要提出更高的要求,使之成为具有共产主义远大理想并踏踏实实为实现党在现阶段的基本纲领而奋斗的共产主义接班人。在德育实践中视受教育者为主体,教育者对受教育者给予的平等与尊重不仅仅是对其作为教育主体的尊重,而且是对其情感与生命的尊重。德育的"首要目的并不是规定人们应当做什么和人们应当根据什么原则来判断,而是描述和理解人们实际上的行为和生活方式"。因此,作为教育者必须清楚:只有宽容不同意见,尊重受教育者表达其思想的权利,才有受教育者自由表达思想的可能,才有对立意见自由交换的机会,从而双方达成共识,提升受教育者的道德境界。德育实践中并不是简单的"我教你学",也不是单一的灌输过程,而是教育者与受教育者相互学习与促进的过程。因此,在实践中要重视加强教育双方的互动,引导受教育者积极思考,从而促使受教育者道德人格的健全发展。

(三)加强对师资的培训

教育面对的是人,理应从关注人出发,确立新的教育观念,不断提升教育质量,实现人、自然与社会的协调发展。高校德育改革必须重视对教师的培训,使之具有丰富的、深厚的人文素养和以人为本的思想。教育是教育者引导和辅佐学生建构真理的过程,因此,必须要求从事德育实践的教师做到:坚持正确的政治方向,强化自身思想道德修养,增强社会责任感,成为大学生健康成长的指导者和引路人;具有深厚的人文素养、自由的精神、批判的思想、从容的表达,通过教育实践培育大学生的精神,正面引导大学生的思想;保持乐观的生命态度,热爱自己、他人的生命及自然万物;在教育实践中尊重学生的主体性,发挥他们的创造性,关照学生的主体性道德需要,引导学生养成健康的生活方式、追寻高尚的生命意义;言传身教,以自身良好的思想、道德、品质和人格给学生以潜移默化的影响。

第四节 促进思想政治教育科学发展*

思想政治教育的科学发展,是现代社会发展和人的发展提出的客观要求,也为现代社会发展和人的发展提供了可能。思想政治教育的科学发展既包括传统思想政治教育向现代思想政治教育的转变,又包括现代思想政治教育的不断超越。

---

* 本节作者尹伶俐。原文《论思想政治教育的科学发展》发表于《学校党建与思想教育》(2008.5)。

一、社会发展理论推动思想政治教育的发展

(一)改革开放的理论与实践推动思想政治教育的科学发展

改革开放不仅为思想政治教育提供了发展动力,而且提供了理论指导。改革必然带来人们思想观念、道德观念、价值观念和行为方式的深刻变化,思想政治教育面临这些变化也必须进行改革。同时,经济、政治、文化、教育、科技体制的改革必然要求并带动思想政治教育的改革。教育要面向现代化、面向世界、面向未来的理论就是开放发展的理论。开放已经和正在强有力地推动思想政治教育发展。从教育的层面上而言,开放打破传统思想政治教育的狭隘领域,提供了"三个面向"的广阔发展舞台,使之能以高度社会化、现代化的面貌融入现代社会;从功能而言,开放给思想政治教育发展提供了更多机遇,使其自身功能能更好地充分发挥;从环境而言,开放改变了传统思想政治教育封闭、单一的文化环境,使思想政治教育面临着复杂多变的文化环境、信息环境,面临着各种理论、思潮、信息的激荡和冲击,使思想政治教育在比较、鉴别中得到发展。

(二)人的全面发展理论促进思想政治教育深度发展

社会进步是历史发展和人的发展相一致的过程。人的发展是社会进步的重要内容,人的发展的程度是社会进步最重要的标志。从广泛性上说,人的全面发展是指人的各个方面的才能和能力的协调发展;从自主性上说,人的自由发展是指人自觉自愿地发展自己的才能,施展自己的力量;从程度上说,人的充分发展是指人的才能和能力向更高的程度发展。马克思主义最突出强调的是"全面发展"。全面发展把人的自由发展和充分发展都包含在其中。全面发展理论要求思想政治教育打破常规,克服消极、保守的文化因素,通过深入、艰苦的分析、说理、引导,为人的成长成才创造条件。社会的激烈竞争,也使得思想政治教育更加重视人的内在潜能的深度开发。

(三)科学发展观为思想政治教育发展提供理论指导

科学发展观进一步明确了新世纪新阶段我国要发展、为什么发展和怎样发展的重大问题,也为思想政治教育提供了新的理论指导。加强和改进思想政治教育,首先要提高人们全面发展的能力。科学发展观既是加强和改进思想政治教育的指导方针,又为思想政治教育提出了新的思想方法。科学发展观强调"科学",一切从实际出发,尊重客观规律,充分发挥人的主观能动性和创造性。思想政治教育工作者要遵循思想政治教育规律,按照科学发展观加强和改进思想政治教育。

二、思想政治教育科学发展的内涵

思想政治教育科学发展,就是思想政治教育观念、内容、方式、体制、模式等各个方面充分适应现代社会发展和人的发展需要,并积极促进社会发展和人的发展的改革、转变。其内涵主要表现在:

(一)从内容上看,要突出思想政治教育核心内容,完善思想政治教育内容体系,实现思想政治教育内容的更新与发展。首先,要用社会主义核心价值体系引领思想政治教育的发展。因为社会主义核心价值体系内含人们高度认同的共同价值观念,有利于形成全社会共同的理想信念和道德规范,形成全民族奋发向上的精神力量和团结和睦的精神纽带,对社会的和谐发展具有明确的价值导向作用,对思想政治教育的导向功能更是其他任何教育都无法替代的,核心价值体系的导向功能就是思想政治教育目的性、超越性本质的体现,是思想政治教育的根本功能。只有用社会主义核心价值体系引领思想政治教育的发展,才能在当前以及今后相当长的时期内,在意识形态领域社会思想多元化的时代背景下,用正确的价值观培育人、塑造人,丰富人的精神内容,提升人们的精神境界,引导人们树立正确的思想观念和思维方式,为社会的发展提供强大的思想保证。其次,要突出政治教育。从根本上说,任何思想政治教育都是为了实现一定社会阶级或集团的政治目的。因而,在思想政治教育内容体系中,政治教育始终居于主导地位,决定和支配着思想政治教育的其他内容,也决定着整个思想政治教育内容体系的性质和方向。在思想政治教育过程中,要始终坚持以马列主义、毛泽东思想、邓小平理论和"三个代表"重要思想为指导,以党的十七大、十八大精神、党的教育方针和坚持以人为本为指针,以理想信念教育为核心,坚持爱国主义、集体主义、社会主义教育,坚持坚定正确的政治方向,增强社会凝聚力,促进社会主义现代化战略目标的实现。以理想信念教育为核心,以提高针对性、实效性和吸引力、感染力为要求,以培养"有理想、有道德、有文化、有纪律"的社会主义合格建设者和可靠接班人为目标,提高中华民族的思想道德素质和科学文化素质。第三,完善思想政治教育的内容体系,就要拓宽思想政治教育的领域。时代在发展、社会在进步、人的素质在提高,反映社会发展和人的发展的思想政治教育内容也要不断地更新和发展。思想政治教育要关注时代的变化和发展,要注重创新精神、国际意识的培养,要使人们的思维方式和思想观念能更好地适应知识经济的发展和全球化进程的需要;思想政治教育要关注社会的变化与发展,要注重研究和培育与社会主义市场经济发展相适应的道德观念,引导人们正确认识和处理在社会发展中出现的新情况、新问题,不断丰富和发展适合社会要求的社会主义价值体系。

（二）从方法与手段上看,要求思想政治教育适应不断变化的新情况,创新教育方法与手段。一定的思想政治教育方法,是教育者在实践中由一定的社会环境和人们的思想特点创造出来的。当它适应思想政治教育实践的需要时,它就会具有较强的说服力和感染力,产生较好的效果;反之,则会被实践所抛弃。思想政治教育方法在实践中的发展过程,就是在继承传统和改革创新的辩证统一中实现的。传统的思想政治教育手段单一,方法单调,贮存、加工、传播的信息量少,这种状况与现代社会信息传媒迅猛发展不相适应,因而,需要运用现代科技创新思想政治教育手段。思想政治教育手段与方法的科学发展,是思想政治教育发展的推动力。在教育过程中,教育者与受教育在使用相互传递、接收思想政治信息的方法时必须坚持以下原则:一是坚持教育与自我教育相结合,使教育者与受教育者之间的双向互动性增强;二是坚持思想政治教育紧密联系思想实际的原则,把政治理论教育与社会实践相结合、解决思想问题与解决实际问题相结合,切实帮助人们解决实际问题,把思想政治教育工作做到实处。

（三）从功能上看,要求思想政治教育功能从单一向多样化发展。思想政治教育的功能发展,是由思想政治教育的结构发展决定的,是思想政治教育的内涵发展。随着我国改革开放的深入发展,教育目标也在不断变化发展,思想政治教育功能从单一向多样化发展。思想政治教育是经济建设的社会主义方向的坚强保证,并为经济建设提供精神动力;思想政治教育是提高人们政治觉悟、培育民主意识、培养发展观念的最佳渠道,是政治建设的必不可少的重要条件;思想政治教育是文化建设的主导因素,它能够传承思想文化传统,传授思想政治价值,传播思想理论知识,传递思想道德信息,它能确保文化建设的社会主义性质,创建文明、健康、科学的文化观念,从而促进文化建设的繁荣与发展;思想政治教育也是培养"四有新人"的根本保证,是树立现代思想观念的必要条件,是人的全面发展的强大动力。"因为自古以来教育的功能只是再现当代的社会和现有的社会关系。""当教育的使命是'替一个未知的世界培养未知的儿童'时,环境的压力便要求教育工作者们刻苦思考,并在这种思考中构成一幅未来的蓝图。"当代社会飞速发展,要求思想政治教育工作者思考思想政治教育功能如何从传统向现代发展,通过不断实现对自身的超越而促进社会实现超越,才能真正把握未来。

三、坚持科学发展观,构建思想政治教育发展的长效机制

思想政治教育的实效如何直接影响着思想政治教育的发展。只有坚持科学发展观,才能构建思想政治教育发展的长效机制。

(一)用科学发展观指引人们把握思想政治教育的发展趋势。首先,用科学发展观的科学内涵来理解思想政治教育的发展。落实科学发展观,推进思想政治教育创新与发展,必须坚持全面、协调、可持续发展三者紧密结合、互为条件。胡锦涛同志强调指出:全面发展,就是要以经济建设为中心,全面推进经济、政治、文化建设,实现经济发展和社会全面进步。协调发展,就是要统筹城乡发展、统筹区域发展、统筹经济社会发展、统筹人与自然和谐发展、统筹国内发展和对外开放,推进生产力和生产关系、经济基础和上层建筑相协调,推进经济、政治、文化建设的各个环节、各个方面相协调。可持续发展,就是要促进人与自然的和谐,实现经济发展和人口、资源、环境相协调,坚持走生产发展、生活富裕、生态良好的文明发展道路,保证一代接一代地永续发展。由此可见,全面发展、协调发展和可持续发展是一致的,是一个统一的整体。科学发展要求当前社会在充分发挥思想政治教育功能的同时,还要促进思想政治教育与其他教育功能的协调运作,增强渗透力、扩大覆盖面,具有协调性和全面性的内在特征。其次,现代社会经济、政治、文化的发展使社会发展具有明显的指向和特征,这些指向与特征决定和影响思想政治教育的发展趋势。在新的历史条件下,思想政治教育必须遵循改革发展的路径,符合中国文化的国情,突出中国特色,以独具中国特色的文化精髓融入文化全球化的过程中。现代社会的开放性、竞争性、发展性以及经济、社会、文化的多样性发展,都对思想政治教育的发展提出了新的要求。思想政治教育必须与现代化发展相适应,确立动态的、开放的、创新的、具有活力的教育观念。

(二)在科学发展观的指导下构建思想政治教育发展长效机制。首先,要用科学发展观推动思想政治教育全面协调可持续发展。科学发展观是立足社会主义初级阶段基本国情,总结我国发展实践,借鉴国外发展经验,适应新的发展要求提出来的。需要全面把握科学发展观的科学内涵和精神实质,增强贯彻落实科学发展观的自觉性和坚定性,着力转变不适应、不符合科学发展观的思想观念,着力解决影响和制约科学发展的突出问题,把全社会的发展积极性引导到科学发展上来,把科学发展观贯彻落实到经济社会发展的各个方面。对思想政治教育而言,在马克思主义理论学科建设中贯彻落实科学发展观,就是要逐步实现基础理论学科与应用理论学科全面协调发展,史与论研究全面协调发展,马克思主义理论与其在中国的运用发展研究全面协调发展,马克思主义中国化与马克思主义的国际化研究的全面协调发展。其次,要实现决策与管理体制的科学。思想政治教育体制包括思想政治教育决策与管理体制、运行与结构体系。用科学发展的思维创新领导体制和工作机制,建立有效的工作制度。建立完善党委统一领导的领导体制,党政群齐抓共管、有关部门各负其责、专兼职队伍相结合、全校紧密配合、学生自我教育的工作体制,把思想政治教育融入教学、科研、管理、服务之中,形成全校上下共同推进的强大合力。

(三)构建教师培养的长效机制。要按照政治强、业务精、师德好、素质高的要求,把好思想政治理论课教师的入口关,努力建设一支高素质的、配置合理的思想政治理论课教师队伍。要通过定期培养与集中培养、骨干培养与全员培养、学历提升与课程培训、社会实践与进修访学等方式,不断加强对思想政治课程教师的培养,通过教师队伍建设而不断改革教学内容、改进教学方法、改善教学手段,充分发挥教师对课堂的主导作用,把思想政治教育贯穿于知识传授之中,努力增强思想政治理论课的吸引力和感染力,使思想政治教育在教师的自身发展与进步中得到发展。要进行思想政治教育工作者的结构与层次的合理与优化组合。切实加强学校党政干部和共青团干部、思想政治理论课和哲学社会科学课教师、辅导员和班主任这三支队伍的建设,组织实施思想政治教育队伍人才培养工程。要建立完善激励和保障机制,创造良好的政策环境、工作环境和生活环境,保证思想政治教育又好又快发展。

第五节 完善高校思想政治理论课实践性教学*

高校思想政治理论课承担着对大学生进行系统的马克思主义理论教育的任务!是对大学生进行思想政治教育的主渠道。思想政治理论课教学不仅传授知识,而且要教育与引导学生在社会实践中,透过书本知识去认识社会,明确社会发展方向,把握社会发展脉搏,提高自己驾驭社会的能力。实践性教学作为培养高等技术应用性人才的重要教学环节之一,是指导学生理论联系实际"培养学生综合素质与创新意识的重要途径"。但现时期思想政治理论课实践性教学,存在着诸多问题,直接影响着思想政治理论课教学的实效性。因此,研究并探索出一条与人才培养相适应的全方位"开放式的实践性教学运行机制,为思想政治理论课教学改革指明方向",开阔视野,进而探究思想政治理论课实践性教学的规律迫在眉睫。

---

* 本节作者尹伶俐。原文《高校思想政治理论课实践性教学论纲》发表于《学校党建与思想教育》(2009.10)。

一、实践性教学是思想政治教育发展的必然趋势

马克思在《<黑格尔法哲学批判>导言》一文中说,"批判的武器当然不能代替武器的批判,物质的力量只能用物质的力量来摧毁;但是理论一经掌握群众,也会变成群众力量。理论只要说服群众,就能掌握群众;而理论只要彻底,就能说服人"。马克思强调了理论一定要满足群众的实际需要并能指导群众的实践。思想政治教育的实效性要求思想政治理论一定要能满足学生的需要并能指导学生的实践。思想政治理论能否为学生所接受,关键在于学生根据自己的经验背景,基于对社会及群体对自身的期望的了解、对社会及个人发展的判断,对外部信息进行主动的选择、加工和处理,对那些他认为没有意义的加以否定、淘汰、抛弃或者虚以应付,只接受那些他认为有意义的,对他原有的认知重新建构、补充和创造。在这一过程中,教师要善于引导学生把握挖掘贯穿于思想政治理论体系中看问题的正确立场和看法,以及对这些正确立场和看法的运用;教师要帮助学生加强感性认知,积极思维,引导学生在实践中做出全面分析和正确判断,完成他对道德观念、政治理论的科学认识,形成对某种道德、价值取向、政治理论的认同感,逐步建构起认知的方式结构;教师要积极引导学生把知识的要求与自己的实现和行为联系起来,把属于理论层面的世界观、人生观、价值观及行为准则内化为自己的自主意识和实际行为,通过实践性教学,把思想政治理论知识与青年学生的发展需要和成长成才等内在追求有机地结合起来。思想政治理论课实践性教学以促进学生的个体发展为宗旨,以改变学生单一地、被动地接受知识的学习方式为着眼点,以现代思想政治教育为指向!联系社会生活实际,构建一种开放的学习环境,通过学生的亲自实践、主动参与,从中发现和获取知识,并使能力、情感、意志得到训练,它既是为学生提供知识,理解自然、个人、集体与社会现实问题的渠道、又是学生将学习的知识综合运用到实践的机会,它是以培养学生独立思考和解决问题的能力为任务,按照各种实践活动项目和特定方式组成的一种教学模式。由此可见,实践性教学对于思想政治教育的发展极其重要。

实践性教学是思想政治教育的现实性和思想政治教育价值实现的实效性与社会现实生活及其他实践活动的紧密结合与渗透,是思想政治教育本质属性最显著的表现。思想政治教育不仅要从实际出发,帮助大学生实现思想认识上的飞跃,而且要帮助大学生运用思想和理论指导实践,完成从认识到行动的飞跃(不仅要引导大学生正确认识世界,更重要的是引导大学生去能动地改造世界,并在认识和改造世界的过程中,同时也改造自己的主观世界。实践性教学则能充分地体现思想政治教育所要遵循的知行统一、认识世界与改造世界的统一、改造主观世界与改造客观世界统一的原则,根据社会实践和社会发展的需要,提高大学生的思想政治素质,并促使大学生用不断提高的思想政治素质去指导自身的社会实践活动,最终达到思想政治教育的目的。因而,实践性教学成为思想政治教育发展的趋势。

二、实践性教学是实现思想政治教育实效性的重要环节

思想政治教育价值的实现离不开实践性教学,思想政治教育价值作为客体"要满足主体的需要。从效用关系的角度看,应采取灌输途径和接受途径两种方法,它们共同构成了思想政治教育价值实现活动的两个轴心,在当前"思想政治教育价值难以充分实现的重要原因就在于从理论到理论的"单向投注"的弊端。以及对思想政治教育接受主体的现实需要的关注不足所导致。究其根源就是在思想政治教育过程中,无论是"美德袋"模式还是"德育认知发展"模式,都缺少学生学习—思考—实践—创新的过程,缺少的实践教学环节,使得思想政治教育无法随着教育环境和主客体的变化而不断变化与发展。正如雅斯贝尔斯所指出:"如果人要成为人自身,他就需要一个被积极地实现的世界。如果人的世界已经没落,如果人的思想濒于死亡。那么,只要人不能被动发现这个世界中适合他的思想观念,人就始终遮蔽着人自身。"人的价值实现离不开他所处的社会,思想政治教育价值的实现同样离不开它的时代和社会实践。实践性教学为思想政治教育创造了一个平台,使教育者和被教育者能在社会实践的基础上进行意义的沟通、认同和创造,从而实现自我超越,而且生成新的意义图景,使思想政治教育价值的实现得以顺利进行。

实践性教学是改革思想政治教育方法、取得较好教学效果的有益尝试。随着全球化的发展,遍及世界范围的各种思想文化相互激荡、相互渗透,全球性的思想政治既分化又组合,既建构又解构,在开放的环境中既相互渗透、借鉴又相互矛盾。冲突的状态就是思想政治教育面临的客观现实。这是一个飞速发展的时代,又是一个让人困惑迷茫的时代。思想政治教育只有推向社会生活领域,参与到社会实践活动中,才能打破其狭隘视界,才能真正实现思想政治教育在与它所处的时代、与个体密切相关的社会生活领域中积极展开。现实生活就是问题之源。"以问题为中心的学习"是实践性教学的一种重要方式,即从现实出发,与大学生的生活经验紧密相连,与社会现实生活及国内外时事紧密联系,在现实生活中找问题。实践性教学要求教师在教学过程中,围绕基本理论,选取与教学内容直接对应的社会生活问题,结合学科研究与教学研究的最新成果,或让学生走出校门,直接感受社会;或通过社会实践活动,对社会现象形成感性认识等,根据内容设定问题,引领学生学会分析、比较、筛选,引导学生在社会生活中主动发现问题、正确分析问题和不断增强解决问题的能力。实践性教学以问题为中心,以不断充实、丰富和改造自己的知识经验为目标,坚持自主与指导、理论与实践相统一的原则,借助有效中介实施实践性教学"培养学生的能力和个性,促进他们全面发展。

实践性教学是使思想政治教育的内容和空间从学校课堂向社会拓展,以解决思想政治教育在现实中遇到的困难与问题。思想政治教育的任务包括以道德教育为基础,爱国主义教育为重点,以理想信念教育为核心以及培养和建立新的、现代化的科学思维方式。随着改革开放的深化、市场经济体制的建立,各种经济成分、利益主体和社会生活方式发生变化,从而给人们的思想观念、行为方式带来了影响。道德教育遇到了前所未有的挑战,它要求自身在面对新矛盾、新问题、新困惑时,依然坚持坚定的理想信念,依然能够正确了解祖国的历史与现状,对他所处的环境、民族、国家和人民有深刻的认识,有着强烈的归属感,并增强自身的责任感等。思想政治教育需要正视思想政治教育的任务不是一个单一的理论教育问题,而是一个综合化过程,这个过程首先是明理,其次是重行。只有在社会实践中才能解决思想政治教育在社会发展中遇到的问题与困惑。我们处在一个变革的时代,社会生活的方方面面都在发生激烈的变化,离开了社会实践,学生感受不到来自真实世界的震撼与飞速变化,也体会不到科学理论巨大的现实指导作用,就难以真正理解和掌握思想政治理论知识,思想政治教育就会缺乏活力和渗透力。只有通过社会实践,使学生直接感受改革开放30多年来中国的巨大变化,亲自体会建国60多年来中国社会主义建设的步伐,从而坚定学生的信心和信念,使学生运用马克思主义的立场、观点和方法去分析问题和解决问题,达到思想政治教育目的。实践性教学能使学生在实践的层面上认同马克思主义理论,使理性认识同感性认识相结合,使学生真正掌握和理解理论的精神实质,既扩大了视野,又增强了学生的实践能力,使知行得到有机统一。

三、实践性教学引领思想政治理论课教学发展的方向

实践性教学是创新理念的教育模式。思想政治教育实践性教学模式是以注重大学生的"社会实践"与"理论学习"相结合的学习参与机制,通过实践性教学使大学生在参与中验证理论知识,把认知内化为自身的心智图式,在参与体验中完善自我,从而构建主体本身。从这一层面讲实践性教学是一种创新了的思想政

治教育模式。思想政治理论课是知识更新最快、时代性最强的课程。实践性教学重视理论与实际的紧密结合,重视自身社会化,注重研究社会变化的现实对学生思想的影响,通过实践性教学解决学生在社会实际中在思想理论上遇到的问题与困惑,既在社会实践中不断充实思想政治教育内容,又坚持了解决思想问题与解决实际问题相结合,这正体现了思想政治教育发展的强大生命力。

实践性教学指引思想政治理论课教学方法发展研究的方向。"发展问题研究,作为一种现代化研究范式几乎被各个学科引入和采用。在这种背景之下,思想政治教育方法发展似乎就有了不证自明的价值与意义,方法发展理所当然成了思想政治教育学科研究中的前沿话题。"实践性教学就是一种教育方法的综合运用,它是把思想政治教育的教的方法与学的方法相结合,把显性教育方法与隐性教育方法相结合,把灌输教育与接受教育相结合的系统教育方式。在现代社会条件下,政治、经济和科学技术的发展,不断开辟出新的领域。这些新的领域和新涌现的问题,既广泛深刻地推动和影响着社会的进步,也折射出许多新的思想、政治、道德问题。迫切需要发展了的思想政治教育与之相适应。因此,思想政治教育本身是与改革开放与社会主义现代化建设紧密相联的,与青年大学生的学习生活密切相关的,青年学生在社会实践中会遇到许多疑惑,在学习生活中会遇到许多困难。思想政治教育必须关注学生的成长成才。理解学生的内在需要,重视学生的个体经验,有针对性地选择恰当的、合适的实践教学方法,这是增强思想政治教育实效性、提高学生接受力的有效途径。

第六节　提升高校思想政治理论课教师职业道德[*]

师德建设至关重要,而明晰师德内涵是师德建设的前提。高校"思政课"较一般专业课在教学目的、教学内容及教学效果现状等方面所具有的自身表现和特点,使得高校"思政课"教师职业道德内涵主要体现在:政治过硬、博学精思、以身立教、爱岗敬业、业务精湛、实事求是——由此也构建出一个具有可操作性,贴近教师真实职业生涯的高校"思政课"师德内涵。

---

[*] 本节作者施群丽。原文《高校思想政治理论课教师职业道德内涵探究》发表于《新课程》(2011.4)。

一、探究高校思想政治理论课教师职业道德内涵的必要性

教师职业道德,简称师德,是教师在从事教育活动中形成的比较稳定的道德观念、行为规范和道德品质的总和,它是对从事教师职业的特殊道德要求。人们常说师德兴则教育兴,教育兴则民族兴,可见师德建设至关重要。当下,我国高校能否担负起为中国特色社会主义现代化建设培养综合素质全面发展的建设者和接班人,首先取决于高校教师是否具有良好的职业道德。高校思想政治理论课(以下简称为"思政课")教师是高校教师队伍中的重要组成部分,在师德方面,体现着作为高校教师的职业责任和职业义务。从此角度,"思政课"教师职业道德(下文简称为"师德")的内涵从总体上并没有超出师德内涵的一般性规定。但笔者认为,"师德"内涵应根据各类课程的特点而具体化和细致化——不同学科教师在其不尽相同的职业实践中所表现出来的道德传统和道德习惯是不同的,所表现出来的从事该学科教育所具有的道德心理和道德品质也是不同的。更明确地说,较之于一般专业课,"思政课"在教学目的、教学内容及教学效果现状等方面具有自身表现和特点,这决定了高校"思政课"师德内涵在具体表现上会有所不同——由此也就凸显了探究高校思政课教师职业道德内涵的重要性和必要性。

二、高校思想政治理论课教师职业道德内涵

(一)政治过硬

课程特定的教学目的决定"政治过硬"是高校思想政治理论课教师职业道德内涵的首要前提。师德的根本在于努力践行自己所肩负的时代使命。而高校思政课教师的时代使命主要由思政课的教学目的体现。高校思政课肩负着用马克思主义中国化的最新成果武装大学生、推动社会主义核心价值体系建设、帮助大学生正确认识我国国情和改革发展稳定的关系、促进大学生提高政治鉴别力和增强政治敏锐性、培养高素质人才的重要职责。高校"思政课"是大学生思想政治教育的主渠道,是中国特色社会主义大学的本质体现,具有鲜明的意识形态属性。肩负着大学生思想政治教育的这一特殊使命,决定了政治过硬、政治导向正确是高校思政课教师职业道德内涵的首要原则。

高校"思政课"教师必须保持正确的政治立场,鲜明的政治观点,严肃严明的政治纪律,在事关政治原则、政治立场和政治方向问题上坚持党的基本理论、基本路线和基本方针,与党中央保持高度一致。特别是在当前国际、国内复杂政治环

境和斗争形势下,对于各种突发性事件和社会新思潮,高校"思政课"教师要有较高的政治鉴别力和较强的政治敏锐性,善于从政治上观察与思考问题,运用马克思主义立场、观点和方法分析解决教学中出现的新问题。作为"思政课"教师只有明确和坚定自己的政治立场,才能理直气壮地宣讲、弘扬马克思主义理论,才能底气十足、态度鲜明地阐发出马克思主义的理论魅力,使学生折服。学术无禁区,讲课有纪律,在"思政课"的讲台上,绝不允许出现与党的指导思想、理论纲领、路线方针相悖的声音。

(二)博学精思、以身立教

高校"思政课"教学内容表明其师德内涵须以"博学精思、以身立教"为基础。随着社会分工日益深化,高校在专业设置上也呈现出一定的细化趋势。对一般的专业课教师而言,讲授的主要是本专业的内容,所涉及的知识面相对不宽。"思政课"极为广泛地涉及经济、政治、军事、科技、教育、文化、党建等多方面的内容。一个受欢迎的"思政课"教师不但能通古博今、融贯中西,还会博采众长,厚积薄发——这都要求"思政课"教师必须博学精思,不但具备高水平的专业理论水平和理论素养,还应具备比较宽广的科学知识和人文素养。首先,"思政课"教师特别要研读马克思主义经典原著。其次,"思政课"教师还需汲取与马克思主义基本原理相关的各种背景材料、前沿学科知识和交叉学科知识等,提高自然科学素养,了解各种社会思潮和思想流派,这样授课内容才会有广度和深度,才能解决学生深层次的思想问题。再次,教师还要从"思政课"教学的特殊性出发,具备教育学、心理学等方面的学养。教师只有了解当代大学生的心理特征和思维特点,掌握思想政治理论课教学的特点、规律和方法,才能让学生乐于学习和真心接受具有高度抽象性和严密逻辑性的马克思主义理论。

教师,教书育人者。现代教育家竺可桢说:"教者,传授知识也;育者,培养品德也。教中有育,育中有教。"每一位教师,都应"学高为师、身正为范",做学生知识的传播者,品德的示范者,教会学生怎样做事、如何做人。长期以来的高校教学实践表明:一般的专业课教师在"教"与"育"的过程中,会偏重于"教",即会偏重于对专业知识和技能的传授,在"育"的方面,即对学生品德的培养更多是在无明确目的和缺乏语言引导的气氛下进行。而高校"思政课"教师的"教"和"育",具有高度的统一性。其"教"的内容,本身就是"育"的知识;其"教"的目的,本身就是"育"。所以,"思政课"教师相较于一般专业课教师来说对学生的品德培养更为直接明确。正因为如此,高校"思政课"教师更要做到以身立教、率先垂范。如果一名"思政课"教师在课堂外的"行"与课堂内的"言"

不相一致，那么，学生怀疑所指向的绝不仅仅是这位教师的为人，而是会怀疑甚至否定其所宣讲的那些道德规范和原则。所以，"以身立教"是高校"思政课"师德重要内涵之一。

(三) 爱岗敬业、业务精湛、实事求是

"思政课"教学实效的提升需要强调其师德内涵的核心必须为：爱岗敬业、业务精湛、实事求是。近年来高校"思政课"教学工作在改进中加强、在创新中发展，取得了积极进展和成功经验，大学生思想政治面貌发生了可喜变化，主流积极健康向上。但同时，与党和国家事业发展要求相比，与大学生健康成长的需要相比，与广大人民群众的期望相比，高校"思政课"教学实效还是不尽理想，亟待提高。影响和制约高校"思政课"教学实效的因素是多方面的。从学生的角度看，不少人认为专业课其内容的新鲜度和实用性较高，而从小学就开始开设的"思政课"枯燥乏味、无用无趣。排斥甚至厌恶"思政课"的心理较为普遍，学生学习的内在动力不足。教学是一个互动的过程，教师和学生会相互影响。高校"思政课"教师要"爱"一群不那么"爱"这门课程的学生显然要付出更多的感情和花更多的心思。在此形势下，爱岗敬业虽然属于一般师德的内涵，对于高校"思政课"教师而言，强调爱岗敬业特别有必要和有意义。

高校"思政课"教师"爱岗敬业"的重要体现在于要求自身业务精湛。业务精湛所涉及的教师理论功底深厚、博学静思等前面已有所阐述，这里主要说明业务精湛对教师在教学方法和教学艺术上的要求。改进教学方法对增强课程的吸引力和感染力、提高教学实效性显得尤为重要。教师要努力使思想政治理论课的教学方法适应大学生的特点，采取喜闻乐见和易于接受的方式，使学生坐得住、听得进、学得好，并引起其兴奋点和共鸣点。要提倡启发式、参与式、研究式教学，注意研究分析社会热点，多用通俗易懂的语言、生动鲜活的事例、新颖活泼的形式活跃教学气氛，启发学生思考。高校"思政课"教育教学是一门科学，也是一门艺术。在思想政治理论教育过程中需要教师将教育内容进行艺术加工和艺术再创造，把教育内容作为一个艺术作品来创作、欣赏和分享。

教学方法的改进和教学艺术的讲究可以增强高校"思政课"的"可爱"，而一名成功的高校"思政课"教师还必须注重课程的"可敬"。"敬"从何来？——要让学生真正体会到这门课程是实实在在有用的，是能让他们终身受益的。这就要求教师实事求是，从学生所关心的热点、难点问题出发来进行授课，讲课中不回避社会现实问题,做到以理服人、以情感人,帮助学生形成正确的世界观、人生观、价值观。让学生真正感到思想政治理论课不是可有可无的空洞的理论说教,而是与他们身心健康发展密切相关的重要课程,是为他们综合素质的提高奠定基础的课程。要保证大学生能够掌握最先进的理念,为社会主义事业而努力奋斗。

构建一个具有可操作性、贴近教师真实职业生涯的高校"思政课"师德内涵,有利于弘扬高尚师德,力行师德规范,创新师德教育形式,丰富师德教育内容;有利于引导高校"思政课"教师构建和谐自我,长期从教,终身从教;有利于学生乐学、教师乐教;有力保证高校"思政课"的教学实效,体现高校"思政课"的价值。

参考文献:

[1]张蔚萍、胡林辉:《面向新世纪的思想政治工作研究》,载《求是》,2000年第20期。

[2]王芳:《知识经济与高校思想政治教育》,载《江西高教研究》,1998年第4期。

[3]胡锦涛:高举中国特色社会主义伟大旗帜,为夺取全面建设小康社会新胜利而奋斗。在中国共产党第十七次全国代表大会上的报告。2007年10月15日。

[4]陈万柏:《论思想政治教育文化载体的特征和功能》,载《求索》,2005年第5期。

[5]苏霍姆林斯基:《帕夫雷什中学》,教育科学出版社1983年版。

[6]束体民:《高校思想政治教育的时效性研究》,载《人民论坛》,2010年第11期。

[7]闫科培:《新时期加强高校思政课教师队伍建设的几点思考》,载《新疆师范大学学报》(哲学社会科学版),2009年第6期。

[8]谢振荣:《切实增强高校思想政治理论课的时效性》,人民日报2010年5月11日。

[9]赵甲明、赵义良:《关于实现高校思政课功能的思考》,载《清华大学学报》(哲学社会科学版),2005年第2期。

[10]张耀灿、郑永廷、刘书林、吴潜涛等:《现代思想政治教育学》,人民教育出版社2001年版。

[11]尹伶俐:《社会主义核心价值体系与高校思想政治教育》,载《理论月刊》,2007年第6期。

[12]联合国教科文组织编著:《学会生存——教育世界的今天和明天》,教育科学出版社1996年版。

[13]张耀灿:《略论马克思主义理论学科的科学发展》,载《学校党建与思想教育》,2008年第1期。

[14]张耀灿、郑永廷、刘书林、吴潜涛:《现代思想政治教育学》,人民出版社2001年版。

[15]肖川:《大学的理想与使命》,载《高等教育研究》,2000年第4期。

[16]张孝宜、李萍、钟明华:《人生观通论》,北京高等教育出版社2001年版。

第二章

深厚蓝色情感　挚爱海洋中国

爱国主义是一个民族赖以生存和发展的精神支柱,爱国主义教育与国家、民族的发展和进步息息相关,高校应大力开展爱国主义教育,旗帜鲜明地弘扬新时期的爱国主义教育,让青年大学生更深刻地意识到:爱国主义是中华民族民族精神的核心,是中华民族团结统一的精神纽带,只有大力弘扬爱国主义精神,不断增强中华民族的凝聚力,才能为全面建设小康社会、发展中国特色社会主义、实现中华民族伟大复兴提供强大精神力量。海洋爱国主义是建立在全面认识海洋历史、对海洋现状深切关注,对海洋发展未来有着深远预测的基础上的深厚海洋情感。面对海洋的呼唤会毫不犹豫地选择自觉地爱国行为,对于为我们提供生存和发展乃至国家安全重要保障的海洋,高等教育有责任加强海洋爱国主义教育。航海院校在民族复兴的征途上,在海洋强国的建设中更要加强爱国主义教育。

第一节　海洋爱国主义教育的基础[*]

爱国主义最基本的表现是既为自己国家"民族的繁荣昌盛而感到无限喜悦,又为国家"民族的困难和不幸而满怀忧虑。海洋爱国主义者同样也有这样一种深厚的情感,这种深厚的情感建立在我们全面认识我国海洋历史,了解她的过去、她的传统和她几千年来创造的灿烂海洋文化以及遭受来自海上的屈辱苦难的基础上;这种深厚的情感建立在我们全面认识海洋、了解海洋的基础之上;这种深厚的情感建立在对海洋的现状深切的关注,对海洋的发展未来有着深远预测的基础之

---

[*] 本节作者尹伶俐。原文《论海洋爱国主义教育的基础》发表于《齐齐哈尔师范高等专科学校学报》(2011.4)。

上。海洋爱国主义最坚定的表现是能不断坚定自己的信念,当党和祖国需要时,面对海洋的呼唤会毫不犹豫地选择自觉地爱国行为。对于为我们提供生存和发展乃至国家安全重要保障的海洋,高等教育有责任加强海洋爱国主义教育。

一、海洋意识培养是海洋爱国主义教育的情感基础

海洋情感是海洋爱国主义教育的基础。爱海洋之情是海洋爱国主义教育的内在心理基础,这种内在情感志向既是祖国辽阔海洋和灿烂海洋文化的熏陶滋润,更是青年学子对海洋中蕴含的民族精神亲身体验自觉内化的结果。爱海洋情感的表现十分丰富,包括对祖国所拥有的宽广海域的赞美依恋之情,对祖国灿烂的海洋文化的钦佩自豪之情,对在这片海域上的海洋建设者的亲善敬爱之情,对海洋经济发展的尽职尽责奉献之情,以及强烈的民族自尊心和自信心,高度的使命感和责任感,同时也包括对损害海洋的一切言行、人物和事件所产生的否定、憎恶、仇恨、义愤的情感。当代中国青年应深深意识到自己的生存发展都同这一片深蓝密不可分地联系在一起,每一个人都能从自己的生存与发展中切身感受到海洋赋予我们的物质、文化、精神和心理的力量与财富,而且认识到人生价值形成、发展和实现都直接依赖于海洋的发展,这种对海洋价值的亲身体验就是爱海洋情感产生的源泉。

(一)从海洋基本知识中培养理性爱海洋的海洋情感

海洋意识是人们对海洋基本知识、海洋地位、海洋作用、海洋价值的理性认识。海洋爱国主义教育要加强海洋基本知识教育,帮助青年学生树立海洋意识。海洋占地球表面的71%,蕴藏着丰富的海洋物质资源、海洋空间资源和海洋能源,在政治、"军事"、经济上具有举足轻重的战略意义,是世界临海国家争相开发的"蓝色疆土"。海洋国土是国家国土的一个组成部分,是指在国家主权管辖下的一个特定的海域及其上空、海床和底土。我国是一个海洋大国,大陆岸线18000公里,岛屿岸线14000公里,面积在500平方米以上的岛屿就有6500多个。按《联合国海洋法公约》的规定,我国管辖海域约为350万平方公里。这些"蓝色国土"是我们巨大的资源宝库。据有关专家预测,中国近海的石油和天然气资源储量分别占中国石油资源总量和天然气总储量的23%和29%。中国海疆内可开发的海洋能源总量约有4.41亿千瓦,可以提供60%的水产品,70%以上的原盐,每年可为几亿人的沿海城镇提供丰富的工业用水和生活用水等等。高等学校应自觉承担海洋爱国主义教育的重担,加强海洋爱国主义教育,引导青年学子读懂这蓝色的国土中蕴含的蓝色的文明。海洋经济发展需要青年学子对海洋保持长期而持续的关注与投入;海洋爱国主义教育需要超越单纯海权概念上升到对国家海洋经济发展战略的关注与研究;青年学子要成为海洋经济发展时代的社会建设者更需要做好自身海洋知识储备,以及在此基础上成为坚定的理性的海洋爱国主义者。

(二)从我国海洋历史中培养感性爱海洋的海洋情感

海洋爱国主义教育要善于从海洋历史与现实中寻找契机,注重海洋爱国情感教育。中华民族历史上曾经有过辉煌的海洋业绩。我们曾拥有比哥伦布发现新大陆还要早80年的明代郑和下西洋(公元1405—1433年),我们有第一个发现南海的中国海洋者,有第一本由中国人自己绘制指引中国渔民出海打鱼的海洋指南《更路簿》;我国的造船技术和海洋技术堪称世界一流,当明朝的中国渔民到南沙捕鱼时,连南沙周边国家渔民的影子都没见着。我们民族曾有过很强的海洋意识和开放意识。中华民族历史上尤其是近代以来曾有来自海上的屈辱印记。回顾历史,我们必须直面清代封建王朝闭关自守的政策使我们体会到的背对海洋所遭受到的落后挨打的历史命运。从1840年开始,日、英、美、法、德、意、奥等国的军队,从海上入侵我沿海地区竟达470余次之多,从辽东半岛的大孤山到海南岛的三亚港,几乎所有的重要港口、港湾、岛屿都遭到了敌人的蹂躏。为了维护国家的主权和领土的完整,捍卫民族尊严和利益,中华民族与侵略者展开了殊死的海战,对侵略者无比痛恨,对出卖国家和民族利益的卖国贼极端鄙视,对为国家和民族作出了贡献的英雄无比崇敬。海洋历史上每一次反对外敌入侵的抗争,无不凝结着海洋爱国主义的炽烈情感,这种深厚而又炽烈的情感就是海洋爱国主义的基础。

中国近代史已经明白地告诉我们:每个国家,尤其是沿海国家的政治、经济、军事都无可选择地与海洋联系在一起,国家的兴衰荣辱也无可选择地与海洋联系在一起。防止危机从海上而来的爱国主义一直是近代以来爱国主义的核心。从一定意义上讲,爱国是海防事务的必然主题,热爱海洋、关心海洋、建设海洋是海洋爱国主义的必然要求,献身祖国海洋事业是海洋爱国主义的重要表现途径。尽管我们处于和平时期,但"天下虽安,忘战必危",同样需要这样一种强烈的爱国之情、报国之心、为国之志,培养社会主义海洋事业的建设者和接班人,就必须不断加强海洋爱国主义教育,使之心系国家海洋安危,在祖国人民和海洋需要的时候,能够挺身而出,肩负起保家卫国、维护海洋权益的重任。因此,教育青年学子热爱海洋、关心海洋并愿意用自己的青春去建设海洋,就是最好的、最实在的爱国主义教育。

(三)从中国目前海洋权益保护的现状中激发青年学子的海洋情感

许多海洋问题专家一致认为2011年中国的周边海洋形势"十分严峻""并不

乐观"。回顾2010年东海、黄海、南海三大海域的安全形势都出现了新迹象新挑战。其中,以钓鱼岛撞船事件、美军航母进入黄海、东南亚各国强军联美高调宣示南海利益为代表。中国海监定期巡航始于2001年,中国海监实现了对我国全部管辖海域的定期维权巡航执法,包括黄海、东海和南海等海域,海监巡航区域北起鸭绿江口、南到曾母暗沙,真正覆盖到了我国主张管辖海域的全部。据统计,2010年海监大队巡航覆盖我国全部管辖海域,监视进入我国管辖海域的外国船舶1303艘次,发现侵犯我国海洋权益的飞机数量比2009年有明显增加。目前中国的黄海、东海、南海海洋权益的保护现状都应让青年学生高度关注。海洋爱国主义教育要善于引导青年学子的爱国情感,要善于通过海洋爱国主义教育帮助青年学生树立起拥有海洋、保护海洋以使她不受外敌侵犯的自尊心和自信心;要善于引导青年学生积极关心并理性认同中国海洋发展道路和发展模式,以及基于这一认同所担负的保卫国家独立、维护国家尊严、为海洋强国建设而努力的基本政治责任。

缺乏海洋意识的民族注定在海洋领域里无法远航。海洋是一个科技含量很高的领域,也是我们知之甚少的广袤领域,一个不具备基本的海洋科学常识的人,他对海洋的认识只能停留在大海浩瀚或波涛汹涌的层次上,不会有真正的海洋意识。因此,必须通过海洋基本知识教育的普及,帮助青年学生在了解海洋基本理论和主要概念的基础上,能就海洋话题进行有意义的交流,能理性地分析和理解海洋及海洋资源相关信息,并做出可靠的判断,从而学会珍惜海洋、拥抱海洋、感恩海洋。高校理应加强海洋爱国主义教育,通过普及海洋基本知识,让青年大学生清楚地认知海洋,热爱海洋,使自己成长为理性的海洋爱国主义者。

二、海洋文化教育与传承是海洋爱国主义教育的理论基础

海洋文化是指以海洋为生成背景的文化,是人类认识、把握、开发、利用海洋,调整人与海洋的关系,在开发利用海洋的社会实践过程中形成的精神成果和物质成果的总和,是人类文化的一个重要的构成部分和体系。其核心职责是在传递文化"培养文化主体的过程中,使民族文化传统得以继承,民族精神得以弘扬。中国的海洋文化史就是一部开拓海洋的发展史,是一部"封疆禁海"的落后挨打史。历史是人类的存在经验史,它告诉教育的内容和教育的方向,教育要培养一代人的精神,必先使历史驻进个人,使个人在历史经验中汲取养分。因此,加强海洋文化教育与传承是海洋爱国主义教育的理论基础。

(一)加强海洋文化价值的培育

海洋文化是海洋强国的内在精神与素质,是一国成为海洋强国的内在动力和外在表现,是海洋强国始终保持旺盛生命力的源泉。建设海洋强国,必须打造海洋文化,张扬海洋文化。当今,世界各海洋大国之间展开了作为综合国力重要领域的海洋经济、海洋科技、海洋军事竞争,而左右这种竞争的格局和态势、决定这种竞争的发展方向的是世界各海洋大国的海洋思维、海洋意识、海洋观念等海洋文化因素。从某种意义上说,海洋文化就是大国思维、大国战略、大国崛起的旗帜和理念。在21世纪对海洋文化的价值取向,既要立足领海,又要看到海洋。2005年,中国政府决定把每年7月11日定为"海洋日",将对全国人民强化海洋意识,增强全民的海防意识和建设海洋强国的责任感和使命感,这对促进我国海洋和海洋事业的更大发展具有重大的现实意义和深远的历史意义。海洋教育在对海洋文化的传递、选择、发现、创造中起着不可替代的重要作用。因此,高等学校要站在历史的高度,以忠诚党的教育事业,以为国家负责、为社会负责、为后代负责的良好心态,树立大力加强海洋文化教育意识培育的责任感和使命感,不断丰富和发展青年学子的海洋文化内涵,提高青年学生的海洋文化意识和海洋文化素养。

(二)加强海洋人才的文化底蕴的培育

21世纪是海洋的世纪,是将未来竞争定格在海洋竞争的世纪。因此,充分认识海洋人才在我国的重要地位与作用,高度重视高素质海洋人才的培养和储备将具有非常深远的战略意义。我们必须加强海洋人才的文化底蕴的培育工作。文化能以一整套的世界观、人生观、价值观等观念体系,帮助人们相互理解、沟通、交流、评价,是人们寻求"意义"的基础,并在"意义"基础上共同理解。海洋人才的教育是以海洋文化为媒介,在人与文化的互动中,去展开人类的海洋思维、想象,体验人类的海洋情感,以海洋人才的群体人格作为海洋文化最高意义上的体现。当今世界海洋强国往往拥有一支高素质的海洋管理队伍,拥有一批优秀的高级船员,他们大都得到过本国海洋文化的熏陶;全球知名的船公司都有自己的企业文化,这种企业文化本来就脱胎于本国的社会文化尤其是海洋文化。对海洋人才的教育要凸显海洋文化的要求,要通过海洋文化的教育帮助海洋人才树立起自己独有的海洋人的海洋观尤其是海洋价值观。与其他工程专业不同,海洋专业人才具有很强的实践性,是面对岗位、针对性较强的专业,它不仅需要通过理论学习、实验室教学和模拟器等实践技能的训练,而且需要在海洋文化教育方面为自己确立作为海洋人的人生意义。由于专业特性以及职业的特性,海洋人才更容易比一般学生关注生活,思考未来,因而有时更易陷入困惑之中。因此他们更需要海洋文化价值观的树立,学会用海洋文化价值直面生活、审视人生。只有耳濡目染,潜移默化,长期在海洋文化的熏陶、影响下,才能逐渐形成独具特色的海洋文化和个性特点。因此,海洋文化价值观的培养在整个海洋人才的教育体系中就显得更加突出。

(三)立足海洋文化的地域特色,不断加强海洋文化的创新

文化是一个民族的根,是一个民族的魂。它深深地熔铸在民族的生命力、创造力和凝聚力之中。海洋文化的特质是开放的,崇尚流动,崇尚机遇;海洋文化的魅力就在于它的涉海性,它最凸显的特征之一是创新中国优秀传统文化,实际上中国优秀传统文化也是开放的海洋文化;中国改革开放的历史,实际上也是海洋文化史。改革开放初,中国立即把改革发展的目光投向海洋,由广东先行,在南方沿海设立四个经济特区,接着又开放14个沿海城市,扩大了开放的广度和深度,出现了海洋经济发展欣欣向荣的局面。海洋经济的发展推动海洋文化内容形式、体制机制、传播手段的创新,解放和发展海洋文化生产力,是繁荣海洋文化的必由之路。海洋文化的创新必须坚持两大原则:一是坚持中国海洋文化的中国特色,满足中国海洋事业发展的需要。中国海洋文化讲究团队精神,这是一种集体主义精神,并且是集体利益不断变动的集体主义精神,能在坚持集体稳定性的原则下讲灵活性,将二者有机地统一。二是坚持海洋文化的地域特色,为地方海洋经济发展提供文化支撑。广东海洋文化奠基于海洋农业,由于收受海洋地理环境的影响而具有自身的特点。首先,由于海洋农业的发达,广东海洋文化直接体现为人与海洋的关系,产生出"靠海吃海"的自然人生观;其次,广东海洋文化的生态性与传统的海洋农业在一定意义上有益于海洋资源与陆地生物的生态循环,从而表现在海洋文化观念上更重视自然资源开发和保护并重的原则,并产生出生物资源开发中的"四禁"观念,产生了许多关于自然生态的文化联想,以其专有的文化意义构成了人们的自然生态观。最后,广东海洋文化的商业性特点及海洋文化的魅力,是以海洋的开放性和自由方便成就了世界范围内的经济繁荣,使海上贸易成为近现代普遍的经济形态。广东因地理位置独特,其文化形态也比较有商业色彩,无论海洋生产、海洋工艺还是信奉海洋神和天妃,都表明广东海洋文化独具个性。广东省的海洋文化历史悠久。在新的历史时期,广东省的海洋文化创新既要善于挖掘广东省的海洋文化资源,又要清醒地意识到广东作为海洋大省、海事大省,在国家实施广东海洋经济强省的过程中有着举足轻重的地位。推进海洋文化创新,增强海洋文化发展活力,要有全球的眼光和海洋经济文化的理念,在航海经济建设中发展海洋文化产业,繁荣海洋文化市场,增强国际竞争力。

三、海洋经济建设是海洋爱国主义教育的现实基础

海洋经济强国是指拥有开发海洋、利用海洋和控制海洋的综合性海上力量，能够通过运用其海上优势最大限度地维护国家利益，并为本国发展提供强大的战略空间和战略资源的国家。中国是一个海洋大国，海域辽阔，海洋资源丰富。海洋与中华民族的命运息息相关，海洋爱国主义是海洋强国建设的精神动力，海洋经济建设是海洋爱国主义教育的现实基础。

(一)建设海洋经济需要海洋爱国主义教育支持

从新中国成立以后，尤其是党的十一届三中全会后沿海地区实行对外开放以来，中国一直努力建设海洋经济强国，"九五"期间海洋高新技术被正式列入国家863计划；1996年制定并颁布实施《"九五"和2010年全国科技兴海实施纲要》，出台了《中国海洋21世纪议程》及行动计划；2001年制定了《我国海洋经济发展规划(纲要)》，2003年国务院发布《全国海洋功能区划》和《全国海洋经济发展纲要》，提出了"发展海洋经济，逐步建设海洋强国"的战略目标。胡锦涛同志在2004年强调"开发海洋是推动我国经济社会发展的一项战略任务。要加强海洋调查评价和规划，全面推进海域使用管理，加强海洋环境保护，促进海洋开发和经济发展"。温家宝总理在政府工作报告中再次指出"重视海洋资源开发与保护"。2006年公布了《国家"十一五"海洋科学技术发展规划(纲要)》，党的十六大报告做出了"实施海洋开发"的战略部署，提出"实施海洋开发"，强调和平时期建设海洋强国的时代意义。十七大指出："要提升高新技术产业，发展信息、生物、新材料、航天航空、海洋等产业。"国务院有关部门和沿海省区都先后把海洋开发列入国民经济和社会发展规划的重要内容中。2009年在全国科技大会上时任总理温家宝同志指出："我国是海洋大国，发展海洋经济，利用海洋资源是一个聚宝盆。"这些都直接推动我国海洋发展，开创了我国海洋开发的新时代。但从海洋经济发展现状看，中国海洋经济发展仍很薄弱。2010年我国海洋经济总量占GDP2.5%，而世界强国海洋经济总量占GDP的10%以上。面对还不是十分合理的海洋经济结构，要将海洋经济成为未来经济发展的增长点，就必须在海洋经济建设过程中加大高校的科技与智力支持力度。在一切的支持中爱海洋的情感支持尤为重要。

(二)海洋经济发展给高校海洋爱国主义教育带来的挑战

海洋经济强省战略实施是广东高校海洋爱国主义的强大动力，并为之提供广阔的发展空间和十分有利的发展条件。在海洋经济建设进程中，海洋爱国主义有其特定的内涵：要不断增强对海洋经济强省战略的研究与海洋科技知识的普及，

做好对海洋环境的保护、利用与开发,加大对海洋经济与信息系统现代化的研究;要不断加强国际海洋政策、海洋法律法规的学习,促进国际海洋科学和海洋管理能力的建设;要不断加强对海洋道德与海洋生态伦理的研究,以满足海洋强省建设中对海洋法律法规与海洋生态道德的需要。从教育角度看,高校需要不断深挖创新潜能,不断丰富和完善海洋观教育体系,紧紧围绕提升海洋产业层次、优化海洋产业结构等战略要求的,优化海洋观教育结构,不断扩展服务功能,为建设海洋强省提供海洋意识指导。

(三)高校需要加强海洋爱国主义教育以更好地服务海洋强国建设

不同时代海洋爱国主义的要求不同。海洋经济建设,海洋经济强省目标的实现,需要不断丰富海洋爱国主义教育的内涵建设,使广东海洋经济建设实践达到文化自觉的水准,使海洋事业成为中华民族伟大复兴中的巨大力量,引导广东海洋经济强省进行生存与发展空间上的历史性拓展。海洋爱国主义的培养,是海洋人才应当具备的基本素质之一,需要透过日常学习、生活和社会实践的方方面面来成,在教学过程中要善于抓住热点问题教育学生。随着经济全球化和中国经济的快速发展,我国有30多条远洋运输航线通达150多个国家和地区的600多个港口,对外贸易的绝大部分和石油进口的90%依赖海上运输,海洋航道已成为中国经济发展的生命线。海上运输安全问题变得越来越突出,海盗、海上恐怖势力泛滥,严重影响了我国海上交通运输安全。交通部举办的"亚丁湾护航船长的事迹报告会"等活动是一次非常好的海洋爱国主义教育,它通过海上安全与祖国强大的紧密关系清楚说明海洋爱国主义的深刻内涵。高校应成立宣传海洋知识或维护海权的社团组织,做各种推广活动;编辑海洋知识的小册子,介绍海洋基本知识,以及中国目前海洋现状等;根据时事需要开展讲座;开设相关选修课;关注海洋、了解海洋,参与海洋观知识教育与各种活动;学习海洋基本知识,增进自己对海洋的感性认识;关注国家海洋的安全与发展,强化自己的海洋忧患意识,不断培养自己成为理性的海洋爱国主义者。

广东省作为具有发展海洋战略思想的大省,海洋教育应当走进高校课堂。,没有对海洋的热爱就不会有维护海洋权益的意识和战略,没有海洋爱国主义的海洋学子注定无法在海洋上更远前行。高等学校要自觉承担海洋爱国主义培养的重担,加强海洋基本知识教育,为青年大学生加大海权知识储备作出应有的贡献。只有加大力度推进青年学子海洋爱国主义的教育,注重海洋爱国主义的培养,才能培养出不会辜负党和国家以及社会期望的海洋人才。

第二节　海洋爱国主义教育的时代内涵*

一个国家、民族对海洋的重视、对所属海域的历史现状的维护、对海洋开发利用的程度、对海洋权益争取和维护的力度，都直接影响着国家的强弱、民族的兴衰。中国是海洋大国，海洋与中华民族的命运息息相关，海洋爱国主义是海洋强国建设的精神动力。海洋爱国主义从本质上说是一种价值认同。从海洋意识角度看，它是对海洋知识体系中的核心价值以及海洋文明传统所造就的归属感的集中体现；从建设海洋强国角度看，它是对建设海洋强国的政治认同，"忠于祖国海洋，热爱祖国海洋"道德承诺和为维护祖国海洋主权而努力奋斗的政治责任；从海洋情感角度看，它是以海洋视野观察世界，以积极而理性姿态参与海洋事务，将爱海洋与爱祖国紧密结合在一起，在建设海洋强国进程中而逐渐形成的民族海洋意识、海洋性格、海洋气概。建设海洋强国是中华民族伟大复兴的时代选择，如何以更理性的心态观察海洋事务、承担海洋大国责任、表达爱国爱海洋的声音、维护国家海洋权益等都需要不断丰富海洋爱国主义教育的时代内涵。

一、注重引导青年学生透过对中国海洋历史与现状的认识，重塑海洋意识

爱国主义是一个民族赖以生存和发展的精神支柱，是从人类社会出现阶级和国家以来在自己民族、国家生存和发展的历史长河中不断形成的一种极其深厚的感情。这种深厚的感情表现为：热爱自己出生的民族，热爱自己民族赖以生存的土地，尊重本民族的宝贵传统和共同语言，珍视本民族的光荣历史和人类所做的贡献。爱国主义在不同时代有着不同的内容和作用。21世纪的海洋爱国主义最基本、最本质、最重要的表现，就在于不遗余力地巩固最广泛的爱国统一战线，为维护祖国海洋领土完整，珍视和维护海洋资源、海洋文化、海洋安全、海洋建设以及海洋历史传统等，为实现中华民族的伟大复兴而作出自己的贡献。热爱海洋、关心海洋、建设海洋是海洋爱国主义的必然要求。

（一）海洋爱国主义教育要加强海洋基本知识教育，帮助青年学生树立海洋意识

海洋意识就是人们对海洋基本知识、海洋地位、海洋作用、海洋价值的理性认

---

* 本节作者尹伶俐。

识。海洋国土是国家国土的一个组成部分,是指在国家主权管辖下的一个特定的海域及其上空、海床和底土。按照《联合国海洋法公约》的规定,一国的内海、领海属于国家领土的组成部分,国家对其行使主权,对其内的一切人和物享有专属管辖权。它不仅包括一国的内海和领海,而且还包括该国管辖的专属经济区(EEZ)和大陆架,是一国内海、领海、毗连区、专属经济区、大陆架等所有管辖海域的形象总称,是一个集合概念。按《联合国海洋法公约》的规定,我国管辖海域约为300万平方公里。即我国陆地面积为960万平方千米,海洋面积为300万平方千米。

2009年2月17日,菲律宾国会通过领海基线法案。该法案将中国的黄岩岛和南沙群岛部分岛礁划为菲律宾领土。中国外交部提出严正抗议,指出中国对这些岛屿及其附近海域拥有无可争辩的主权。《国际先驱导报》联合凤凰网、新浪网和天涯社区进行的联合调查,在调查中记者发现:菲律宾立法夺取中国岛屿之前,23%的受调查者表示从未听说过黄岩岛;而接近80%的受调查者不知道黄岩岛的正确位置,仅有19.7%的人知道黄岩岛属于中沙群岛。事实上,早在1279年,中国天文学家郭守敬进行"四海测量"时,在南海的测点就包括黄岩岛。对于导致出现很多国人不了解黄岩岛的原因,48.5%的受调查者指出课本没教过,而33.2%的受调查者指出国内的书从来没有讲过这些。事实上,我们在讲国土时更多的在讲960万平方公里的黄色国土,而遗忘了我国那一片蓝色国土。我们缺失海洋意识,因而缺少海洋概念,对海洋国土地理区位和范围、类型和分布、自然环境的认识与保护以及海洋资源的利用、开发与保护等具体含义比较模糊,甚至面对大海却不知道我们认识这片大海、开发这片大海的历史以及那些曾经用生命开拓海域、维护领海主权的人们。

加强海洋爱国主义教育,需要普及海洋基本知识,增强海洋意识。海洋占地球表面的71%,蕴藏着丰富的海洋物质资源、海洋空间资源和海洋能源,在政治、军事、经济上具有举足轻重的战略意义,是世界临海国家争相开发的"蓝色疆土"。我国是一个海洋大国,大陆岸线18000公里,岛屿岸线14000公里,面积在500平方米以上的岛屿就有6500多个。这些"蓝色国土"是我们巨大的资源宝库。据有关专家预测,中国近海的石油和天然气资源储量分别占中国石油资源总量和天然气总储量的23%和29%。中国海疆内可开发的海洋能源总量约有4.41亿千瓦,可以提供60%的水产品,70%以上的原盐,每年可为几亿人的沿海城镇提供丰富的工业用水和生活用水。对于为我们提供生存和发展乃至国家安全重要保障的海洋,我们必须要爱护她。首先:要在对现代海洋研究成果的基础上,研究和编写普及海洋科学知识和法律知识的教科书,让海洋意识教育走进课堂,提供青年学生的海洋意识;其次:利用现代传媒工具,增加传媒对海洋时事、海洋科研等活动的专题报道,拓展海洋教育的渠道;最后:利用海洋日等平台举办一些有关海洋的知识讲座、知识竞赛,激发青年学习海洋、关心海洋的热情。总之,我们应通过海洋基本知识教育的普及,增加海洋科技知识、海洋国土历史、海洋经济内涵的基本知识,帮助青少年学生了解海洋基本理论和主要概念,能就海洋话题进行有意义的交流,能理性地分析和理解海洋及海洋资源相关信息,并做出可靠的判断,从而能学会珍惜海洋、拥抱海洋、感恩海洋。

(二)海洋爱国主义教育要善于从海洋历史与现实中寻找契机,注重爱国情感教育

海洋情感是海洋爱国主义教育的基础。爱国主义有一种最基本的描述:爱国主义者既为自己国家、民族的繁荣昌盛而无限喜悦,又为国家、民族的困难和不幸而满怀忧虑。海洋爱国主义者也应当有这样一种深厚的情感,这种情感建立在我们全面认识我国海洋历史,了解她的过去、她的传统和她几千年来创造的灿烂海洋文化和遭受的屈辱苦难的基础上。

中华民族历史上曾经有过辉煌的海洋业绩。明代郑和下西洋(公元1405 – 1433年),比哥伦布发现新大陆还要早80年。以南海为例,我国海洋历史同样让人骄傲。从第一个发现南海的中国航海者到第一本由中国人自己绘制指引中国渔民出海打鱼的航海指南《更路簿》都证明:自古以来南海就是中国的南海。早在秦汉时代,我国就有大规模远洋航海通商和渔业生产活动,中国人最早发现了南海诸岛并给以命名。在宋代已有相对规范的名称指称南海诸岛中的不同群岛。在元代绘制的大量地图上,已将南海诸岛纳入了行政区划范围内。明初,南海设立了统一的地方行政机构——琼州府,隶属广东,南海诸岛被划归琼州府领属的万州管辖。我国的造船技术和航海技术堪称世界一流,当明朝的中国渔民到南沙捕鱼时,连南沙周边国家渔民的影子都没见着。回顾历史,我们民族曾有过很强的海洋意识和开放意识。只是到了清代,封建王朝闭关自守的政策使我们体会到背对海洋所遭受到的落后挨打的历史命运。从1840年开始,日、英、美、法、德、意、奥等国的军队,从海上入侵我沿海地区竟达470余次之多,从辽东半岛的大孤山到海南岛的三亚港,几乎所有的重要港口、港湾、岛屿都遭到了敌人的蹂躏。仅以南海为例可见我国海洋历史命运的波折。而海洋历史上每一次反对外敌入侵的抗争,无不凝结着海洋爱国主义的炽烈情感。

（三）海洋爱国主义教育需要从国家层面加强作为海洋教育主要载体的课程教育以及其他社会实践基地教育

2003年,美国皮尤海洋委员会（PewOceanCommission）发布了《美国活力的海洋》报告,阐述了海洋知识进入美国课堂的重要意义,敦促美国建立一个"新的海洋文化时代"。2004年,美国国会发布了《21世纪海洋蓝皮书》,阐述和强调了海洋教育对于强化海洋环境意识、增强公众海洋知识、培养下一代海洋科学家的重要性。美国新的海洋政策强调要进一步强化民族的海洋意识,并号召对所有的美国人进行终身海洋教育。日本百年来一直竭力追求海洋国家的身份,举行各种海洋活动以强化国民海洋意识。日本将每年7月份的第三个周一作为日本法定海洋日,教育国民认识到:"我们缺乏土地,没有资源,只有阳光、空气和海洋"。

我国目前由于不少城市将中学地理作为副科,不纳入高考范围,学生的重视程度不高,青少年海洋国土观教育严重不足。因此,海洋爱国主义教育首先需要不断加强作为海洋教育主要载体的地理课程以及海洋历史课程的教育,并根据时代发展不断更新教材内容;其次,需要把海洋教育纳入到国民教育体系中,从幼儿启智教育开始不断树立海洋意识;再次,需要通过各种渠道加强对全民的海洋知识、海洋形势普及教育,并不断增加对我国海洋形势报道的透明度。《国际先驱导报》联合凤凰网、新浪网和天涯社区就菲律宾国会通过领海基线法案事件进行的联合调查,从调查来看,这起争议经媒体的大量报道,引起的绝不仅仅是对这起侵权事件本身的关注:57.3%的受调查者称,在知道菲律宾立法夺取中国岛屿的新闻后,持续关注该事件的进展;而36.3%的受调查者则开始对如何维护中国海洋权益这个话题感兴趣,或有所思考,或与人探讨。因此,我们在进行海洋意识教育时要相信民众的爱国情怀,要善于利用应急事件激发民众的海洋意识和海洋情感,借助网络等传媒工具引导民众讨论和传播海洋思想和观念。

二、注重引导青年学生对中国海洋国际形势发展的认识,深刻领悟到海洋强国的意义与内涵

海洋强国是指拥有开发海洋、利用海洋和控制海洋的综合性海上力量,能够通过运用其海上优势最大限度地维护国家利益,并为本国发展提供强大的战略空间和战略资源的国家。从新中国成立以后,尤其是自党的十一届三中全会后沿海地区实行对外开放以来,我国一直希望建设海洋强国。党的十六大提出"实施海洋开发",强调和平时期建设海洋强国的时代意义。党的十七大指出:"要提升高新技术产业,发展信息、生物、新材料、航天航空、海洋等产业。"国务院有关部门和沿海省区都先后把海洋开发列入国民经济和社会发展规划的重要内容中。1996年我国出台了《中国海洋21世纪议程》及行动计划,2002年制定了《我国海洋经济发展规划(纲要)》,2006年公布了《国家"十一五"海洋科学技术发展规划(纲要)》,2009年在全国科技大会上时任总理温家宝同志指出:"我国是海洋大国,发展海洋经济,利用海洋资源是一个聚宝盆。"这些都直接推动了我国海洋发展,开创了我国海洋开发的新时代。

(一)海洋爱国主义教育首先引导青年学生深刻认识到海洋强国建设迫在眉睫

第24届世界海洋和平大会在1996年的北京召开,并产生了世界海洋和平大会历史上第一个宣言——《北京海洋宣言》,《宣言》倡导建立21世纪海洋新秩序。建立公正、平等、合作的海洋管理制度以应对全球海洋事务;处理海洋国际关系,仅凭良好愿望是很难实现的,要有强大的海洋实力,随着中国国力的增强、对外贸易发展迅速、与世界联系与合作的加深,中国发展日益依赖于世界,对世界能源的需求也不断增长。按照国家能源署(IEA)的预测,到2020年中国进口的石油中有60%通过南南海洋通道。是我国海上能源生命线,海洋是新时期保证中国发展利益的关键;海洋是重要的战略空间,与国家的安全利益紧密相连。海洋对中国和平发展的战略意义要求我们必须坚持海洋强国建设。

环顾当今中国海疆,我国面临的海洋形势不容乐观。日本"指礁为岛"、韩国给苏岩礁编民间故事、越南军方力挺海洋调查等,中国周边国家的"海洋圈地"运动重如火如荼进行中。正如《中国海发展报告2009》曾评论:黄海形势稳中有忧,东海形势突破与挑战并存,南海形势复杂多变。2010年中国海洋形势严峻。因中国强烈抗议和前所未有的强硬态度,"乔治·华盛顿"号航母没有进入黄海参加美韩军事演习,希拉里·克林顿却在越南河内宣称"南中国海主权争端是美国国家利益的一部分",这同样引起中国人强烈的不满和愤慨。无论是中美两国围绕黄海的争执是否暂告一段落,还是中美在南海海上博弈新一轮的开始,中美在中国近海区域的矛盾集中爆发期已经到来。这种复杂多变的海洋形势以及海洋对于中华民族崛起的战略意义正凸显我国"海洋强国"建设的紧迫性和重要性。

(二)海洋爱国主义是中国海洋事业繁荣和海洋意识崛起在中华民族心理上的一种必然反应,是建设海洋强国的精神支柱

历史告诉我们:据不完全统计,自1840年鸦片战争开始的百余年间,英、法、日、俄、美、德等帝国主义列强,从海上入侵中国达84次,入侵舰艇1860多艘,入侵兵力达47万人。中华民族在海洋方向曾做过奋力抗争,但最终从海上而来的列

强入侵决定了近代中国历史发展的命运。对于在近代历史中历经苦难的中国人来说,爱国主义是支撑中国人民为寻求民族独立和解放而顽强奋斗的巨大精神力量,是基于坚定的国家政治认同和深厚的"忠于祖国,热爱祖国"的道德责任所形成的一种政治美德。

新中国成立60多年,尤其是改革开放30多年,从中国和世界关系的变化中,海洋爱国主义教育就是要引导青年学生关心并认同中国海洋发展道路和发展模式,以及基于这一认同所担负的保卫国家独立、维护国家尊严、为海洋强国建设而努力的基本政治责任。虽然历史的航船早已驶出1840年的中国海面,但因海上危机而遭受到的被欺负被侮辱的悲情悲苦和以海洋弱国对抗海洋强国的悲壮心态应逐渐转变建设海洋强国的自觉要求。因而,海洋爱国主义教育就是要求青年学生在维护国家海洋权益和海洋领土尊严方面要有高度自觉的责任意识,要将海洋爱国主义发展到新的高度。

(三)建设海洋强国是维护我国海洋形势稳定和周边海域安全与和平的重要基础

稳定是一切发展的前提和基础,保持良好的海洋周边关系是我国海洋发展的重要前提。我国的海洋强国从本质上说是自强,通过壮大自身的海洋实力以抵抗外来侵略、维护国家海洋权益、维护我国与周边海域的稳定与安全。包括台湾问题、钓鱼岛问题、南海问题等都构成中国所面临的最为棘手的海洋问题。中国海洋形势发展的态势令人担忧。近年来日本和东南亚国家的"主权造势"活动有增无减,不断向中国展开政治和外交攻势。要捍卫海洋主权就必须要建设海洋强国,只有建设好海洋强国,具备对我国海域的影响能力,才能捍卫海洋主权和海洋权益,才能努力维护中国通向全球的海洋通道以确保中国海外贸易和能源通道的安全与畅通,才能保障作为经济与人才聚集的东部沿海城市未来发展的国际空间及其战略纵深的生存与发展空间。

要做好海洋强国建设,就必须不断加强海洋爱国主义教育。首先,要立足于改革开放和现代化建设的实践,着眼于全球海洋发展的前沿,用海洋爱国主义精神的吸引力和感召力,丰富人们的精神世界,增强人们的精神力量,激励人们积极投身于海洋强国的建设中;其次,要善于把握历史方位,培育世界海洋发展的眼光,发扬海洋文化的优秀传统,吸取海洋文明的新内容,积极丰富和发展海洋爱国主义精神的时代内涵;再次,要善于用我国新时期海洋强国建设的时代要求,不断为海洋强国的发展注入新鲜力量,使我国的海洋强国发展保持生机和活力。总之,我们必须大力推进海洋爱国主义教育,在全国尤其是航海院校加大普及海洋强国理念的力度,使人们清楚地认识海洋强国的内涵,了解海洋强国的时代意义,积极投身到我国海洋强国建设的社会实践中来。

三、引导青年学生理性认识构建海洋战略的意义与时代价值,不断弘扬理性爱国

海洋问题牵涉国际国内多重利益主体,不仅需要不断提升国民海洋意识、维护海洋权益,还需要国家层面的统筹陆海、兴海强国的海洋战略。海洋战略是指一个国家为求长期生存和发展,在分析外部环境和内部条件认真的基础上,对今后一个比较长时期内海洋发展的战略目标、战略重点、战略步骤、战略措施等作出长远的和全面的规划。它是涉及海洋开发、利用、管理、安全、保护、捍卫、海洋经济、海洋政治、海洋外交、海洋军事、海洋权益、海洋科技、海洋文化诸方面方针、政策的综合性、全局性的战略,是正确处理陆土与海疆发展关系,迎接海洋新时代宏伟目标的指导性战略。中国和平发展的海洋战略是我国和平发展大战略的重要组成部分。制定和实施海洋战略,既是建设海洋强国的必由之路,也是维护国家海洋权益的重要战略举措,因而它是一项关乎国家长治久安的发展战略。面对西方列强及周边国家海洋权益不断扩展的局面,中国需要将海洋战略置于和平发展战略的背景下考量。首先,海洋是重要的战略空间,必须把海洋安全提升到事关国家安全和实现中华民族伟大复兴的关键高度上来考量;其次,中国必须有坚实的能力维护海洋主权和领海完整,有能力防止任何从海上来的侵略和干涉,消除各种不安全的因素;再次,海洋战略要充分考虑到参与海洋的人口和政策以及海洋的地理、经济、航海技术、陆基对海上力量的支持、空中资源以及陆海力量的综合发展等。总之,中国海洋战略是以维护中国合理、合法的海洋的国家利益为出发点,以经济建设为目标的区域性的规划,其最高目标就是建设海洋强国,因而需要冷静客观地对自身能力和条件进行分析评估,主动适应我国和平发展战略的要求,避免挑战现行国际秩序,从而确立合理的战略目标。

(一)引导青年学生从战略国策的高度认识到海洋战略的制定是国际海洋形势发展的现实要求

美国2000年通过《海洋法令》,成立国家海洋政策委员会;2004年9月出台《21世纪海洋蓝图》;2004年12月公布《美国海洋行动计划》,对落实《21世纪海洋蓝图》提出具体措施;2007年又发布了"绘制美国未来十年海洋科学发展领域——海洋科学研究优先领域的实施战略",提出要"保持和增强在海洋领域的领导地位"。韩国在其新出台的《韩国21世纪海洋》国家战略中明确指出要通过开

发和利用海洋使韩国成为超级海洋强国。日本利用高科技加速海洋的开发和提高国际竞争力,以实现"从岛国到海洋强国的转变"。越南认为未来的威胁来自海上,因而政府组织力量制定2020年海洋战略。中国如何超越传统视野,与海为盟,从国家战略发展的高度去规划海洋、开发海洋、保护海洋则显得十分重要和紧迫。海洋爱国主义教育应当在全国范围内开展海洋战略的学习活动,认真理解我国建设海洋战略的历史意义,了解其他国家海洋战略思想与战略举措,普及有关国际海洋经济发展趋势、国际海洋法规、海洋维权和维稳的关系问题等知识,让青年学生学会用海洋战略思想观察海洋经济、海洋政治、海洋科技、海洋外交等活动。

(二)引导青年学生深刻认识到中国需要规划海洋战略,更需要用智慧规划海洋战略的人才

《瞭望新闻周刊》记者曾奔赴北京、广东、上海、浙江、海南等沿海省市,希望通过专家访谈、实地考察对我国的海洋问题有一个全方位的了解,但遭遇到"找战略研究专家难"的尴尬。我国相关的研究专家屈指可数,山东青岛集中了全国60%的海洋科研机构却没有设立专门的海洋战略研究部门,特别是在海洋权益研究方面近乎空白。在我国海洋战略研究与海洋意识薄弱的背后,显示的是海洋战略研究人才的缺乏。近年来,无论是美国的航母搅动得黄海一片沸腾,美国国务卿希拉里尽管轻描淡写地说南中国海事涉美国利益,还是日本扣押中国船长,每一次海洋事件都让中国青年无比愤慨。由于中国自身海上力量的薄弱,使得外国势力能以非常小的代价对中国造成很大的打击。其深层次的原因是我国还没有国家层面的明确的海洋战略,还没有国家层面的海洋安全战略以应对海洋安全、海洋发展权益以及与周边国家的领土争端问题。无论中国是以五十年还是一百年去规划中国的海洋战略,在当下都需要实实在在培养海洋人才。

首先,要通过人才预测与分析,制定出各级各类海洋人才的培养方案,重视引进国外高水平的海洋科技人才和海洋管理人才,重视培养和引进领军人才和学术带头人,加强涉海学科师资队伍建设。其次,要面向未来,重视新兴的涉海专业,重视海洋综合人才的培养。学校教育要适应沿海地区海洋经济发展的要求,加强培养海洋经济中第二、第三产业人才的专业教育;大力改善"海上教育"基础条件,为涉海高等教学增添实验、考察与教学用船,使海洋学科、船舶与海洋工程学科及海运学科学生能接受基本的海洋实践锻炼。再次,要结合世界海洋科学研究的新趋势,根据国际海洋教育的发展,不断改革和健全我国海洋教育体系。采用与国际接轨的新科技内容,全面更新高校船舶与海洋工程学科的专业课程设置,并不

断加强海洋学科中前沿内容的教学。

（三）引导青年学生理性爱国爱海洋。爱海洋才会有维护海洋权益和发展海洋战略的思维

中国并不缺少维护海洋权益的热情,缺乏的是总体海洋战略和理性的思考。理性爱国告诉我们:热爱海洋,建设海洋绝不是因与周边国家发生海域纠纷时的愤懑,不是因岛屿被占领而产生的忧患意识或者历史上屈辱经历酿造的"雪耻"观念。理性爱国,要求全社会对海洋保持长期而持续的关注与投入,需要时代青年具备充分的海洋知识储备,并在此基础上形成明确的海洋意识;理性爱国要求我们要以更宽广的海洋眼光,把建设海洋强国的思想与理性、开放、发展的中国特色社会主义建设相结合,在与世界的交流交往、比较中,在中国日益强大并拥有丰富财富的基础上增强自信,以更加理性的心态观察海洋事务、承担中国责任、表达爱国声音、维护国家海洋权益和民族尊严。

自19世纪以来,世界沿海国家的政治、经济、军事乃至国家的兴衰荣辱都无可选择地与海洋联系在一起。21世纪被世界公认为海洋世纪,很多国家都把开发海洋定为一项基本国策,作为国家经济和社会发展的主要事业,同时由于海洋在世界政治、经济、军事领域的战略地位,各国对海洋的争夺和在海洋领域内的竞争日趋激烈。面对严峻的海上形势,如何在建设海洋强国的过程中加强海洋爱国主义教育,帮助青年大学生树立正确的海洋意识、海洋权益观,正确理解21世纪中国和平发展的海洋战略,使他们成为建设海洋强国的生力军就显得非常必要和重要。海洋强国的建设需要不断加强海洋爱国主义教育,更需要我们深入探讨海洋爱国主义教育的时代内涵,这是时代赋予青年的历史使命。

第三节　全球化背景下航海院校爱国主义教育的再认识[*]

爱国主义是一个民族赖以生存和发展的精神支柱,爱国主义教育与国家、民族的发展和进步息息相关。高校应大力开展爱国主义教育,旗帜鲜明地弘扬新时期的爱国主义教育,让青年大学生更深刻地意识到:爱国主义是中华民族伟大民族精神的核心,是中华民族团结统一的精神纽带,只有大力弘扬爱国主义精神,不

---

[*] 本节作者尹伶俐。原文《论航海院校爱国主义教育内涵的时代发展》发表于《广州航海高等专科学校学报》(2011.2)。

断增强中华民族的凝聚力,才能为全面建设小康社会、发展中国特色社会主义、实现中华民族伟大复兴提供强大精神力量。航海院校在民族复兴的征途上,在海洋强国的发展中更要加强爱国主义教育。

一、全球化背景下航海院校爱国主义教育的重要性凸显

全球化是当今时代发展的重要趋势,它的发展使世界各国在经济上的联系日益紧密,同时影响到世界各国的政治和文化,对爱国主义也提出了挑战,在国与国的对外交往过程中,国家的主权、民族的利益是第一位的,培养高素质航运人才的航海院校应大力加强爱国主义教育,培育大学生的爱国情感。

(一)参与全球经济活动,需要海员自觉维护国家尊严和利益

在经济全球化的历史背景下,中国的发展离不开世界。利用经济全球化所带来的新的国际经济环境,广泛进行经济交流与合作;积极利用国外市场、资源、信息、技术和资金,参与全球经济合作,发展和壮大自己的经济实力,这是中国明智的选择。然而,西方发达国家利用经济、科技和军事等方面的优势,竭力输出其政治观、价值观、文化观和生活方式,力图主导经济全球化进程,把发展中国家纳入自己的发展模式和发展轨道。因此,每一个发展中国家都需要在全球化进程中维护好自己国家主权和利益。航海院校大学生毕业后从事海员工作,要参与经济全球化活动,这需要用实际行动去维护国家尊严和利益。在这种情况下,航海院校需要大力弘扬爱国主义精神,努力把大学生的爱国情感上升为爱国认知,并转化为报国行动。

(二)建设航运强国,需要海员增强海权意识

21世纪已被世界各国公认为海洋的世纪。海洋是人类赖以生存与发展的摇篮和重要基础,是海上交通的介质,是人类巨大的战略资源宝库。海洋已成为人类第二大生存和发展空间。我国是一个海洋大国,为此,我国实施海洋开发战略,明确提出要把我国由航运大国建成航运强国。今天,在海洋上的竞争更加激烈。有鉴于此,有必要对中华民族在海权方面的历史经验和教训进行认真总结和汲取。航海院校大学生作为我国未来航运事业的建设者和管理者,其海权意识的强弱对维护我国领海主权完整、维护海洋权益、实施可持续的海洋发展战略显得尤为重要。

(三)强化国家对外联系的纽带,需要海员树立良好的国家形象

航运业是世界各国相互沟通、经贸往来和文化交流的重要桥梁与纽带。我国拥有300万平方公里海洋国土,18000公里的海岸线,我国外贸运输量的90%是通

过海运完成的。航运事业是我国经济社会发展和对外开放的重要资源,是融入经济全球化的基础条件。作为一个航运大国,海员的素质如何,直接关系到国家形象,影响着经济贸易和文化交流。因此,航运事业发展需要海员具有较高的综合素质,尤其对爱国情操有着特殊的要求。因为海员工作具有不同于一般行业的显著特点:在海洋船舶这块流动的国土上,海员充当着"民间外交使节"的角色。船舶是祖国浮动的国土,船长、海员的言行代表着国家的形象和尊严。职业要求海员既要把中国人民的热情、友好、文明传播到五洲四海,又要时刻捍卫祖国的尊严。

二、全球化背景下航海院校爱国主义教育面临的挑战

列宁说:"爱国主义就是千百年来巩固起来的对自己的祖国的一种最深厚的感情。"当今,经济全球化在推动世界经济发展和文明成果共享的同时,对传统的民族国家主权观、民族文化和民族认同产生了前所未有的冲击,不可避免地淡化了人们的民族国家意识和爱国主义观念,使爱国主义教育面临新的挑战。具体表现如下。

(一)受全球一体化的影响,对国家主权意识趋于模糊化

经济全球化进程中,伴随物流、人流、信息流超国界流动的加速发展,西方全球化理论和政治思潮不断涌入中国,如"民族国家主权过时论""民族国家终结论""人权高于主权""全球民主化论""世界政府论"等,这些"新潮"观点的流传容易使一些人产生错觉,误认为在这样一个经济全球化的时代,全球市场和跨国组织与传统的国家主权观念相冲突,资本的全球流动和跨国公司的全球活动会冲破领土和主权的束缚,会使国家的主权从属于资本扩张的要求,最终国家会随着各国经济的紧密联系而走向消亡。

这些理论观点披着新潮、时髦的外衣流行开来,极易使大学生对国家主权意识产生模糊认识。尽管航海院校大学生在校期间都必修了一系列思想政治理论课程,应具有一定的政治素养,但是,由于学习兴趣、动机、态度的差异性,造成学习效果的不同。有些大学生做任何事情只要对自己有利就行,把爱国当作一种政治口号。没能够清醒地认识到在参与经济全球化的过程中,一定要保持清醒的认识,既要充分利用经济全球化所提供的机遇发展自己,又要坚决维护国家的主权和尊严的要求,以致使思想政治教育的效果大打折扣。

(二)受外来文化的影响,对民族传统文化认识趋于淡化

传统文化作为一个民族群体意识的载体,常常被称为国家和民族的"胎记",是一个民族得以延续的"精神基因",是培养民族心理、民族个性、民族精神的"摇

篮",是民族凝聚力的重要基础。然而,在经济全球化背景下民族传统文化却受到冲击。因为经济全球化是由发达资本主义国家发动和主导的,西方发达资本主义国家,尤其是美国,将经济全球化当作资本主义文化的助推器,在全球推行文化霸权主义和文化殖民主义。把自己的文化模式作为标准和方向,在全世界范围内灌输其政治模式、制度理念和价值观,妄图建立起一种普适性的世界文化,取代世界上丰富多彩的异质文化。

航海院校大学生正处在世界观、人生观和价值观的形成阶段,随着年龄的增长、知识的丰富、视野的开阔和能力的增强,越来越多的大学生具有独立的个性、思想和行动。在现实社会中各种思想文化相互交织、相互碰撞和相互激荡,对于外来的文化,很多时候大学生会不加思考和辨别地全盘接受。如一些大学生兴起了过"洋"节之风,对国外的电影、电视剧喜欢到近乎迷恋的程度,而对本民族文化不屑一顾,从而使民族文化的认同出现危机,文化价值观念出现动摇。

(三)受西方社会思潮的影响,民族认同趋于虚无化

国家民族从来就是人类政治生活的中心,国家和民族的认同始终是最重要的政治认同。进入21世纪以来,随着经济全球化的深入发展,世界各国经济相互联系、相互依赖的程度越来越高;各国利益相互交织、相互融合,使各国之间的合作越加紧密,整个世界似乎趋于大同。对于这种情况,西方某些学者把全球化的过程说成"非民族国家化"的过程,认为全球化正在慢慢去除政治和经济空间的一致性,提出没有国界的全球意识理念。

海员长年行走于世界各国,跟各种肤色和文化制度、信仰不同的人接触交往,很容易受到各种社会思潮的影响。在当代航海院校大学生身上或多或少都能找到西方社会思潮影响的痕迹,一些不良思潮侵入一部分大学生的思想深处,认为全球化的结果是使全世界成为一个统一的整体,不分你我,没必要分资本主义和社会主义制度。于是,他们关心世界,关心人类,关注全球的利益,却忽视自己国家和民族的利益,使民族国家的认同感遭遇危机,国家利益至上的爱国主义的意识渐渐被虚无化。

三、正确领悟航海院校爱国主义教育内涵的时代发展

爱国主义是一个历史范畴,适应历史潮流、跟进时代发展,是爱国主义的基本要求。在五千年的历史长河中,中华民族精神博大精深、源远流长,之所以成为中华民族生命有机体中不可分割的重要组成部分,就在于在长期的实践中,根据时代和社会的发展要求,爱国主义精神的内涵不断丰富和发展。因此,爱国主义教

育的时代内涵要不断保持其应有的进步性。

（一）要以中国特色社会主义的理想信念不断丰富爱国主义教育在中国共产党领导下，走中国特色社会主义道路，是爱国主义教育实现时代价值的内在要求。中国特色社会主义共同理想是当代中国最广大人民根本利益的集中体现，加强爱国主义教育，就是要丰富升华中国特色社会主义的共同理想信念，在中国共产党领导下，走中国特色社会主义道路，集中体现了国家、民族、人民的根本利益，因为在当代中国，只有中国特色社会主义旗帜能够最大限度地凝聚不同社会阶层、不同利益群体的智慧和力量，只有中国特色社会主义道路能够指引中华民族实现伟大复兴，在现阶段我国各族人民的共同理想与爱国主义主题教育的结合，就是把国家的发展、民族的振兴与个人的幸福紧密结合，把各个阶层、各个群体的共同愿望的有机结合。因此，当代爱国主义教育要明确突出新的历史条件下中国特色社会主义建设对民族复兴的重要性。

（二）要以时代精神不断丰富爱国主义教育内涵。时代精神是在新的历史条件下形成和发展的，是体现民族特质、顺应时代潮流的思想观念、行为方式、价值取向、精神风貌的总和。爱国主义精神是一个民族赖以生存和发展的精神旗帜，时代精神是推动一个时代发展进步的精神力量。时代精神与民族精神紧密相联，时代精神是民族精神的时代性体现，民族精神是时代精神形成的重要基础和依托，它们都体现了爱国主义精神。以改革创新为核心的时代精神是民族精神在新时期的继续和发展，是时代发展的产物；是应实现民族复兴伟大理想需要而产生的，它在本质上与爱国主义精神相统一。爱国主义精神是时代精神的基础和渊源，时代精神赋予爱国主义精神以活力和动力。在新的历史条件下，把加强爱国主义教育和弘扬时代精神有机统一起来，是实现中华民族伟大复兴的必然要求。只有大力弘扬以改革创新为核心的时代精神，才能使全体人民始终保持昂扬向上的精神状态，不断推进中国特色社会主义伟大事业。

（三）要以重要纪念日和重大事件加强爱国主义教育，将爱国主义教育融入生活。一个国家、一个民族在长期的实践过程中，必然形成自己的核心价值体系，一个时代总有这一时代的精神，任何的思想观念或体系都无不打上时代的烙印。"以爱国主义为核心的民族精神"是社会主义核心价值体系中不可或缺的重要内容，它与马克思主义指导思想、中国特色社会主义共同理想、以改革创新为核心的时代精神、社会主义荣辱观四个方面构成了统一整体，培育和弘扬民族精神与时代精神，就掌握了社会主义核心价值体系的精髓。社会主义核心价值体系揭示了全党全国人民共同思想道德基础的基本内涵和基本要求，丰富和发展中国特色社会主义理论与实践的需要,是在尊重差异中扩大社会认同,在包容多样中增进思想意识,形成全民族奋发向上的精神力量和团结和睦的精神纽带,打牢全党全国人民团结奋斗的思想基础,为新时期爱国主义精神的发扬光大指明了方向。

中国政府旗帜鲜明地将南海利益列为中国核心利益;广东省清楚地意识到建立海洋强省的现实需要,广东省唯一的航海院校更要将培养优秀的航海学子的重担担于肩上。这都说明航海院校爱国主义教育的海权意识教育、海防教育等显现出其独特性。因此,航海院校的爱国主义教育内涵时代性的研究就显得更加重要和紧迫。

第四节 加强航海院校爱国主义教育的策略*

在历史的风尘中,没有海权战略思想的国家是无法为自己赢得尊严,无法掌握自己的命运的。中国海权现状充分说明加强海权意识教育是保卫中国海洋主权和发展中国海洋经济的现实需要,强化全民海权意识对于和平崛起的中国尤为重要。因此,加强海权意识教育,增强海洋观念,是航海类大学生报效祖国、弘扬爱国主义精神的重要体现,航海院校要清醒意识到加强海权意识教育是新时期不断丰富爱国主义教育内容的历史重责,海权意识教育是航海院校开展爱国主义教育的最佳途径。

一、厘清航海院校爱国主义教育的重点内容

(一)蓝色国土观教育

我国位于欧亚大陆东部、太平洋西岸,是一个典型的大陆濒海的国家,拥有18000公里的海岸线、6500多个岛屿。根据联合国《海洋法公约》,应划归我国管辖的海洋国土达300万平方公里。辽阔的海洋国土蕴藏着丰富的渔业资源、油气矿产资源和海洋能源。据统计,我国海域海洋生物物种已鉴定的达20278种,石油资源量约250亿吨,天然气资源量约8.4万亿立方米。守护我们的海洋国土,开发利用我们的海洋资源是历史赋予我们的神圣职责和权力。

21世纪是海洋经济时代,谁拥有海洋,谁能在海洋开发中占有优势,谁就能在世界上取得更多的利益、更大的生存权利。当前中国海洋安全形势严峻,面

---

* 本节作者黄咸强。

临一系列现实和潜在的威胁与挑战。这些威胁与挑战主要有海岛归属问题、海域划界争议、海洋资源争端、海上通道安全、台湾问题等五大难题。这些问题影响着中国核心利益的实现。航海院校大学生是未来国家航运事业的接班人,是祖国海防的后备力量,他们的海洋意识如何,会直接影响中国国家的安全和利益的实现。因此,航海院校在进行思想政治教育过程中必须使大学生对海洋权益、海洋安全、海洋经济、海洋能源、海洋环境保护等各方面有正确的认识,必须认识到走向海洋是实现中华民族振兴的必经之路,走向海洋是中国未来发展不可或缺的一步。

(二)海权意识教育

海权顾名思义就是拥有或享有对海洋或大海的控制权和利用权。全球海洋总面积为3.62万平方公里,约占地球表面的71%。海洋是人类赖以生存与发展的摇篮和重要基础,海洋蕴藏丰富的资源,海洋为国际贸易提供了桥梁和纽带,海洋成为人类第二大生存和发展空间。世界各国正致力于向海洋进军,海洋成为国家重大政治、经济利益新领域。21世纪是海洋世纪,海洋为中国发展提供了巨大空间,我国为此实施海洋开发战略,确立了"十二五"期间把发展海洋经济作为国家发展战略。要维护中国的海洋权利,我们必须增强海洋意识,强化海权意识。

美国著名海军战略家马汉曾说过:海权即凭借海洋或者通过海洋能够使一个民族成为伟大民族的一切东西。我国是一个海洋大国,要实现海洋发展战略,打造成为海洋强国,有必要对中华民族在海权方面的历史经验教训进行认真地总结和汲取。近代中国屈辱史,很大程度上来自海洋,海洋维系有国家的安全。没有海权,国家的主权、利益和安全就无法得到保障。今天,在海洋上的竞争更加激烈,中国有必要提倡海权观念。航海院校大学生海权意识的强弱,对维护和实现中国的海洋利益有重要关系。航海院校在进行爱国主义教育过程中应加强大学生海洋忧患意识和危机感教育。

(三)航海礼仪教育

在经济全球化时代,世界经济快速发展,海员肩负着国际海运与贸易的使命。我国是世界第二大经济体,90%以上的外贸物资通过海运完成,航运业是我国融入经济全球化的战略通道,是充分利用国际、国内两种资源、两个市场的重要支撑。航运业发展要求海员不但要有良好的职业技术素质,而且要有良好的礼仪。中国现有海员人数150万,其中远洋海员63万。海员工作期间要直接与外国人打交道,他们的一言一行、一举一动不仅代表着海员个人的形象,更多的是代表一个国家、一个民族的整体形象,一个热爱自己祖国的海员必然在工作中对人尊重、友好,传播文明与良好的礼仪。

航海礼仪是海员国际交往能力的重要方面,是衡量一个人、一个国家文明程度的准绳,反映着一个国家的精神面貌。航海院校是培养海员的摇篮,在对大学生进行爱国主义教育,除了要培养爱国之心、报国之志之外,还要培养良好的礼仪。航海礼仪教育不但能够提升大学生个人的素质,而且可以在航海过程中维护国家民族的尊严,成功地与各国友人交流与合作,出色完成航海任务。航海职业要求一名高素质的海员,要熟练掌握各个国家地区的风土人情、礼仪习俗,在国际交往中做到不卑不亢,优雅从容,展示个人修养,展示祖国形象。

二、以海权意识培养作为航海院校爱国主义教育的切入口

(一)航海院校加强海权意识教育的重要意义

1. 中国近代屈辱的历史表明没有海权意识、没有海权战略思想的国家是无法为自己赢得尊严、无法掌握自己的命运的。据不完全统计,自1840年鸦片战争开始的百余年间,英、法、日、俄、美、德等帝国主义列强,从海上入侵中国达84次,入侵舰艇达1860多艘,入侵兵力达47万人。百余年里,中国由一个独立的封建主权国家亦步亦趋地沦入了半封建半殖民地的黑暗深渊,中华民族在此历史过程中虽不断抗争,但更多的则是历尽劫难,饱尝屈辱。回顾这一段不幸的民族历史,我们不难看到,外敌的不断入侵、特别是来自海上的外敌入侵,成为中华民族历史大劫难的直接根源。从一定意义上说,一部中国近代史,就是一部列强侵略中国的历史,更是一部列强从海上侵略中国并频频得手的历史。究其原因是因为中国发展近代海军,从来就不是海权意识的产物,从来就没有与发展海权相联系。海权意识与海权战略思想决定了近代中国历史发展的命运。

2. 中国海权现状充分说明加强海权意识教育是保卫中国海洋主权的现实需要。中国的海洋权益正在遭遇严峻挑战,危机是现实存在的。根据《联合国海洋法公约》的划定标准,中国在南海海域内拥有岛屿1700多个,从中国地图上可以看出这些岛屿都位于一条被称为九段线的国界线内。然而,如今这条"九段线"并不乐观,在300万平方公里的主权海域中中国实际控制的不到一半。目前,我国与日本在钓鱼岛,与越南、菲律宾和马来西亚在南沙群岛存在严重的岛屿主权争端,在我国的南海,南沙群岛共计256个岛礁,比较大的50余个,除中国大陆控制的永暑礁等7个岛礁和中国台湾控制的太平岛外,南海周边等国已经陆续占据了

40多个岛礁,其中菲律宾占据9个,马来西亚占据5个,越南占据29个。一些国家非法在我国东海大陆架、黄海海底、南海海域进行油气资源勘探和引入外资进行大规模的商业开采,不断强化对有争议海域油气资源的勘探开发。

3. 中国海洋经济发展的现实需要要求航海院校必须加强海权意识培养。自近代以来尤其是近些年来,海权发展与海洋经济社会发展之间缺乏良性互动,因此,在综合国力与海权发展关系的认识上,如何转换思路,不断促进海洋经济发展,提高海洋经济的综合国力贡献率,进而为海权发展提供动力的问题摆在人们的面前,处于各自经济发展的现实需要,东南亚各国加大对中国海洋权益的侵犯,阻碍着中国经济发展的步伐,并成为中国追求和谐世界理念的巨大威胁,中国如何加强对海洋的经略应该纳入到中国整体发展战略,这是保卫中国海洋主权的迫切需要。中国经济发展中海洋战略发展的重要地位凸显也要求我们重视海权意识的培养,有专家指出:"海洋已经成为世界各国提高综合国力和争夺长远战略优势的重要领域,一个国家的综合海洋实力由海上军事力量和海洋经济、海洋科技力量组成,"目前的现实是,海洋经济对中国综合国力的贡献率仍然十分低下,发展"蓝色经济"被提到重要议程,中国海洋经济的发展迫切需要做出科学全面的战略安排。中国海洋经济发展的现实要求航海院校必须加强海权意识培养。

(二)海权意识培养是航海类院校开展爱国主义教育的切入点

广东省作为具有发展海洋战略思想的大省,高校尤其是航海院校必须加强海洋知识的教育,让海洋走进课堂。没有对海洋的热爱就不会有维护海洋权益的意识和战略,没有海权意识的航海学子注定无法在海洋上更远前行。因此,海权意识培养是航海院校教育的生命线,只有加大力度推进航海学子爱党爱国爱海洋的教育,注重海权意识的培养,航海院校才具有区别于其他任何高校的品质,才不会辜负党和国家以及社会的期望。

1. 对航海院校的大学生开展海权意识培养是中国海洋经济发展为自己准备思想基础、培养合格海洋人才的最佳选择。中国是一个海洋大国,海域辽阔,海洋资源丰富。随着综合国力的不断提高,我国越来越关注海洋发展,九五期间海洋高新技术被正式列入国家863计划,1996年制定并颁布实施《九五和2010年全国科技兴海实施纲要》,2003年国务院发布《全国海洋功能区划》;党的十六大报告做出了实施海洋开发的战略部署。2003年国务院印发的《全国海洋经济发展纲要》,提出了发展海洋经济,逐步建设海洋强国的战略目标。胡锦涛同志在2004年强调,开发海洋是推动我国经济社会发展的一项战略任务。要加强海洋调查评价和规划,全面推进海域使用管理,加强海洋环境保护,促进海洋开发和经济发展,温家宝同志在政府工作报告中再次指出重视海洋资源开发与保护。2007年广东省在"十一五"规划中,更是明确指出要建设成为海洋经济大省。自《联合国海洋法公约》生效以来,各沿海国家海权意识日益增强,在国防安全的战略地位中维护国家海洋权益的重要性日益突现,随着中国科学技术水平和综合国力的提高,开发海洋资源的能力不断提高的同时,需要大力普及海洋知识。

2. 航海院校要清醒意识到加强海权意识教育是新时期不断丰富爱国主义教育内容的历史重责,航海院校应自觉承担海权意识培养的重担,加强海洋基本知识教育,为青年大学生增强海权知识储备作出应有的贡献。强调海洋权益已经是一个普遍性的社会共识,忧患意识对于加强海权意识教育起到了强大的精神动员作用,但"三分钟热血"式的非理性爱国是危险的。海洋是我们知之甚少的广袤领域,高校尤其是航海院校理应承担起普及海洋基本知识、海权意识教育的重担,首先让青年大学生清楚地认知海洋、树立海权意识,并带动很多的青年学生了解海洋,热爱海洋,不断储备海洋知识。海洋知识储备越成熟,讨论海洋战略就越理性。航海院校应自觉承担海权意识教育的重担,加强航海院校爱党爱国爱海洋教育,引导航海学子读懂这蓝色的国土中蕴含的蓝色的文明。从社会发展的层面讲,社会需要青年学子对海洋保持长期而持续的关注与投入;从教育的层面讲,教育需要向青年学子介绍中国超越单纯海权概念的综合国家海洋战略;从青年自身发展的层面讲,青年学子更需要建立充分的社会知识储备,在此基础上形成明确的海权意识。总之,我们还需要普及更为全面的海洋知识。

3. 航海院校的海权意识教育是开展爱国主义教育的最佳途径。为了维护国家的主权和领土的完整,捍卫民族尊严和利益,中华民族同侵略者展开了殊死的斗争,对侵略者无比痛恨,对出卖国家和民族利益的卖国贼极端鄙视,对为国家和民族作出了贡献的民族英雄无比崇敬。热爱祖国是贯穿中国历史发展的一条主线。近代百余年,中国处于剧烈的变革转型时期,爱国主义传发挥了其特定的历史作用。爱国主义滥觞于海防领域。海防和爱国主义紧密相连,从一定意义上讲,爱国是海防事务的必然主题,热爱海防、关心海防、建设海防是爱国的必然要求,海防事务是爱国主义的重要表现途径。中国近代史已经明白地告诉我们:每个国家,尤其是沿海国家的政治、经济、军事都无可选择地与海洋联系在一起,国家的兴衰荣辱也无可选择地与海洋联系在一起。拥有漫长海岸线的中国,已被时代的发展裹挟进海权赋予的世界舞台。因此,对于航海院校而言,教育青年航海学子热爱海洋、关心海洋并愿意用自己的青春去建设海洋,就是最好的、最实在的爱国主义教育。

4. 加强海权意识教育,增强海洋观念,是航海类大学生报效祖国、弘扬爱国主义精神的重要体现。爱国主义是我国社会主义国防观念的重要思想基础,对航海学子而言,爱国主义是我国社会主义海防观念的重要思想基础。航海学子爱国,就是要热爱海洋、建设海洋、保卫海洋。尽管我们处于和平时期,但"天下虽安,忘战必危",同样需要这样一种强烈的爱国之情、报国之心、为国之志。航海院校是为祖国培养高级的航海人才,航海院校的大学生作为社会主义航海事业的建设者和接班人,增强海权观念,不断培养自己的海权意识,心系国家安危,在祖国和人民需要的时候挺身而出,肩负起保家卫国的重任。

海权意识的培养,是航海类大学生应当具备的基本素质之一,需要透过日常学习、生活和社会实践的方方面面的养成。教师在教学过程中,要善于抓住热点问题教育学生。在航海类院校,我们应成立宣传海权知识或维护海权的社团组织,做各种推广活动;编辑海权知识的小册子,介绍海洋基本知识,以及中国目前海权现状等;根据时事需要开展讲座;开设相关选修课;关注海洋、了解海洋,参与海洋观知识教育与各种活动;学习海权的基本知识,增进自己海权的感性认识,不断培养自己的海权意识;关注国家海洋的安全与发展,强化自己的海洋忧患意识,最终把自己教育成真正的航海人!

三、正确处理航海院校爱国主义教育中的几个关系

(一)正确处理热爱祖国与自觉维护国家利益的关系

爱国主义是人们对祖国的忠诚和热爱,是千百年来巩固起来的对自己祖国的一种最深厚的感情。爱国主义反映个人对祖国的依存关系,它是调节个人与祖国之间关系的道德要求、政治原则和法律规范。热爱自己的祖国是对每一个中华儿女的基本要求,热爱祖国就要自觉维护国家尊严和利益。航海院校在思想政治教育过程中要使大学生不但有爱国思想、爱国情感,更要有爱国行动。要把爱国与大学生个人发展相结合,与国家的命运前途紧密地联系起来。要把国家安全、荣誉和利益放在高于一切的地位。要维护改革发展稳定的大局,表达爱国情感时,要讲原则、守法律,以合理、合法的方式来进行。将来不管是在国内还是在国外从事航运工作,要虚心学习和借鉴别国的长处和经验,并积极承担国际责任,为世界和平与发展做出贡献。

(二)正确处理维护祖国统一与捍卫国家主权的关系

中华民族自古以来就有反对分裂、坚持国家统一的光荣传统。民族团结,国家统一始终是中华民族历史发展的主流。由于国内战争的原因,海峡两岸分离状态持续了半个多世纪。今天,只有收回台湾的主权,才能实现祖国的完全统一。因为国家主权、领土完整、国家统一是中国的核心利益,而国家统一是人民对于和平、安定的渴望。解决台湾问题是全体中华儿女的共同心愿,是中华民族的根本利益所在,对实现国家繁荣富强和民族伟大复兴具有巨大的推动作用。对此,航海院校大学生要自觉做维护祖国统一的模范,努力学习掌握党和政府实现祖国统一的方针、政策及相关法律,牢牢把握两岸关系和平发展的主题,坚决反对"台独",维护国家主权和领土完整,为推动两岸关系和平发展,实现祖国统一做出自己的贡献。

(三)正确处理专业学习与增强国防观念的关系

航海院校大学生作为国家未来航运管理者、各类船舶的技术骨干、海军预备役军官,他们肩负着建设祖国未来的重任。学好专业知识,练好内功是他们责无旁贷的任务。大学生要珍惜宝贵时光,多读书、多思考、多实践,深入思考我国经济社会发展面临的现实问题,积极参加社会实践,把学到的知识转化为服务社会的本领,努力把自己造就成国家和人民需要的优秀人才。然而,当今时代,天下并不太平,不稳定、不确定因素仍然存在,在我国走和平发展道路的征程中,还会遭遇各种风险和挑战。大学生必须要增强国防观念,心系国家安危,自觉关心国防,学习国防知识,提高国防意识和素质;参加军事训练,学习军事技能;参与国防教育活动,增进对国防的感性认识;关注国家的安全与发展,强化忧患意识,使自己成为既能建设祖国,又能保卫祖国的栋梁之才。

在经济全球化背景下,为适应 21 世纪我国海洋经济建设发展及国际航运中心和人才市场东移的需要,培养符合 STCW78/95 公约要求的具有国际竞争能力要求的航海技术人才。航海院校应大力加强爱国主义教育,培养大学生树立全球意识、民族忧患意识、开放意识以及"大海洋"战略意识、"大港口"拓展意识、"蓝色国土"保护意识。让大学生以宽广的眼界观察世界,以积极而理性的姿态参与经济全球化活动,正确处理热爱祖国与关爱世界,为祖国服务与尽国际义务、维护世界和平与促进共同发展的关系,让航海学子在建设海洋强国的征程中发挥自己的聪明才干。

第五节　海防文化与海洋爱国主义教育*

一百多年的中国近代史,是一部列强侵略中国的历史,更是一部中华民族反抗侵略的历史。从1840年鸦片战争至1949年新中国成立止,帝国主义先后发动了四百余次侵略中国的战争,而这些战争绝大多数是从海上进犯。国难当头,中国人民为民族独立和自由,变法自强,革故鼎新。他们通过兴海权,师夷之长技,创办新式军事工业来发展国防;通过向国外派遣留学生,开办新式学堂培养海军人才来实现强兵富国之策;通过赴汤蹈火、浴血奋战来捍卫民族的尊严。这些爱国思想、爱国行动集中表现了民族气节,彰显了民族精神,铸造了民族之魂。

一、近代中国海防爱国思想发轫探因

我们知道,任何一种思想的产生都离不开其特定的历史氛围,都有其产生的土壤和条件。近代海防爱国思想也不例外,它产生和发展的特定历史环境是在19世纪40年代到20世纪初,这一时期中国先后遭受到帝国主义一系列来自海洋方向的侵略。探究其发轫的原因,主要存在以下几点:

(一)西方列强连连入侵,给中华民族造成深重的社会危机

从1840年鸦片战争开始,西方列强用坚船利炮,从海上打开中国的国门,使中国社会发生翻天覆地的变局。一方面,帝国主义列强通过武装入侵,强迫清政府签订一系列不平等条约,中国丧失了部分主权和政治上完全独立的地位,使独立的中国逐步沦为半殖民地社会。另一方面,帝国主义的侵略加速了封建社会自给自足自然经济的解体,同时,中国民族资本主义有了一定的发展,使封建的中国逐步变为半封建社会。在许多帝国主义国家的统治和半统治之下,中国的经济、政治和文化的发展表现出极端的不平衡。外国资本主义和中华民族的矛盾、封建主义和人民大众的矛盾成为近代中国社会的主要矛盾。因此,反帝反封建的斗争必然成为近代社会时代的主旋律。

---

* 本节作者王明霞。原文《近代海防:民族精神彰显》载《广州航海高等专科学校学报》,2010年第2期。

(二) 中国传统文化自强不息、刚健有为思想的深刻影响

自强不息、刚健有为是中国传统文化的基本精神,它贯穿于中国传统文化发展的整个过程,它不仅体现为一种个人的生活态度和人生的价值取向,同时更体现为一个民族奋发进取的独立意识。自强不息、刚健有为作为一种崇高的民族气节,它是中华儿女捍卫民族主权、维护民族尊严、不屈服于外来侵略的精神支柱。传统文化薪火相传,凭借自强不息、刚健有为的顽强精神,无论中华民族面临怎样的危机,都没有失掉民族自信心,没有失掉民族精神,而是愈挫愈勇。一方面,用炽热的爱国情感、坚韧的爱国意志、无私的报国行动表达对祖国的忠诚;另一方面,不断用深沉的理性探索,提出救国方案,进行救国实践,奋力拯救国家。

(三) 近代海防力量的薄弱,对海权的忧虑

中国位于太平洋西岸,是一个海陆兼备的国家,陆地海岸线长达18000多公里。自古以来在东南沿海并无强大的敌国外患,因此,历朝历代重陆防轻海防。近代,由于封建统治阶级腐朽及海洋意识的淡漠,致使万里海疆战备废弛,藩篱尽失,当西方殖民主义者凭借坚船利炮一次次从海上入侵时,昔日的天朝大国完全处于有海无防的境地。在海防危机的严重关头,中国社会一些有识之士痛心疾首,发出"伤心问东亚海权"的怒号。他们革故鼎新,提出救亡策略;他们闯东洋、游欧美,用世界海军的眼光来审视中国的海军问题,并结合当时的具体情况,提出改革设想;他们在海防建设上提出了许多精辟的见解,冲击以往传统、落后的海防观念,对中国近代的海防建设产生了深刻影响。

二、近代中国海防爱国思想内涵

列宁说过:"爱国主义就是由于千百年来各自的祖国彼此隔离而形成的一种极其深厚的感情。"近代海防爱国思想就是在中国积贫积弱,屡遭侵略,内外交困中,在与外国侵略者进行浴血奋战过程中形成和发展起来的,它表现为一种斗争的精神风貌、一种献身的价值取向、一种忠贞的民族气节。

(一) 血洒海疆的斗争精神

近代,当祖国万里海疆屡遭入侵,国家主权和领土遭受侵略者瓜分的时候,如何抵御西方列强的侵略?如何实现民族的独立?成为中华民族所面临的最严峻的问题。在此历史背景下,自强不息、救亡图存就成为所有对祖国、对民族有深厚感情的中华儿女的共同目标,他们掀起一场又一场海防爱国高潮;他们万众一心地抵御外侮,把社稷、民族的利益放在首位,团结共进,奋力抗争,用最直接、最激烈、最悲壮的形式进行民族自卫斗争。众多将领和无数战士赴汤蹈

火、浴血奋战、血洒海疆,用鲜血和生命写下中国近代史上最悲壮的爱国诗篇,其中,虎门销烟,威震强虏的林则徐;顽强抗敌,壮烈殉国的关天培;死守定海,魂系国门的葛云飞;忠勇双全,带棺出征的左宗棠;力挫强敌,血溅吴淞的陈化成;誓赴国难,勇撞敌舰的邓世昌等,是中华儿女杰出的代表,彰显了民族精神,铸造了民族之魂。

(二)革故鼎新的救亡精神

从1840年的第一次鸦片战争开始,中国海疆每发生一次危机都随之引发一次海防思潮。仁人志士把"治国、平天下"作为自己人生抱负,以天下为己任,关注民族的前途和命运。把忧国忧民、爱国爱民、救国救民作为行为价值取向。为了国家的安危提出了各种救国的方案。冯桂芬、李鸿章提出中体西用,变法自强的思想;魏源、林则徐提出师夷之长技以制夷,主张学习西方的船炮制造;李鸿章、左宗棠提出兴办洋务,学习西方的科学技术;裕谦、张树声提出军事应对战略、战术;曾国藩、张之洞提出发展军事工业的思想;魏源、严复、李鸿章等人提出海权思想。这些改革思想影响了清政府的决策,促进了近代海军的筹建,形成了极具特色的近代海军发展战略和海防思想,加速了中国近代化的发展;代表历史发展的进步方向,符合广大人民群众的内在要求和整体愿望,具有发展性和进步性。

(三)同舟共济的团结精神

民族自尊心是一种民族的自我意识,它以特定的方式指导一个民族的行动,积聚民族力量,努力克服各种困难。近代中国积贫积弱,落后挨打,激发了人民强烈自尊心。危难时刻,中国人民心中形成"国家一体"的观念,团结起来,并肩作战,风雨同舟、共赴国难。在三元里抗英斗争、太平天国革命、马江海战、淡水战役、甲午海战北洋水师抗日、义和团抗击八国联军、台湾军民抗击英军入侵等一系列保卫海疆斗争中中国人民奋起抵抗,与敌人周旋,与敌人作战,大大地灭了侵略者的气焰;同时,坚持了民族气节,振奋了爱国精神,捍卫了国家主权和民族利益。其中,三元里人民抗英斗争最具有代表性,1841年5月30日,三元里一带103乡民众,手拿锄头、铁锹、大刀、长矛、鸟枪、石锤等武器,齐集牛栏冈,与英军展开激战,给英国侵略者以沉重打击,在中国近代史上写下了光辉的一页。

三、近代中国海防爱国思想特点

在半封建半殖民地这一特殊历史条件下形成和发展起来的近代海防爱国思

想以对祖国深厚的思想感情为基础,以反对侵略、捍卫主权为出发点,以维护祖国的利益和尊严为归宿,具有鲜明的时代特质和特点。

(一)正视民族危机,寻找富国之路

近代中国一系列海战发生的结局都是以清政府的战败、割地赔款而告终的。这一残酷的现实,使清王朝受到前所未有的强烈震动,迫使统治阶级开始睁开双眼,用客观冷静的目光去审视周围外部世界,去思考国家与民族的前途与命运,去寻找破解中国危局的方法。此后,痛定思痛,立志变革,中国社会走上了一条由单纯的军事上反侵略到强兵富国之路。1861年曾国藩、李鸿章、张之洞等人发起洋务运动,提倡"中学为体,西学为用",以"自强"为名,兴办军事工业,建立新式武器装备的海军;开办江南制造局、福州船政局、安庆内军械所等近代军事工业。在"求富"的口号下,开办轮船招商局、开平矿务局、天津电报局、唐山胥各庄铁路、上海机器织布局、兰州织呢局等民用企业。同时,洋务派还开始筹划海防,建立南洋、北洋和福建海军。洋务运动在一定程度上发展了新型工业,增强了国力,对中国迈入近代化也奠定了一定基础。

(二)从更高的高度体现爱国精神,提出兴海权思想

忠君思想在中国传统文化中是处理君臣关系的最高道德规范,面对帝国主义的入侵,忠君与爱国被视为一体。但清王朝所代表的是满族贵族狭隘的私利而非中华民族整体的利益。此时,有识之士认为,爱国绝不单单效忠君主,应该在更高的高度上去维护国家利益;缺乏海权意识,没有海权是近代中国屡遭外敌欺凌的症结所在。在美国军事家马汉"海权论"的影响下,纷纷把树立海权意识,加强海防作为社会当务之急。到了20世纪初,海权观念开始引起中国社会的广泛关注。社会普遍认为,中国无海权则国家无兴盛,"国家的强弱,全看领海权。"海权就是一种国家地位的体现和象征,只有拥有了国家海权,才能成为海权国家。"只有海权伸张",国家才能日臻富强,于是提出改造中国传统的重农轻商、重陆轻海的观念,树立经略海洋的新思想;提出通过重振中国海军确立和维护中国海权思想的主张,这些思想和主张深刻影响了中国海洋观念和海洋意识的转型,对清末的海防实践也产生了一定的影响。

(三)进行军事改革,实现强兵梦想

海军落后是导致近代中国失去制海权的重要原因。迫于西方列强的坚船利炮,同时也源自于清朝观念上的转变,有识之士认为没有足够强大的海军,就不可能对付来自海洋方向的挑战。"凡地球近海之邦,苟非海军强盛,万无立国之理。"中国必须重振海军以图恢复,实现"决胜海上"的战略。有识之士纷纷

提出军事改革的主张,林则徐、魏源首先提出了改革军制,发展水师,提高绿营粮饷。曾国藩、左宗棠提出以募兵制代替世兵制,在编制上实行以将领为中心,先选官,然后由官募勇。李鸿章更是大刀阔斧进行改革,强调军事装备更新,学习西方训练方法,举办船政学堂和选派生员出洋学习培养新型军事人才。同时,清政府还通过创建近代海军,官办军事工业,制造武器装备,购买外国的轮船、枪炮,培养掌握西方语言文字和科学技术的人才等措施,实现军事"自强"。近代中国军事改革不仅带来了海防建设的近代化,而且也启动了中国社会近代化的进程。

四、近代中国海防史教育的思想政治教育功能与时代价值*

思想政治教育是运用马克思主义理论与方法,专门研究人们思想品德形成、发展和思想政治教育规律,培养人们正确的世界观、人生观、价值观的学科。"思想政治教育学科具有深厚的历史基础",寓思想政治教育于《中国近代史纲要》课程教育之中。发挥历史教育的思想政治教育功能是新时期每一位思想政治教育工作者的职责。海防是为维护国家主权、领土完整和安全,国家海洋权益,防备外来侵略而进行的军事、政治、外交、经济和教育方面的建设和斗争。近代中国海防史主要讲述从1840年开始,西方列强打破中国国门,从南海、东海入侵中国,战火危及国家领土、主权和人民生命财产安全,海防问题由此上升为关系国家存亡的战略问题,同时中国沿海军民保家卫国进行英勇海防斗争的过程。这段历史蕴含着丰富的思想政治教育资源。

(一)近代中国海防史具有独特的思想政治教育功能

历史是一个国家、民族的共同记忆,历史教育是最基础、最有效的思想政治教育。航海院校大学生学习近代中国海防史具有独特的思想政治教育功能和作用。

1. 激发爱国思想,提升思想政治素质

当帝国主义用坚船利炮打开中国国门,长驱直入的时候,民族危机激发了民族意识的觉醒,中华民族形成了"志切同仇,恨声载道,若不灭尽尔畜,誓不具生"的共识。为救亡图强,朝廷中有识之士纷纷提出军事应对战略、战术,发展军事工业的思想;觉醒了的中国人民掀起一场又一场海防爱国斗争高潮,他们把社稷、民族的利益放在首位,以战立国,挺起了脊梁同侵略者进行了不屈不挠、波澜壮阔的

---

* 原文《近代海防爱国思想的当代价值及其传承》载《广州航海高等专科学校学报》2011年第3期。

民族自卫斗争,血洒海疆。尽管绝大多数战斗最后都是以中国失败而结束,但中国海防将士在斗争中涌现出许多催人泪下、可歌可泣的英雄事迹。如:林则徐把国家利益放在至高无上的地位,爱国忘我;邓世昌在危急关头表现了面对强敌宁死不屈、舍生取义的崇高民族气节;关天培为了国家的安危甘愿捐献个人财产,甘愿牺牲个人生命;葛云飞死守定海,魂系国门;陈化成力挫强敌,血溅吴淞。这些都是爱国主义教育很好的素材。

航海院校大学生将要从事海上运输和管理工作,工作涉外性强,在对外交往中代表着国家形象、国家的利益。在经济全球化时代,牢牢树立国家意识、国家主权观念,增强爱国意识,对维护国家利益和荣誉,对促进中国对外贸易,提升中国的软实力非常重要。传承民族精神,树立爱国思想是航海院校思想政治教育教学的重要目标。近代中国海防爱国将士在激烈的斗争中表现出来的精神品格、道德情操是民族精神的重要组成部分,对民族精神的弘扬和爱国思想培育具有感染力和号召力。海防爱国将士的英雄壮举,可以震撼大学生的心灵,激发大学生爱国情感;英雄豪言可以内化为他们的爱国思想,外化为爱国行动。

2. 培育民族复兴意识,实现"中国梦"

海防是保证国家安全的重大战略措施,分析近代中国屡遭侵略的一个重要原因就是海防力量薄弱。"海防建设受国家发展的制约。国家处于落后状态,海防必然落后;海防落后又会使国家遭受海上入侵。"近代海防斗争的失败再一次证明了这一观点。21世纪是海洋世纪,海洋已成为人类第二大生存和发展空间。实现中华民族伟大复兴,建设海洋强国关键是人才。航海院校大学生是未来国家海权捍卫者、海洋科技创造者、海洋运输管理者、海洋生态维护者、海洋道德践行者。航海院校大学生学习近代中国海防史,知道中国近代百年民族屈辱史是由于清政府的腐败、国家海防力量薄弱造成的,国家盛衰荣辱与海防之间有着深刻联系。以史为见鉴,今天要实现中华民族伟大复兴"中国梦",必须建设好、巩固好国家海防。

目前,我国的海洋权益面临严峻挑战,存在着资源被掠夺、岛屿被侵占、海洋国土被分割的威胁。捍卫海权是每一位公民的神圣职责。航海院校是培养航运业高层次人才,大学生的素质如何关系到航海事业的发展,关系到海洋强国建设。因此,从思想政治教育层面来说,航海院校应加强海洋国土观、海防安全观、海防兴国观、海防强国观的教育,培养大学生自觉捍卫国家海权,把爱我海洋、建我海防、强我海权作为自己的历史使命。

3. 弘扬航海文化，传承航海文明

中华民族在长达数千年的历史发展中，形成了自己优良传统。其中，爱国传统是中华民族生生不息、自立于世界民族之林的强大精神动力。鸦片战争以来，西方侵略者用坚船利炮打破了天朝上国的迷梦，使中华民族面临着翻天覆地的变局，使中华民族处于亡国灭种的边缘。在此格局下，中华民族万众一心抵御外侮，中华民族在异常强大的敌人面前没有被灭亡，而是在历尽千难万险后，使民族最后重振雄风。探究其中的原因，是中华民族具有以天下为己任，自觉把个人的前途与国家的兴衰联系在一起，把爱国思想付诸实际行动的优良传统所致。

在新的历史条件下，航海院校进行近代海防史教育能够使大学生以海防将士为榜样，坚持国家和民族利益至上，在全球化经济活动中以宽广的眼界观察世界，以积极、理性的姿态参与经济全球化进程，维护好国家主权和民族尊严；自觉承担起实现中华民族伟大复兴的历史使命，努力做到立报国之志、增建国之才、践爱国之行；弘扬航海精神，勇于依靠自己的力量战胜各种风险和挑战，善于在危难中开辟发展新路；传承航海文明，坚持正义、自觉为人类和平进步事业贡献自己的力量。

(二) 近代中国海防史教育的时代价值

历史是一个国家、民族的共同记忆。从1840年开始，帝国主义先后发动了从海上入侵中国的战争，如：第一次鸦片战争、第二次鸦片战争、中日甲午战争。由于中国海防失守，丧权辱国条约签订，最后导致中国社会性质从一个独立的封建国家，开始沦为半殖民地半封建社会的国家，写下中国历史最耻辱的一页。勿忘国耻，以史为鉴。今天，"在全面建设小康社会、加快推进社会主义现代化的新形势下，我们要更加重视学习历史知识，善于从中外历史上的成功失败、经验教训中进一步认识和把握历史发展和社会进步的规律。"[8] "历史教育是建立在对过往事实系统认识基础上的理论教育、政治教育，这种教育具有别的课程所无法取代的作用。"[9] 当前，在政治多极化、经济全球化、文化多元化的影响下，航海院校一些大学生由于受外来文化、思潮的影响出现对国家主权意识趋于模糊化、民族认同趋于虚无化，对民族传统文化趋于淡化的现象。面对教育困境，航海院校加强近代中国海防史教育有重要的价值。

1. 有利于拓宽航海院校思想政治教育内容，实现教育"三贴近"

思想政治理论课是我国特有的一门政治性、科学性和实践性很强的学科，但目前高校思想政治理论课教学还存在教学针对性、实效性不强等问题。要加强高

校思想政治理论课教学必须坚持理论联系实际,贴近实际、贴近生活、贴近学生的要求;必须坚持开拓创新,不断改进教育教学的内容。

1)近代中国海防史能够提高航海院校思想政治教育的针对性和实效性

我国各所航海院校都位于东部沿海、东南沿海地区,濒临海洋。航海院校大多数专业都是面向涉海方向的,尤其是航海专业和轮机专业,这些专业的大学生将要在海上从事运输工作,跟大海零距离接触,直接跟海浪搏击,具有较大的风险和挑战性。职业要求每一位从业人员必须具备一定的身体素质、业务素质、心理素质和思想政治素质。在思想政治教育层面,航运业发展要求航海院校思想政治教育必须要加强针对性,必须紧扣学校特色,专业建设需要注重教学内容。因此,除传统内容外,还应加强涉海方面的人文教育,将近代中国海防史引入航海院校思想政治教育教学,从而可以实现与大学生所学的涉海专业、大学生身心成长的特点、大学生的人文需求相一致。近代中国海防史是中国海权遭受屈辱的历史,今天中国要改变命运,必须要捍我海权、建我海防、强我航海、捍卫海权、建设海防、发展海运,需要有爱国精神、创造精神、团结合作精神、忘我精神、勇于担当、勇于奉献精神。对此,航海院校思想政治教育进行海防史教育,可以开拓大学生人文视野,增长历史知识,培育航海人不畏艰难险阻,勇于探索的精神品格。

2)近代中国海防史料蕴含着思想政治教育的资源

近代中国海防史是一部中国人民反抗侵略的历史,历史主题是反抗侵略,核心思想是救亡图强,斗争方式是革故鼎新奋起抗击。这段历史不论其事件题材、人物题材、海防建设思想题材,都是航海院校思想政治教育难得的好素材。

海防历史事件题材蕴含着思想政治教育的资源。近代中国海防斗争中发生了不少中国军民英勇抗击侵略军的事件,如:三元里人民抗英斗争、虎门销烟、镇南关大战等,这些事件反映了"中华民族在抵御外来侵略过程中,坚持国家和民族利益至上,誓死不当亡国奴的民族品格;万众一心、共赴国难的民族意识;不畏强暴、敢于同敌人血战到底的民族英雄气概;百折不挠、勇于战胜侵略者的民族自强精神;革故鼎新、自强固本的民族创造精神,坚持正义、勇于牺牲的民族奉献精神。"近代中国海防斗争精神蕴含着民族心理、民族意识教育,民族自尊心、自信心和自豪感教育,民族团结意识教育,民族创造精神教育,民族奉献精神教育,科学精神教育,唯物主义历史观教育等优质本源性资源,尤其是对激发大学生爱国情感、培养爱国思想、引导爱国行为能产生正能量、正效应。

海防人物题材蕴含着思想政治教育的资源。在近代中国海防斗争中涌现了一批杰出的军事家和思想家,他们用行动将刻骨铭心的爱国之情、矢志不渝的报国之志、生死不移的爱国之行,写满了中华民族的史册。如:虎门销烟,威震强虏的林则徐;顽强抗敌,壮烈殉国的关天培;死守定海,魂系国门的葛云飞;忠勇双全,带棺出征的左宗棠;力挫强敌,血溅吴淞的陈化成;誓赴国难,勇撞敌舰的邓世昌;苦心研究,写下《海国图志》的魏源等。他们秉承爱国大义,捍卫国家主权,用自己的精神品格、英雄壮举铸造了民族之魂。民族英雄的人生轨迹、思想主张、优秀品质、人格魅力,是航海院校进行民族精神教育,时代精神教育,世界观、人生观、价值观教育,中华民族优秀道德传统教育的很好的素材。尤其是在一定历史时期、历史场景中发生在具体人物身上启人心智的思想、惊天动地的行动,能够使大学生领悟人生的真谛,科学对待人生环境,确立积极进取的人生价值观。

海防建设思想题材蕴含着思想政治教育的资源。从鸦片战争开始,一些有识之士把海防建设提到战略高度,提出了自强新政和加强海防建设的主张。如:林则徐力主向西方学习;冯桂芬提出"博采西学",改革内政,逐步富国强兵;张树声主张既要学习西方的"用",又要学习西方的"体";曾国藩、左宗棠等人主张进行"洋务运动",创办新式军事工业,建立新式海军,创办新式民用企业,向国外派遣留学生,开办新式学堂;李鸿章重海防、废塞防思想;丁日昌全面加强海防的思想;左宗棠塞防、海防并重的思想。这里边不论是清政府重要官员的海防思想,还是知识分子的海防思想,都集中体现了中国人民不畏强暴、力挽狂澜的爱国精神,正是这些思想的武装,使中华民族在异常强大的敌人面前没有屈服,在极端深重的危机面前,没有灭亡。海防思想题材蕴含了爱国主义、集体主义教育,国情教育,自力更生、艰苦奋斗精神教育,自立、自强精神教育,改革意识、发展意识教育等。

2. 有利于加强国情教育,培育民族伟大复兴意识

近代,世界上大大小小十几个帝国主义先后从海上入侵我国,侵占领土,掠夺财富,蹂躏人民,带给中华民族灾难与祸害。我们这个民族近代以后遭受苦难之深重,处处牺牲之巨大,在世界历史上都是罕见的。前事不忘,后事之师。今天,把我们的国家建设好,把我们的民族发展好,是每一位大学生的历史责任,航海院校大学生是祖国航海事业的建设者,海洋权益的捍卫者,海洋科技的创造者,海洋生态维护者。同时,也是实现中国梦的重要力量。

航海院校大学生将要从事海上运输和管理工作,工作涉外性强,在对外交往中代表着国家形象、国家的利益,在经济全球化时代,牢牢树立国家意识、国家主权观念,增强爱国思想,对维护国家利益和荣誉、促进中国对外贸

易、提升中国的软实力非常重要。因此,航海院校思想政治教育必须强化国情教育,把国情教育列为大学生思想政治教育的重要内容,由于航运业具有涉外性的特点,对航海院校大学生进行国情教育必须更多地把国家观念、爱国意识和自强意识作为重点内容。了解近代中国国情,能够使大学生认识到我们每一个人的前途命运,都是和我们国家的前途命运,和民族的前途命运密切关联的。落后就会挨打,发展才能自强。当代,中华民族伟大复兴的梦想体现了中华民族和中国人民的整体利益,需要各行各业建设者的努力奋斗。航海院校大学生要畅想蓝色梦想,要有勇气追求梦想,更要培养实现蓝色梦想的才干。

3. 有利于传承民族精神,建设海洋强国

近代,帝国主义从海上入侵我国,中国军民万众一心进行了民族自卫斗争。一方面,用最直接、最悲壮的方式同外来入侵者进行激烈的决战;另一方面,不断提出救国方案、进行救国实践,力挽狂澜。在连绵不断、轰轰烈烈的作战中,尽管战争非常惨烈,尽管绝大多数战斗,最后都是以中国失败而结束。但中国海防将士表现出来的勇锐之气写下了中国近代史上最悲壮的爱国诗篇。民族精神是中华民族生生不息、发展壮大的强大精神力量。二十一世纪是海洋世纪,经略海洋、以海富国、以海强国,已成为世界各国共识。党在十八大报告中,把建设海洋强国作为国家发展战略,反映了时代诉求。中国实现海洋经济发达、海军实力强大、海洋管理有力和海洋法规健全等海洋强国指标,还任重道远,需要民族精神作强大动力支撑。

中华民族精神是在中华民族五千年历史发展中所形成的价值取向、思维方式、道德规范和精神气质。实现中华民族伟大复兴,实现国家富强、民族振兴、人民幸福是中国共产党和全体人民的美好追求,需要民族精神作为强大动力。中国梦,既是国家的梦、民族的梦。同时,也是每一位大学生的梦。在精神文明建设层面,大学生是民族精神的传承者、时代精神的创造者,实现中国梦离不开每一位大学生的努力和奋斗。航海院校大学生学习近代中国海防史,能够使他们了解中华民族自强不息、百折不挠的发展历程,认识爱国主义是一种崇高的民族品质,自觉传承民族精神,在学习和工作中展现勇于创新、知难而进、一往无前、务求实效、无私奉献的时代精神。

4. 有利于强化半军事化管理,实现两种需要

近代中国海防反侵略失败的一个重要原因,是中国军队素质、武器装备的落后。以史为鉴,中华民族的耻辱史要不再重演,必须加强海防,坚决维护国家海洋

权益。目前,我国的海洋权益面临严峻挑战,存在着资源被掠夺、岛屿被侵占、划界有争议、海洋国土被分割以及多元化的威胁。对此,航海院校应加强海洋国土观、海防安全观、海防兴国观、海防强国观的教育,促进大学生自觉把"爱我海洋、建我海防、强我海权"作为自己的责任和使命,促进大学生进一步认识海防建设与国家安全、维护国家海洋权益的关系。

航海院校是培养具有国际竞争力、高素质航海人才的学府。根据航运业的发展需要,航海院校的人才培养除了要体现国际通用性、岗位针对性、法律规定性外,还要体现国防军事性的特点。国防军事性是对航海院校人才培养的特别要求。在和平时期,航海院校为国家培养基础扎实、知识面广,具有较强技术和应用能力远洋航海的高素质人才。一旦国家发生战争,航海院校则为国家输送航海技术专业、轮机工程专业、船舶电子电气工程专业、水路运输专业,且具有一定军事素质的海军人才。根据专业技术要求,职业资格标准和STCW公约马尼拉修正案的要求,航海院校实行严格、规范的半军事化管理。通过半军事管理,培养学生高度的组织纪律性、良好的自律能力、和谐的团队精神,实现航海院校大学生海员素质的全面提高。

五、全球化时代弘扬近代中国海防爱国思想的必要性及路径选择[*]

经济全球化是当今时代发展的重要趋势,在经济全球化时代,科学技术跨国界发展和利用,资本跨国界流动,商品在全世界销售,跨国公司本土化程度不断提高,各国经济联系日益紧密。经济全球化虽然给各国发展带来机遇,但必须清醒认识身处全球化时代国家仍然是民族存在的最高组织形式,是国际社会活动中的独立主体。只要国家存在,就要坚决维护国家的主权和尊严,就要大力弘扬爱国主义,维护本国、本民族的利益。

(一)全球化时代航海院校弘扬近代海防爱国思想的必要性

航海院校是培养海上运输人才的专门机构。海员的工作参与全球经济活动,海员的素质在一定程度上代表着自己祖国的形象,因而,全球化时代对海员爱国情操有着特殊的迫切要求。近代海防爱国思想——国家利益至上思想、勇于牺牲的精神、勇挑民族大义的壮举,有助于增强大学生民族情怀,提升爱国情感。

---

[*] 原文《全球化时代航海院校弘扬近代海防爱国思想的必要性及路径选择》载《文史博览》,2012年第1期。

1. 近代中国海防史是航海院校爱国主义教育重要德育资源

众所周知,从1840年开始中国先后受到帝国主义的入侵,西方列强用坚船利炮,从海上打破了中国的国门,使中国社会由完全封建社会逐步沦为半封建半殖民地社会。海防问题也成为了关系民族存亡的战略问题。为此,中国人民为民族独立和自由,进行了英勇顽强的斗争。在抗击外来入侵的斗争中,以洋务派为首的仁人志士提出了许多变法自强、革故鼎新、救亡图存的思想。这些思想折射出强烈的民族忧患意识、自强意识和自尊意识。在一系列战斗中,爱国忠君将士赴汤蹈火、浴血奋战,用鲜血和生命去捍卫民族的尊严,表现出一种斗争的精神风貌,一种献身的价值取向,一种忠贞的民族气节。在全球化时代,把这些爱国思想、行动、精神挖掘出来,加以整理,对丰富爱国主义教育的素材,弘扬民族精神、焕发时代精神,推动社会主义精神文明建设,推动社会主义先进文化建设,尤其是对于航海院校提高大学生思想政治素质,发扬中国海员优秀品质,传承民族传统具有理论和现实的意义。

2. 参与全球经济活动,需要海员彰显国家利益至上思想

我国是一个航运大国,航运事业是我国经济社会发展和对外开放的重要行业,是融入经济全球化的基础条件。利用经济全球化所带来的新的国际经济环境,实现开放的政策,广泛进行经济交流和合作,积极利用国外市场、资源、信息、技术和资金,参与全球经济合作,发展和壮大自己的经济实力,有利于增强我国的经济实力,有利于加快我国改革事业的发展,有利于发挥社会主义的优越性。然而,全球化是一把双刃剑,"西方发达国家利用经济、科技和军事等方面的优势,竭力输出它们的政治观、价值观、文化观和生活方式,力图主导经济全球化进程,把发展中国家纳入自己的发展模式和发展轨道。"⑪这无疑会损害发展中国家的利益,这就需要我们在充分利用全球化提供的机遇发展自己的同时,又要坚决维护国家主权和尊严,按照本国国情发展自己的政治和民族文化。航海院校大学生毕业后参与国际贸易运输,要用实际行动去维护国家尊严和利益。因此,在校期间,航海院校应重点加强国家观念教育、牢固树立国家利益、民族利益至上的思想;学习近代海防将士报效国家的豪情和壮举,为了祖国航运事业贡献自己的青春和才干。

3. 建设航运强国,需要海员发扬奉献精神

21世纪是海洋世纪。人类对海洋价值的认识大大提高,人们认识到海洋是海上交通的介质;是人类第二大生存和发展空间。走向海洋是实现中华民族振兴的必经之路,是中国未来发展不可或缺的一步。世纪之初,我国政府明确提出要把

我国由航运大国建成航运强国。要实现国家发展蓝图,海员是航运之根本,是发展之基石。因此,航海院校要大力加强大学生职业精神、职业道德、职业技能、心理素质培养,全面提升大学生素质。在职业精神培养上,要首先考虑海员工作环境特殊性。他们一旦上船,生活环境、生活内容跟在陆地上就大不相同。远离陆地,漂泊海上,往往短则几个月,长则一年,甚至更长的时间才能回家。期间与社会、与家人处于一种相对隔绝的状态,要承受孤独、思念之苦;由于他们长期进行相似的重复性劳动,所以很容易产生情绪波动。"海员职业的特点注定海员要接受复杂环境的考验,海员的心理素质影响着海员自身的行为"⑫。因此,要克服职业带来的负面影响,需要海员要有良好的心理素质,要不断锤炼情感素质、提高意志品质,要学习近代海防将士不畏风险、艰苦奋斗、无私奉献的精神。只有这样才能使海员以深厚的情感、乐观的情绪迎接职业的挑战。

4. 保卫国家海洋安全,需要海员勇挑海防重任

21世纪是海洋经济时代,谁拥有海洋,谁就能在海洋开发中占有优势,谁就能在世界上取得更多的利益、更大的生存权利。中国是一个海洋大国,有300万平方公里的海域。辽阔的海洋国土蕴藏着丰富的渔业资源、油气矿产资源和海洋能源。据统计,我国海域海洋生物物种已鉴定的达20278种,石油资源量约250亿吨,天然气资源量约8.4万亿立方米。当前中国海洋安全形势严峻,面临一系列现实和潜在的威胁与挑战。这些威胁与挑战主要有海岛归属问题、海域划界争议、海洋资源争端、海上通道安全、台湾问题等五大难题。这些问题影响着中国核心利益的实现。守护我们的海洋国土,开发利用我们的海洋资源是历史赋予我们这一代人的神圣职责和权力。航海院校大学生是未来国家航运事业的接班人,是祖国海防的后备力量。因而,航海院校在进行思想政治教育过程中应增加中国近代史教育,让大学生认识到国弱民贫、海防薄弱必然会导致列强的入侵,国家利益遭受侵害。今天中国走向海洋是实现民族振兴的必经之路,作为国家的栋梁——当代大学生应向近代海防爱国将士学习,只要海防告急,祖国需要,就勇敢担当守卫海疆的重任。

(二)全球化时代航海院校弘扬近代海防爱国思想的路径选择

全球化时代加强和改进大学生思想政治教育要"以理想信念教育为核心,以爱国主义教育为重点,以思想道德建设为基础,以大学生全面发展为目标"。要实现教育目标,航海院校在进行爱国主义教育时,要结合专业特点,融入近代海防爱国内容,以提高思想政治教育的实效性。

1. 以课堂教学为主渠道,提高爱国主义教育的针对性

高校思想政治教育的重点内容是爱国主义教育,高校思想政治理论课是大学生思想政治教育的主渠道。高校开展爱国主义教育,应与学校的个性特点、专业特色和人才培养目标结合起来,使教育活动富有针对性、实效性从而更有吸引力、感染力。"结合航海院校特色,政治理论课课堂教学中应适当增加中国航海史、中国海防史的教育,使学生认识到中华民族是世界上最早探索海洋的民族之一,是世界航海文明的发祥地之一"。同时也应让学生知道中国近代百年民族屈辱史是由于清政府的腐败无能、国家海防力量薄弱造成的。全球化时代,爱国就要心系国家的前途和命运,把实现国家的利益作为自己的神圣使命和义不容辞的责任。今天,爱我海洋、建我海防、强我海权是对航海学子的必然要求,是航海院校进行爱国主义教育必然主题。同时,还应让大学生确立为实现自己的职业理想,树立"服务海上交通,繁荣世界经济"的航海职业荣誉感;为维护国家主权和海洋权益,树立"和谐海洋"保卫者的使命感;为开发大洋、深海的海洋资源,保障人类可持续发展,树立甘当耕耘大海开拓者的责任感。

2. 以校园文化为载体,增添爱国主义教育的感染力

爱国主义教育是高校思想政治教育的重点,在实施爱国主义教育过程中除充分利用课堂教学外,还应发挥校园文化的作用,使两者相互配合,往往能取得不错的效果。校园文化具有重要的育人功能,校园文化是一种精神氛围,它反映着学校在价值取向、思维方式和行为规范上的一种群体意识,它能够塑造学生美好心灵;能够唤起学生对高尚人格、道德追求;能够引导价值取向,点燃职业理想,激发职业热情,坚定职业信心。航海院校在校园文化建设上要突出爱国主义的主题,可利用一定的物质载体,如:校徽、校歌、校报、校刊、校内广播、雕塑、宣传牌、校史陈列室、荣誉室等形式,让学生在潜移默化中接受思想启迪。在设立爱国主义教育校园文化专题时,可结合自身实际,建设一批具有海防文化品位的标志性主题设施。如:用邓世昌、郑成功为校园大型雕像,激发大学生的民族情感;以海防历史人物、历史故事作为壁画的内容,让大学生接受爱国思想熏陶;设立海防展览馆,作为展示民族精神的重要场所,通过观摩、学习让大学生从中去认识、感悟、升华爱国情感。

3. 以社会实践为桥梁,增强爱国主义教育的实效性

"社会实践是大学生思想政治教育的重要环节,大学生在社会实践活动中能够受教育、长才干、做贡献,增强社会责任感"。航海院校可利用海防教育校外实践教学基地,开展以"航海与海防"为主题的社会实践活动,对学生进行"爱党爱国

爱海洋"的教育,增强学生的海洋意识、航海意识和海权意识,使学生在社会实践中既增长了见识,又拓宽了视野,更提升了对党、对社会主义及对海防和航海的认识。具体地说:通过参观海防历史文化博物馆、海防实物展览会、海防影片展,引起学生对海洋、海防的关注;利用渔船、海岛、海礁等对学生进行海洋安全、海防意识教育,使学生认识每一个岛屿、海礁,每一片海域在海防安全战略上和航海中的地位和作用;通过参观海防烈士纪念馆,如:邓世昌纪念馆、郑成功纪念馆、冯子材纪念馆等,让学生缅怀先烈光辉业绩,以海防先驱者为榜样,为国建功立业。丰富多彩的社会实践活动,既可以培养航海院校大学生海防情结,又可以培养了爱国情结。

参考文献:

[1]陈绍宽:《世界上有不要海军的国家么》,载《海军期刊》,1928第7期。

[2]高晓星:《陈绍宽文集》,海潮出版社1994版。

[3]丁守和:《中国历代奏议大典》,卷4。

[4]吴汝纶:《李鸿章奏稿》,卷35。

[5]杨经录:《历史意识:思想政治教育学科发展的关键意识》,载《教育评论》,2008年第3期。

[6]广东省文史研究所:《三元里人民抗英斗争史料》,中华书局1960版。

[7]杨金森:《中国海防史》,海洋出版社2007年版。

[8]姚红艳:《历史教育社会功能的再思考》,载《中国成人教育》2007第3期。

[9]程中原:《读高校思想政治理论课教材〈中国近现代史纲要〉》,载《高校理论战线》,2007年第3期。

[10]本书编写组:《思想道德修养与法律基础》,高等教育出版社2010版。

[11]胡大力:《论培养船员良好心理素质的必要性与措施》,载《航海技术》,2011第3期。

[12]中共中央国务院:《中共中央国务院关于进一步加强和改进大学生思想政治教育的意见》,中发[2004]16号。

[13]王明霞:《近代海防爱国思想的当代价值及其传承》,载《广州航海高等专科学校学报》,2011年第3期。

第三章

观照生态哲学　丰实海洋伦理

海洋是人类经济社会发展的重要资源和可扩展的战略空间。21世纪是海洋的世纪,随着经济社会的发展和科技的进步,人类对海洋的依存度越来越高,同时,对海洋的利用和开发也越来越多。由于人类过度地开发和无节制地使用海洋,从而产生了大量的海洋生态问题。海洋生态环境的破坏并不是一朝一夕造成的,是由于人类日积月累地对海洋资源的掠夺、对海洋生态的践踏所导致的。因此,海洋生态道德教育作为新型道德教育活动,是思想政治教育中不可或缺的组成部分。大学生是未来社会的栋梁,其海洋生态道德素质的高低直接影响着我国的海洋生态环境保护与海洋可持续发展的顺利进行。高校作为教育的主体,肩负着海洋生态道德教育的主要职责。由此,高校应该采取各种办法,优化海洋生态道德教育体系。教师在整个教学工作中要自始至终贯彻海洋生态道德教育理念,普及海洋生态环保知识,培养学生海洋生态环保意识,促使学生养成良好的海洋生态道德习惯,帮助学生建立正确的海洋生态价值观与海洋环境伦理观。

第一节　马克思主义哲学的海洋生态道德关怀[*]

海洋是地球非常重要的生态系统,海洋生态环境的恶化将会直接影响到整个地球上的生物。近些年来海洋生态系统已经被人类破坏得非常严重,世界各国也都纷纷出台了一系列保护措施。马克思主义哲学是关于自然、人类社会和思维发展最一般规律的科学。自然、人、社会三者的关系是马克思哲学研究的重要内容,而在其所有研究分析的范围中,最重要的也是话题最多的就是人与自然的关系。

---

[*] 本节作者雷新兰。原文发表于《社会纵横》(2013.3)。

马克思主义自然观是生态道德的理论基础,给自然以道德关怀是人类发展的进步的标志,生态道德理论在自然观上,摒弃人类中心主义,推崇自然循环理论,认为大自然是一个统一的运动的有机整体;在认识论上,反对将人与自然分开而论,主张人与自然的相互依赖性;在价值观上,认同构成价值的内容是多样的,是具有普遍性的。马克思主义哲学对于海洋生态环境的道德关怀理论,旨在改变人们原有的对待海洋的态度和方法,给海洋以道德关怀,以期实现人海和谐。

一、马克思的生态哲学

(一)马克思时代的生态现实

要考察马克思的生态哲学思想,首先有必要考察马克思时代的生态现实。在马克思生活的时代,人与人之间的矛盾成为社会最突出的问题,它压倒了人与自然之间的对立和矛盾,但后者依然与前者在时空上并存着。当时,生态环境危机虽没有全面表现出来,但已初见端倪,许多与马克思同时代的人看到了这一点,他们详尽地描述了恶化了的生态环境,并表达了对人类未来命运的隐忧。

美国人乔治·P·马什在其《人与自然》一书中首次详尽描述了人类文明对自然的破坏性影响。人类破坏的范围极大,在一定历史时期曾因水草丰美、绿树成荫和土地肥沃而著称的小亚细亚、北美和希腊的部分地区,甚至欧洲阿尔卑斯山的部分地区都被破坏得荒芜不堪,植物干枯,动物灭绝,几乎像月球一样死寂了。人类的行为扰乱打破了自然建立在有机界和无机界之间的联系和平衡,自然凭着自身报复入侵者,把满目荒凉和疮痍呈现给人们,让破坏性的力量恣意横行。可叹的是人们竟没有意识到自己的破坏性行为,甚至是现在。要恢复自然的丰饶、平衡与和谐需要变革,这种变革必须是在政治领域和道德领域实现的伟大革命。与此同时,德国人卡尔·弗腊斯在积极地倡导国家要保护森林。卡尔·弗腊斯是一个知识渊博的人,他考察了人类活动和农业耕作对自然环境的影响,其《各个时代的气候和植物界》一书的结论就是:人类在同自然打交道时,如果不是有意识地加以控制,接踵而来的就是土地的荒芜。马克思对卡尔·弗腊斯非常感兴趣,称他是"达尔文以前的达尔文主义者",是一个有"不自觉社会主义倾向"的人,"具有德国人的那种奇特有趣的特点",并把弗腊斯的著作《各个时代的气候和植物界》与《农业史》推荐给恩格斯。恩格斯在《自然辩证法》中就利用了弗腊斯的思想,描绘了人与自然的矛盾:人破坏性地影响了自然,自然反过来报复人类。恩格斯告诫说:"我们不要过分陶醉于我们对自然界的胜利。对于每一次这样的胜利,自然界都报复了我们。"

(二)马克思有无生态哲学思想

要回答这个问题,必须回答什么是生态哲学?"生态学向人类生态学发展,这是生态学走向哲学。"当生态学进入人与自然普遍的相互作用的基本问题研究层次时,就具备了哲学的属性和资格,生态学的规律不再局限于某个具体领域。它逐渐成为世界观的尺度,成为一种世界;当"人"成为这一学科的对象时,它不仅关注"是"的问题,还关注"应当"的问题,即伦理道德问题开始纳入考虑的范围。生态哲学的对象包括人类社会和自然环境及其相互关系和规律在内的整个生态系统领域,德国哲学家汉斯·萨克赛在其《生态哲学》一书中认为,人们尽可能广泛地理解生态学的这个概念,要把它理解为研究关联的学说,"生态学就是探讨自然、技术和社会之间的关联的"。萨克赛这里提及的"生态学"含义是接近"生态哲学"的,因为他也认为生态哲学研究的就是广泛的关联。生态哲学不仅研究世界所有的内容,还包括世界"应当"成为什么样的内容,"生态哲学所探讨的正是在这一关联中如何行动的问题,人如何发现作为他的社会的房子——这就是世界——以及为在其中共同居住应怎样去布置和安排"。人——自然——社会复合生态系统或自然——技术——社会的关联都可概括为人与自然的关联,因此,人与自然的关系是生态哲学的基本问题,是生态哲学研究的基本方向。就生态学通过特有的考察方式认识到一切生命体都是某个整体的一部分来说,"生态哲学的任务就是要把人是整体的一部分这个通俗道理告诉人们";就生态哲学从人与自然的相互作用去认识世界和解释世界来看,它必然会研究人与自然的辩证关系,而人与自然的辩证关系,只有通过人的实践才能解释清楚。以此来看,生态哲学是从人的实践角度去认识和解释世界的,因此,有机性、整体性、关系性和辩证性是生态哲学认知和解释世界必不可少的视角。

更多的学者对这个问题持不同的观点。人与自然的辩证关系,即人改变自然同时又被自然所改变,是人的自然的确切本质。因此,在德国动物学家E·海克尔于1869年提出生态学之前和远在当前"生态危机"和"能源危机"之前,马克思和恩格斯已经理解了生态学的方法。马克思和恩格斯总是强调人与自然的联系,批判生产力主义,呼吁社会主义要把同自然的物质变换置于共同控制之下,不要置于盲目的力量和利益的统治之下,不要为生产而生产,要为人的创造潜能的全面发展而生产。马克思的实践唯物论包含生态视点,强调对象变革的实践唯物论与提倡环境保护的生态理论有密切的联系。1995年9月巴黎召开"国际马克思大会",有的与会者认为,马克思是第一个生态学家,因为马克思指出了要建立人与自然的和谐关系,并认为社会与自然的和谐关系是人通过劳动建立的。"生态哲学是后现代哲学世界观。"但马克思的思想具备这样一个特点,"它们产生于某个特定的时代却并非专属这个时代,相反,它们具有跨时代的征候"。"马克思哲学和后现代主义都是对资本主义尤其是异化状态的批判,所以,马克思哲学准确预见了后现代的某些特征,而后现代主义思想家在从事批判时不由自主地想到了马克思哲学,二者在当代相遇了。"其中生态思想就是二者在当代相遇的主要内容之一。马克思极为关注人与自然的关系,并首先关注人与自然的和解和人与人的和解问题,提出合理调节人与自然之间的物质变换问题。后现代主义也极为关注人与自然的关系,并具备浓厚的生态学色彩。马克思的思想穿越了时代,在生态关怀问题上与后现代主义在当代相遇。马克思思想的活力不仅表现在后继者的革命实践中,还表现在"它直接超越历史,在其对新全球时代问题谱系的直接映射中,在不断被叩问解读和对话中闪耀其光芒"。"马克思的思想始终保持通向几乎所有重大问题域的出场路径。""对新全球性问题的科学解答中再一次显现出当代性的力量。"马克思的思想对当代的"绿色问题即环境——生态问题的哲学思考,就具有这样的魅力。""生态学"与"生态哲学"同其他概念一样,是对事物、现象和规律的抽象和概括,是事物和现象充分发展的产物,是认识成熟的表现。在此概念产生之前,人们对相关内容存在不同层次的认识。因此,人们不能因为"生态学"和"生态哲学"等概念出现在马克思之后,就否定马克思具有生态哲学思想。在"生态学"这一概念提出这前,只有马克思辩证地探讨了人与自然的关系,并把人与自然的和解作为理想目标之一;只有马克思比较系统地论述了人、自然和社会三者之间相互依赖、相互制约的关系。在一定意义上,马克思是站在生态立场和生态哲学立场上来看问题的,可以说,马克思不仅是一般意义上的生态学家,而且更确切地说,他是生态哲学家。马克思的有关生态哲学的"思想和观点不仅是深刻而成熟的,而且是系统而全面的。"

(三)马克思生态哲学思想的内容

自然向人生成的观点。同费尔巴哈一样,在人与自然的统一方面,马克思首先看到的是人为自然所孕育这一重要内容。人是自然长期进化的产物,是自然之子;人处在自然之中,是自然界的一部分。所谓历史其"本身是自然史的即自然界生成为人这一过程的一个现实部分";"整个世界历史不外是人通过人的劳动而诞生的过程,是自然界对人来说的生成过程"。恩格斯在《自然辩证法》中充分阐述了马克思的这一思想,在具体地描述了自然界生成为人的过程之后,恩格斯指出,物质依据一定规律在一定阶段必然地在有机物中产生出思维着的精神,自然在运行中由物质生成为人及其精神;人的血肉和头脑都属于自然界,存在于自然界,其存在和发展受制于生物学规律。马克思自然向人生成的观点避免了把人作为绝对主体置于自然之外或之上的思维惯性,而把人置于自然之中,把自然视为人无机的身体,把人和自然看成是相互包含、渗透和交融的整体存在。因此,人与自然的关系不应当是主人和奴隶的关系,征服者与被征服者的关系;思维和精神也不是绝对的主观,而是人的一种性质,一切意识都是有肉体的人的意识;历史的出发点不应当是绝对精神,而应当是活生生的人。综上所述,可以看出,马克思提倡人与自然的和谐统一,这种统一不仅是自然向人生成的原始的直接的统一,还是在实践过程中的辩证统一,更是一种道德理想状态的统一。

(四)马克思生态哲学思想的意义

"马克思哲学是我们时代唯一不可超越的哲学",对马克思哲学的研究也是一个渐进的提升的过程。从时代问题出发,伴随着一定历史语境,我们解读马克思,同他对话,不断叩问马克思,研究他曾被忽视的甚至是被遮蔽的思想,澄清被误解的内容,在理论上完善马克思的思想,这是坚持和发展马克思哲学的重要途径,也是为解决中国生态环境问题寻求的哲学智慧。在马克思、恩格斯之后,许多发达国家在经济发展的过程中,由于缺乏人对自然的合理调节,曾经遭受过自然界的大规模报复。这方面例子不胜枚举。由于经济全球化的发展,在一定程度上可以说,发达国家的过去便意味着发展中国家的今天。作为发展中的国家,中国也开始面临着大规模的环境问题,沙尘暴的频繁袭击、黄河汛期的断流、长江洪水的泛滥都在向人们发出警告,我国的生态环境已经不容乐观。为了尽可能避免那些发达国家曾经遭受的自然界的大规模的报复,我们必须向马克思寻求相关的哲学智慧。马克思关于人对自然的合理调节、人与自然的协调发展、人在自然的发展中获得发展的思想为我们解决生态环境问题奠定了哲学基础。马克思有关生态哲学的思想对我们遵循自然规律办事、保持人与自然的和谐具有直接的指导功能,是我国解决生态环境问题锐利的思想武器。马克思以及恩格斯详尽分析了近代资本主义社会中生态环境污染的原因和状况,剖析了生态环境污染的各种根源,探讨了保护生态环境平衡的途径,这对我们认识并借以避免生态环境灾难和问题都是非常有帮助的。马克思在人与自然的关系中看到了人与人的关系,主张人与自然矛盾的彻底解决取决于人与人之间矛盾的彻底解决,这提醒我们在解决人与自然的矛盾时,一定要解决人与人之间的矛盾;在关注经济的发展时,也要重视社会的发展;在重视社会财富增长的同时,也要切实解决好社会财富的分配问题,这样才能促进社会与自然的健康有序发展。

二、马克思主义哲学的海洋生态道德关怀

浩瀚的宇宙带给人们无限的遐想,同样人类也从未停止过对海洋的探索。海洋生态系统中蕴含着无数的生命,同时也有着丰富的自然资源。从某种意义上说,海洋中的动植物就是我们这个地球的清洁工。在整个海洋生态环境食物链中的所有动植物,都在有机地运动着、循环着。它们构成了一个可循环可持续发展的海洋生态食物链。海洋中蕴含着丰富的矿产资源,譬如石油、天然气、煤矿、铁矿、可燃冰等等。海洋中几乎含有陆地上所有类型资源,甚至于还有一些陆地上没有的资源。然而一直以来人类过度的捕捞和开采海洋资源,造成了海洋生态系统的严重破坏。同时,各种类型的海洋污染也是罪魁祸首。特别是近海海域污染严重,一些沿海城市基本都是人口密集区,同时也是工业发达地区。这里每天都会产出大量的工业垃圾,其中含有严重超标的铅、镉、汞等有害污染物。据统计,全球每年有上百亿吨的工业污染物排放入大海之中,这些污染物使得海洋生态环境变得非常脆弱。此外由于富含高营养物的污水大量排放入海洋,导致近海水域赤潮频繁发生,给各个国家的近海养殖业造成了严重的损失。近海岸的人工挖沙采礁、人工填海造城等活动造成海岸线严重破坏。现如今人类已经深切地感受到由于自身对海洋的破坏所带来的惨痛代价。如何才能够更好地保护海洋环境,重建可持续发展的海洋生态系统已经迫在眉睫。

马克思主义哲学是关于自然、人类社会和思维发展的最一般规律的科学。自然、人、社会三者的关系是马克思哲学研究的重要内容,而在其所有研究分析的范围中,最重要的就是人与自然的关系。马克思主义哲学中的自然观是马克思主义理论中有关人与自然和谐相处的理论,它是以自然科学为基础发展而来的。马克思把大自然看作是人类自身感性生活中的一部分,并在这个理论的基础上将人与自然的关系深刻地解释清楚。马克思主义哲学认为人是自然界的一部分,是自然界的存在物,人不能离开自然界而生存。恩格斯在《反杜林论》中指出:"人本身是自然界的产物,是在他们的环境中并且和这个环境一起发展起来的。"人类不仅是自然界的一部分,而且以劳动为媒介与自然界进行相互改造。人通过实践活动改变着大自然,从而不断地去认识和感知大自然。人类对自然界改造的每一次进步,即意味着人类受制于自然界方面也同时前进了一步。改造得越深刻,受制愈强烈。因此,人类在改造自然的时候,必须要遵循自然界的规律。只有不断地认识和遵循自然规律,人类才能维持生态平衡,促进社会发展,从而发展人本身。从这个意义上说,马克思主义自然观是生态自然观。在坚持马克思主义生态自然观

时,要特别注意反对两种错误观点,一是人类中心主义的思想,即形而上学的机械式自然观,认为大自然是由大量的个体组成,彼此之间没有什么联系,把大自然看作是静止的、僵死的。二是非人类中心主义观点,即只看到大自然这个系统,而忽略了人类是大自然的重要组成部分的观点。以马克思主义自然观看待人与海洋的关系,必须坚持人类在开发利用海洋的时候,要遵循海洋发展规律,保护海洋,保护海洋生态。反对那种借口人类利益高于一切,为了利益不惜破坏海洋环境、破坏海洋生态的思想和行为,当然那种以保护海洋生态环境为借口,反对合理开发利用海洋资源的思想和行为也是不可取的。

马克思主义自然观是生态道德的理论基础。给自然以道德关怀是人类发展的进步的标志。生态道德理论在自然观上,摒弃人类中心主义,推崇自然循环理论,认为大自然是一个统一的运动的有机整体;在认识论上,反对将人与自然分开而论,主张人与自然的相互依赖性;在价值观上,认同构成价值的内容是多样的,是具有普遍性的。也就是说,以马克思主义自然观为基础的生态道德观告诉我们,人类不能只对人自身讲道德,对于自然也应该给予道德的关怀即要有生态道德。原始人类基本上都是以最基本的生产工具从大自然获取生活必需品,那时对自然环境的影响很小。但是随着人类自然科学的不断发展,大自然也遭到了人类空前的掠夺式开采。从大自然中得到发展的科学技术,再利用到破坏大自然上显然违背了生态道德理论。现在的海洋生态系统受到人类严重破坏,也都是由于人们没有深刻地认识到海洋和自身生活的密切关系,以人类中心理论去判断自身的发展方向的结果。所以我们应该认识到现在对海洋生态环境的破坏并不是一朝一夕造成的,是由于人类日积月累地对海洋资源的掠夺、对海洋生态的践踏所导致的。因此,改变原有的对待海洋的态度和方法,给海洋以道德关怀,才是对马克思主义哲学中自然观、道德观的完整体现。

海洋生态环境的不断恶化已经引起了世界各国对海洋环境的重视,一系列的法规政策也相继出台。关于海洋生态环境的道德关怀理论建设应该从以下几个方面进行:

(一)制定经济与海洋环境相互协调发展的政策

一些主要依靠海洋进行经济发展的国家和地区,一定要以科学发展的眼光去看待海洋与自身经济发展的关系。针对那些近海地区,一定要严格控制陆地污染物向海洋中的排放。随着经济的不断发展,沿海地区近海环境的污染程度也在不断地加重,要加紧一些工业和生活污水处理技术的研发,还要针对性地对污水中重要污染物进行根本性清除。加强对入海排污口的管理,对不符合法律法规的一律清除。同时农业发展所带来的污染也应该受到重视,鼓励农业生产技术的提高,减少各种农业化肥或者农药的使用。"海洋容量"的提出是为了能够控制陆地向海洋排放废弃物的总量。因此一定要对所排放区域的海洋环境进行调查研究测算,分析这片海域的自然降解速度,坚决遵守河海统一、陆海兼顾的原则,根据所测定出来的海洋污染物总量容纳量,列出每个海域所允许的污染物排放量,未经许可坚决不能向这片海域排放更多的废弃物。绝对禁止向海洋中排放具有放射性的污染物。在进行海上废弃物倾倒时,一定要对倾倒区域进行海洋生态环境检测,防止对该区域动植物生命的危害。同时要不间断地对该区域进行环境检测,观察该区域生态环境的变化,分析倾倒物对环境的影响程度。严格控制海上交通所造成的生态破坏,加强船舶防铅泄露设备的维护,同时加强大型港口处有关船舶废水、废油、废渣处理工程的实施,制定相关的政策。近些年来海上船舶漏油以及有毒物泄露情况多有发生,因此,一定要制定有关的防范措施以及补救措施,从根本上遏制这些事故的发生。

(二)大力推行海洋生态保护区

通过各种监测手段对海洋生态环境进行评价,逐步地推行海洋生态保护区的构建。针对一些海洋濒危物种的生活区域,建立实时的监测系统,保证这些动植物的正常生活环境不受到危害。譬如我国广东省到目前为止就建立了将近50个海洋生态保护区,所保护的海洋面积达到55万公顷。在所保护的海洋面积内生活着如豚类、大鲵、文昌鱼等珍贵的海洋濒危动物,还有大黄鱼等重要经济水产品的生活繁殖区域,有红树林等对海洋环境有着重要生态循环作用的植物。自2004年发生了印度海啸以来,各国纷纷开始注重海洋生态防护林的建设,从之前的单一体系防护林,发展为现如今的滨海湿地防护,滩涂红树林防护以及城镇乡村防护、荒山绿化防护等多层地多级别的防护林体系。

(三)不断加强海洋生态的监测能力

海洋生态环境监测技术的不断发展为我们加强海洋生态环境监测能力提供了坚强的技术支持,现如今可以利用卫星、飞机、海洋监测船、海上基站等多种检测手段相结合,实现海洋生态环境的全方位立体实时监控。同时,还应该加强对海洋生物的监测,对海岸线的监测;加强对严重海洋气象灾害预警系统的构建,加强对监测区域内的污水入海口进行监测和入海污染物成分的鉴定。

(四)提高人们对于海洋环境的道德关怀认识

海洋面积占地球总面积的71%,它是我们赖以生存的地球环境的重要组成部分,人类的生存和发展和海洋环境有着密切的联系。人类在向海洋索取资源时,切记要保护海洋生态环境,只有这样人与海洋才能够和谐相处,人类生活才能够得到海洋的恩惠。现在各国都在增加对海洋资源的探测,同时彼此之间也在不断地争夺海洋资源。鉴于此,各国一定要增强海洋生态环境道德关怀理论的建设,不断地提高自身对海洋生态环境保护意识,从根本上来防止海洋污染的发生。海洋生态道德教育可以从基本的海洋生态组成,海洋环境与经济可持续发展等基本知识开始,提高海洋环境与经济发展相结合发展的知识教育。教育人们如何进行海洋环境保护,怎样才算保护海洋环境。重视舆论引导的作用,让人们能够意识到保护海洋环境是一个人素质高低的体现。2012年十一黄金周期间一些媒体报道,海南沙滩环卫工人一天就要从海滩上清理出8吨的垃圾,这就是人们不注意保护环境最直接的体现。所以,海洋生态道德教育还需要我们不断地去发展去学习。

人要追问自身的终极意义,满足自身的根本追求,表达自身的精神本性,就必须借助于哲学的理论反思方式。马克思主义哲学是具备科学形态的哲学理论,是科学的世界观和方法论。把马克思主义哲学教育渗透到各种素质的培养之中,理应强调哲学教育中的人文关怀,即包括对人类生存状态、对人的尊严和符合人的生存条件肯定等内容。我们在加强马克思主义哲学教育的时候,把海洋生态道德内容融入这个教学中来,加强海洋生态环境保护,提倡海洋生态道德关怀将有助于海洋生态环境的可持续发展,也有助于培养和提高人们的海洋生态道德素质,为建设人海和谐的新世界打好基础。

第二节 海洋生态道德展开人类文明的新征程[*]

海洋生态道德在当今社会显得越来越重要了。随着社会经济的不断发展和国家及地区间的交往不断深入,海洋的作用和地位日渐突出。在人类向生态文明迈进的今天,作为生态文明的重要组成部分,海洋生态文明的建设也显得尤其重要。而海洋生态道德是海洋生态文明建设的重要内容,从这个意义上说,海洋生态道德是人类文明的新征程。因此,注重对海洋生态道德问题的探讨,明晰理论,清理规范,对于如何可持续地利用和发展海洋,构建人海和谐的生态文明的世界具有重要意义。

---

[*] 本节作者雷新兰。原文发表于《广州航海高等专科学校学报》(2010.4)。

一、海洋生态道德问题的产生

海洋是人类赖以生存的重要阵地,可以说,海洋是人类文明的发祥地之一,也是人类生存、发展和进步的依靠。随着人类文明的进步和社会的发展,一种调整人与海洋关系的道德规范——海洋生态道德产生了。

(一)海洋生态道德是社会发展的必然结果

在传统的农业社会时期,由于生产力水平低下、科学技术不发达,人类对包括海洋在内的自然的认识是非常有限的,人类对自然只有敬畏和崇拜。进入工业社会以后,随着生产力的发展和科学技术的进步,人类在认识、利用、改造自然方面的技术和手段越来越多、范围越来越广,于是,一种认为人是万物的主宰、凌驾于自然之上的"人类中心主义"理论就成了处理人与自然关系的主要理论,它在现实中就表现为人类为了自身利益改造和奴役自然、控制和征服自然的行为,这种行为的直接后果就是在人类获得日益丰富的物质生活的同时,也出现了不断困扰人类的重大生态环境问题。特别是进入20世纪以来,人类对海洋资源的利用和开发程度达到了史无前例的地步,也使海洋的生态破坏达到了史无前例的地步。

"面对危机,我们不能坐以待毙,更不可能乘宇宙飞船逃离地球。扼住命运的巨手还在人类身上,不同的领域、不同的学科在寻找疗救解决之道。但从总体上看,人们主要是从科技、法律和伦理三个视角来谋求应对之策的。确切地说,科技对于直接解决具体的海环境问题是一个直接的、生动的和有效的举措,法律对于规范人们的环境行为也有着立竿见影的效果"。因此世界各国科学工作者为了从科技层面解决海洋生态环境问题而不断地探索和研究,且随着科技的进步,科技成果也就不断地运用于海洋环境的治理和保护,使海洋环境问题在一定程度上和一定范围内收到了一定的效果。同时,各国政府也不断地加强海洋环境保护的立法工作,使海洋环境法规在规范、限制和约束人们的海洋环境行为、惩罚海洋环境违法犯罪行为等方面收到了一定的效果。但是,不管是科技解决海洋环境问题还是法律规范人们的海洋环境行为,在某种意义上来说只能治标不治本。要根治以天灾形式出现的海洋生态环境问题,还必须从人自身出发,挖掘人类的道德理性,培养人类的海洋生态道德情感,规范和约束人类的海洋生态环境行为才是走出这个困境的必由出路。

(二)海洋生态道德也是道德自身发展的结果

自古以来,道德是人所特有的,道德的主体和客体都是人,即人只对人讲道德。"永恒"的道德是没有的,道德会随着经济的发展、社会生活的变化而变化。

恩格斯曾经批判杜林超历史、超阶级的永恒道德论时就指出,道德并非像杜林所说的那样,是从来就有、永恒不变的。正如恩格斯所说,"善恶观念从一个民族到另一个民族、从一个时代到另一个时代变更得这样厉害,以致它们常常是互相矛盾的"。

随着社会的发展,科技的进步,在人类掌握了征服自然、改造自然、控制自然的科学技术的时候,就开始了对包括海洋在内的自然资源无节制地开采和掠夺性地使用,造成了全球性的海洋环境污染和海洋生态平衡的破坏,并已危及人类的生存和发展。这些严酷的事实使人类不得不反思自己的行为,重新审视人与海洋的关系,并把人与海洋的关系纳入道德领域,构建海洋生态伦理道德观。自20个世纪中期以来,道德就开始了生态化过程,海洋生态道德要求人们以伦理道德为视角,反思人类对海洋环境的态度和行为,将人类的道德关怀扩展到包括海洋在内的世界万物,从人与海洋和谐的高度提出了热爱海洋、尊重海洋、保护海洋、珍惜海洋资源、合理开发和利用海洋资源、维护海洋生态平衡,有节制地谋求自身的需求和发展,确保海洋生态环境的良性循环及海洋环境的美化等规范和要求。

二、海洋生态道德的内涵与功能

(一)海洋生态道德的内涵

所谓海洋生态道德,是指一定社会调整人与海洋关系的道德规范的总和,它是人们在海洋生态环境保护、改造、发展和建设的实践中,对自身所依存的海洋生态环境的一种自觉的反映形式和态度,是人们在对待海洋环境时应该遵守的行为规范和准则。

(二)海洋生态道德的规范

海洋生态道德作为调整人与海洋关系的道德规范,从心理学角度分析,海洋生态道德包括:海洋生态道德认知、海洋生态道德情感、海洋生态道德意志、海洋生态道德行为。从实践的角度来看,海洋生态道德包括:保护海洋自然环境、保护海洋生态平衡、节约海洋资源等方面内容。从道德规范的角度看,海洋生态道德包括:海洋生态善恶观、海洋生态正义观、海洋生态良心观、海洋生态义务观四个方面。下面主要从道德规范的角度来分析海洋生态道德规范。

1. 海洋生态善恶观。海洋生态道德的"善"就是尊重生命、热爱自然、保护海洋环境、促使海洋生态良性循环的行为;海洋生态道德的"恶",就是破坏海洋环境、破坏海洋生态平衡,导致海洋生态恶性循环的行为。法国思想家——著名现代生态伦理学奠基人阿尔贝特·史怀泽在他的《敬畏生命》一文中指出"善是保持生命、促进生命,使可以发展的生命实现其最高价值。恶则是毁灭生命、伤害生命,压制生命的发展。"因此,倡导海洋生态道德,就是要告诉人们在处理人与自然的关系中,要弃恶扬善,以实现人与自然的和谐统一。

2. 海洋生态正义观。海洋生态正义是指个人和社会集团的行为符合海洋生态平衡的原理,符合海洋生物多样性的原则,符合全世界人民保护海洋环境的共同愿望和全球意识。倡导海洋生态道德正义,就是要培养人们的海洋生态正义感,提倡为子孙后代保护海洋环境的可持续发展观,反对那种不顾海洋生态平衡、乱砍滥伐、任意捕杀海洋动物、毁灭海洋物种、污染海洋环境的非正义行为,激发人们保护环境的神圣责任感和同一切破坏海洋生态环境的行为作斗争的信心和决心。

3. 海洋生态良心观。海洋生态良心是指人们对海洋生态环境、对所有海洋动植物的责任感和同情心。倡导海洋生态道德良心观,就是要唤醒人们对自身的海洋环境行为尤其是对海洋生态环境的危害性的行为的反思,增强人们对大自然的美感、道德感和理智感,帮助人们在对待人与海洋的关系时选择符合海洋生态道德的行为规范,并监督他人选择符合海洋生态道德的行为规范,同一切危害海洋生态环境的行为作斗争。

4. 海洋生态义务观。海洋环境也是人赖以生存的基础,人是大自然中的一员,应该承担和履行对海洋的爱护、保护责任,而这并不是因害怕海洋环境的惩罚,机械地被动地履行,而是人们在自觉认识的基础上自愿遵守海洋生态道德的结果。倡导海洋生态道德义务观,就是要引导人们培养起自觉履行海洋生态道德义务的责任感,主动投身于保护海洋环境的实践中去,告诉人们在合理地占有和享用海洋的同时,还应当履行相应的责任和义务,既要对当代人的利益负责,也要对子孙后代的利益负责。

(三)海洋生态道德的功能

海洋生态道德作为一种"自律",不仅可以规范人类的外在的海洋行为,而且可以改变人们的海洋思想观念,它具有5个方面的主要功能:

1. 认识功能——道德是引导人们追求最高的善的良师。道德教导人们认识自己对家庭、对他人、对社会、对国家应负的责任和应尽的义务,教导人们正确地认识社会道德生活的规律和原则,从而正确地选择自己的行为和生活道路。海洋生态道德作为一种新的道德,同样能够教导人们对海洋应负的责任和应尽的义务,教导人们正确地认识海洋生态道德生活的规律和原则,从而正确地选择自己的行为和生活道路。

2. 调节功能——道德是社会矛盾的调节器。人生活在社会中总要和自己的同类发生这样那样的关系。因此,不可避免地要发生各种矛盾,这就需要通过社会舆论、风俗习惯、内心信念等特有形式,以自己的善恶标准去调节社会上人们的行为,指导和纠正人们的行为,使人与人、人与社会之间关系臻于完善与和谐。作为调节人类与海洋关系的海洋生态道德,能够通过舆论、风俗习惯、内心信念等特有形式,以自己的善恶标准去调节人类的海洋行为,指导和纠正人们的海洋行为,使人与海洋之间关系臻于完善与和谐。

3. 教育功能——道德是催人奋进的引路人。它培养人们良好的道德意识、道德品质和道德行为,树立正确的义务、荣誉、正义和幸福等观念,使受教育者成为道德纯洁、理想高尚的人。海洋生态道德的教育功能是培养人们良好的海洋道德意识、海洋道德品质和海洋道德行为,树立正确的海洋善恶、海洋正义、海洋良心和海洋义务等观念,使受教育者成为道德纯洁、理想高尚的人。

4. 评价功能——道德是公正的法官。道德评价是一种巨大的社会力量和人们内在的意志力量。道德是人以评价来把握现实的一种方式,它是通过把周围社会现象判断为"善"与"恶"而实现。海洋生态道德能够以自身的善恶标准,评价人类的各种海洋行为。

5. 平衡功能——道德不仅调节人与人之间的关系,而且平衡人与自然之间的关系。它要求人们端正对自然的态度,调节自身的行为。海洋生态道德是当代社会公德之一,它能教育人们应当以造福于而不贻祸于子孙后代的高度责任感,从社会的全局利益和长远利益出发,开发海洋自然资源,发展社会生产,维持海洋生态平衡,积极治理和防止对海洋环境的人为性的破坏,平衡人与海洋之间的正常关系。

第三节 高等院校生态道德教育*

海洋生态道德建设是一项复杂的系统工程。海洋生态道德建设的有效途径主要有:全面开展海洋生态道德教育、实施海洋生态道德规范约束和努力推动海

---

* 本节作者雷新兰。雷新兰原文《浅析学校生态道德教育的意义》发表于《山东电力高等专科学校学报》。

洋生态道德社会实践,并将这三者协调起来,形成合力,才能推动海洋生态道德建设健康、持续地向前发展。重点要加强海洋生态善恶观教育、海洋生态正义观教育、海洋生态良心观教育和海洋生态义务观教育。要告诉人们在处理人与海洋的关系中,要尊重海洋生命、热爱海洋、保护海洋环境、促使海洋生态良性循环,以实现人与海洋的和谐统一;培养人们的海洋生态正义感,提倡为子孙后代保护海洋环境的可持续发展观,唤醒人们对自身的海洋环境行为尤其是对海洋生态环境的危害性的行为的反思,增强人们对海洋自然环境的美感、道德感和理智感,帮助人们在对待人与海洋的关系时要符合海洋生态道德的行为规范,并监督他人遵守符合海洋生态道德的行为规范,同一切危害海洋生态环境的行为作斗争;引导人们培养起自觉履行海洋生态道德义务的责任感,主动投身于保护海洋环境的实践中去,告诉人们在合理地占有和享用海洋资源的同时,还应当履行相应的责任和义务,既要对当代人的利益负责,也要对子孙后代的利益负责。

一、学校生态道德教育的价值

20世纪是人类社会发展的重要时期,科技的进步、生产力的发展、经济的繁荣、人口的增长等等这一系列的变化,是人类以前几个世纪所不可比拟的。但是,伴随着这些而来的还有环境的破坏、生态的失衡,这种破坏和失衡随着时间的推移愈益加深,人类为获得物质满足的极端行为终于危及人类自身存在与发展。生态危机的发生不得不使人类进行反思和谋求应对之策。科技、法律是人类首先寻求的解救之道。它们的运用使世界的环境问题在一定程度上和一定范围内收到了一定的效果。但是,不管是用科技解决生态环境问题还是用法律规范人们的生态环境行为,在某种意义上来说只能是治标不治本,因为,如果缺少新的价值观念的塑造和生存理念的培植、缺乏新的伦理素质的养成,生态问题也许能在一时一地解决,却不可能最终普遍解决。因此,人类在重新审视人与自然的关系时,应给自然以道德关怀,把人与自然的关系纳入道德的领域,构建生态伦理道德观。这种调整人与自然之间的关系的道德规范称为生态道德。它是人类保护自然、尊重自然的结果。

生态道德教育是指一定社会为唤醒人们的生态道德意识、培养人们生态道德情感、坚定人们生态道德意志和促进人们生态道德行为习惯的社会活动。它包括生态善恶观、生态良心观、生态正义观、生态义务观等几个方面的教育内容。生态道德教育可以分为正规生态道德教育和非正规生态道德教育两种方式。正规的生态道德教育主要是指学校生态道德教育,非正规生态道德教育主要是指家庭生态道德教育和社会生态道德教育。

为了提高人们的生态道德素质和培养人们的生态道德人格,必须通过各种渠道和途径,有计划、有步骤地开展生态道德教育。学校教育作为教育的主体,必然使学校生态道德教育成为生态道德教育的主体和核心。学校生态道德教育的产生与发展,是人类文明进程和道德教育发展的必然结果,它有着其他生态教育方式所不可比的优势和重要性。

(一)学校生态道德教育是生态文明呼唤的结果。

"文明乃人类的存在方式,文明产生与人类与自然的矛盾,这一矛盾不断推动文明前行"。人类的文明史经历了蒙昧时期和野蛮时期即前文明时代、黄色的农业文明时代和黑色的工业文明时代。在人类进入工业文明以前,虽还未开始大规模的人作用于自然的时代,但人类中心主义的观点在原始文明和农业文明时期也是主要的,可是由于当时的科技不发达,人类对自然的认识是很有限的,人类对自然只是敬畏和崇拜。随着科学技术的发展和人类对自然的神秘感的不断的"去秘",这种认为人是万物的主宰、凌驾于自然之上的"人类中心主义"理论,在现实中就表现为人类为了自身利益主宰、奴役、控制、征服、甚至改造自然的行为。在人类的利益高于一切的思想指导下,认为人类对自然的一切行为都是合理合法的,在这种理论指导下的行为导致的直接后果就是伴随物质文明进步的同时,人类的生存环境遭到严重破坏。因此,扬弃"人类中心主义",重新认识人与自然的关系,重新定位人类行为方式,改造原有的不合时宜的价值观及权利评判标准,科学理智地使用自己的权利,实现自然的价值和权利的回归,是现代文明——生态文明的标志。而在通向生态文明的进程中,生态道德教育承担着启蒙、开发、引导的先锋作用,它要倡导一种尊重自然、善待自然理性态度。同时也倡导一种保护自然、拯救自然的实践态度。开启人类的生态良知、开发人类的生态伦理潜能,开创人类的生态精神面貌。因此,进行生态道德教育,尤其是作为主渠道的学校生态道德教育,有助于形成人与自然和谐相处的良好氛围,使传统道德观与现代的科技精神相结合,推动人类社会向前发展,从而达到人的全面发展。

(二)学校生态道德教育是现代道德教育发展的需要。

道德一词的出现,在中国古代可追溯到殷商时期,从商朝出土的甲骨文中,已有"德"字,其用意还很广。在中国最早的典籍中,"道"是指事物运动和变化的规则,"德"是指对"道"的认识、饯行而后有所得。东汉时期的刘熙对"德"的解释是"德者,得也,得事宜也"。许慎说"德,外得于人,内得于己也"。这些都说明在中国古代,人们对道德就有认识。但是,传统的道德作为社会意识形态之一,它会随着经济的发展、社会生活的变化而变化。当人类进入工业社会以来,由于过度开采和掠夺性使用自然资源,无节制的污染和破坏环境的行为频繁发生,造成了严重的生态危机,这些问题直接危及人类的生存和发展。严酷的事实使人类不能不反思和重新审视人与自然的关系,把人与自然的关系纳入道德的领域,构建生态伦理道德观。我们知道,人与自然的关系是永恒的主题。马克思、恩格斯在一百年前就指出"人和自然是密切相连的,只要有人存在,自然史和人类史就彼此相互制约","人本身是自然界长期发展的产物,是在他们的环境中并且和这个环境一起发展起来的。"人与自然这种既统一又矛盾的关系,要求人类必须理性地对待人与自然的关系,并对人类的环境行为予以道德约束,这是道德发展的历史必然,是伦理史上的一次伟大的革命。它引起了现代道德的内容、规范、原则、方法等各方面的变化。自上个世纪中期以来,道德就开始了生态化过程,人类的道德内容中有了保护自然、协调生态系统的观念,学校生态道德教育的兴起和发展,是现代道德及道德教育发展的必然结果。

(三)学校生态道德教育既是解决人类生态问题的重要途径,也是培养"绿色公民"的需要。

面对日益严重的生态问题,具有意识能动性的人类,充分凸显了智慧的作用。科技、立法是解决生态问题首先提出的疗救之道。依靠科技的进步对于解决具体的环境问题是一个直接的、生动的、有效的举措,而环境立法也对于规范人们的环境行为也起到了立竿见影的作用。但是,受传统价值观指导的科学技术活动依然把"征服自然"作为主要的目的,而环境立法也是传统价值观的体现,往往表现为缺少人文价值的强权的压迫和控制。孟德斯鸠就曾经指出,法律不能牺牲公民的人性。为人立法也需要为自然立法,这些说明了改变人们的价值观的生态道德教育的重要性。而作为教育主体的学校生态道德教育,应对学生进行正确的生态哲学观和生态价值观的教育与引导,培养学生的生态道德情感,使其树立牢固的生态道德信念和坚定的生态道德意志,并养成生态道德行为习惯。让这些未来的科学工作者具有"绿色科学观",使科技为人类服务的同时也注意对自然和环境的保护。

另外,21世纪的人才是复合型的人才,是德智体全面发展的人才。"百年大计,教育为本"。提高人才的各方面素质是我国当前教育的主要任务。中共中央颁布的《公民道德建设纲要》中指出"提高公民道德素质,教育是基础。"作为道德发展的新内容,生态道德是新世纪人才道德的重要组成部分,缺少生态道德素质的人才就不是全面发展的人,缺乏生态道德的人格就是不健全的人格。因此,生态道德教育事实上就是素质教育内容之一,也就是说现代教育也要进行生态道德素质和生态道德人格的教育。从人才发展规律来看,青少年时代是一个人身心发展的关键时期,具有可塑性强的特点,他们一旦接受了某种价值观教育和道德信念,就会对他们的人生态度和行为产生终身影响,而人的这时期恰恰是在学校学习时期。这段时间是人生获得知识技能,培养情感和形成价值观,塑造品德和养成行为、习惯的"黄金时期"。今日之学子就是明天的栋梁之材。他们在学校是如何获得及获得什么样的知识、情感、价值观、行为习惯,基本上影响着他们走向社会后对待人与人、人与社会、人与自然的态度取向。

目前,一些发达国家在生态道德教育问题上已经积累了一些经验,在生态道德教育的内容、方法、规律上进行了有益的探索,同时把学校——这个教育的主阵地——作为生态道德教育的重中之重。作为一个发展中国家,我国的生态环境教育起步比较晚,从上个世纪七十年代开始我国政府和教育部门就关注生态教育问题,到今天为止,我国的学校生态教育的探索已经发展到从幼儿园、中小学校、到大学、研究生教育一整套初步适应我国国情的环境教育网络。生态道德教育成为生态教育、道德教育的重要内容之一,如 2001 年出台的《公民道德建设纲要》明确提出,社会公德涵盖了人与人、人与社会、人与自然之间的关系,保护自然既是其中内容之一。而且在学校生态道德教育的方式及教育的方法、手段上都取得一定经验。但是,无论从教育的状况还是从教育的形势的要求来看,我国的生态道德教育与世界相比,还是存在明显的差距和不足。所以,我国在探索学校生态道德教育时候,一定要根据本国自身的特点,注意吸取前人的经验与教训,积极参与国际的交流与合作,逐步形成成熟、健全、完善的学校生态道德教育体系。

二、生态道德教育的目标及其基本原则 *

任何道德教育都是时代的需求的产物,生态道德教育也是如此。自 20 世纪以来,伴随经济的发展而产生的日益困扰人类的重大的生态问题,如空气污染、资源枯竭、水土流失等,都已危及人类自身的生存与发展。面对生态危机,不同的领域、不同的学科都在寻找疗救之道。但从总体上看,人们主要是从科技、法律和伦理三个视角来谋求应对之策的。因此,世界各国科学工作者试图从科技层面解决生态环境问题而不断探索和研究,且随着科技的进步和科技成果的不断运用于环

---

* 本部分作者雷新兰。原文《浅析生态道德教育的目标及其基本原则》发表于《东华理工学院学报》(2006.9)。

境的治理和环境的保护,世界的环境问题在一定程度上和一定范围内收到了一定的效果。同时,各国政府和法律工作者一道,也通过不断加强环境保护的立法和相关法律、法规的实施工作,在规范和限制人们的生态环境行为、惩罚生态环境违法犯罪行为等方面也收到了一定的成效。但是,不管是科技解决生态环境问题还是用法律规范人们的生态环境行为,在某种意义上来说只能是治标不治本,因为"如果缺少新的价值观念的塑造,欠缺新的生存理念的培植,缺乏新的伦理素质的养成,生态问题也许能在一时一地解决,却不可能最终普遍解决"。总之,要彻底解决以天灾形式出现的灾难,还必须从人自身出发才能寻求合理的出路。人类应及时拓宽道德视角,重新审视人与自然的关系,给自然以道德关怀,把人与自然的关系纳入道德的领域,构建生态伦理道德观。这种调整人与自然之间的关系的道德规范就是生态道德,它是人类保护自然、尊重自然的结果。

环境保护,教育为先,作为现代德育的有机组成部分———生态道德教育,也必然成为人们关注的焦点。生态道德教育是指一定社会为唤醒人的生态意识、培养生态道德情感、增强生态道德意志和促使生态道德行为习惯的社会活动。它可以分为正规生态道德教育和非正规生态道德教育两种方式,正规的生态道德教育主要是指学校的教育,即把生态道德作为教育的内容之一纳入学校教育体系当中,使培养出来的学生具有生态道德素质和生态道德人格。非正规生态道德教育主要是指家庭教育和社会教育。为了提高人们的生态道德素质和培养人们的生态道德人格,必须通过各种渠道和途径,有计划、有步骤地开展生态道德教育。学校教育作为教育的主体,必然使学校生态道德教育成为生态道德教育的主体和核心。因此,探寻学校生态道德教育的目标及其基本原则,具有非常重要的理论和现实意义。

(一)学校生态道德教育的目标

学校是人才培养的主阵地,未来人们的素质如何直接影响一个国家和地区的发展,甚至整个世界的未来。以培养具有生态道德素质和生态道德人格的"绿色"人才为目的的学校生态道德教育,是学校道德教育的重要组成部分。它的教育目标主要包括以下几个方面:

1. 树立学生的生态哲学观及物本主义价值观

任何道德教育都是与时代的道德哲学密切相关的,时代的道德哲学要走向生活,变成人们的道德行为选择的指南,就必须通过道德教育。一个人有什么样的哲学观就会用什么样的态度和方法去看待和解决问题。所谓生态哲学观和价值观就是指人类对待人与自然的关系的态度及如何看待自然的价值的问题。学校生态道德教育就是要使学生树立正确的生态哲学观,使我们的学生在认识人与自然的关系和自然的价值的基础上,懂得自然界是人类生存的基础和前提,认识到保护地球上的生命和保护地球的环境同等重要。同时,要引导学生摒弃过去人类那种以自我为中心,充当自然界的"主宰",掠夺性地开发和使用自然资源及随意地破坏生态平衡的行为,使学生认清人类赖以生存的自然环境的系统性与整体性,正确地认识到人类对自然的依赖和自然对人类的包容。同时,要使学生树立正确的物本主义价值观,认识到自然界自身内在价值是自然界本身所具有的、不以人的意志为转移的客观存在,"这种独立于人类的、固有的价值表现在自然界是一种有序、一种格局,它组成了宇宙生命之网,正是这种不同层次的形形色色的生命之网共同维持着地球上各种功能正常的运转,保证了生命的持续繁荣"。自然界的这种和谐、稳定与秩序就是它内在价值所在,即物本主义价值观。

2. 呼唤学生的生态道德良知,培养学生的生态道德情感

一个人的生态道德良知主要是指让他们懂得与自然交往中的是非与善恶,对个人与社会的行为做出准确的道德判断,并自觉按照一定的是非标准来引导自己的意识和行为。而这一切都必须以正确的生态道德认识为基础。因为认识是行动的先导,没有正确的生态道德认识,就无法形成良好的生态道德行为习惯。因此,生态道德认识是生态道德教育的起点,是实现其他环节的基础和前提。呼唤学生的生态道德良知就是使学生理解和掌握人与自然之间的生态道德关系以及关于这种关系的原则、规范、理论,形成对影响生态环境的行为产生的爱憎、好恶的态度的生态道德情感。有了生态道德认识并不等于就能有生态道德行为,还必须有高尚的生态道德情操,否则,就不能自觉履行生态道德义务。学生时代是身心发展的关键时期,是情感处于尚不稳定的时期,也是培养情感的最好时期,因此,学校的生态道德教育在树立学生正确的生态哲学观和物本主义价值观的同时,必须把对学生的生态道德良知和生态道德情感的培养作为重要的目标之一,使学生树立起热爱自然、尊重自然、珍惜自然资源的生态道德。

3. 强化学生的生态道德意志,规范学生生态道德行为

生态道德意志是人们为了履行生态道德义务而克服内心障碍和外部障碍所作出的自觉的、坚持不懈的努力。大家知道,履行生态道德义务有时会遇到某些阻力,有时也会要牺牲自己的利益。这些来自客观和主观方面的困难,往往会使人情绪波动,使个人的欲望与生态道德的约束发生冲突。生态道德意志能促使人们排除各种干扰和阻力,坚持按生态道德要求来决定其生态道德行为。这种道德意志是克服各种困难的力量之源。因此,学校生态道德教育必须强化学生的生态

道德意志。并在此基础上,使学生的生态道德认知与生态价值判断统一起来,使学生的生态道德责任与生态道德义务统一起来,使学生生态道德良知与生态道德行为统一起来,做到言行一致、知行统一,做到自觉规范自己与自然交往的行为,并积极参与美化自然,促进环境良性循环发展的行动,培养一种与环境承受能力相适应的简朴的生活方式,自觉与破坏环境、破坏生态平衡的行为作斗争。

(二)学校生态道德教育的基本原则

为了实现以上目标,学校生态道德教育作为一种新的道德教育内容,必须坚持以下几个基本原则:

1. 坚持"一以贯之"的教育目标

所谓"一以贯之"的原则就是各级各类学校都要始终如一地坚持生态道德教育的目标,即"树立学生的生态哲学观及物本主义价值观,呼唤学生的生态道德良知和培养学生的生态道德情感,强化学生的生态道德意志、规范学生生态道德行为"。

为了实现这个目标,各级各类学校要根据不同时期的学生的心理发育特征、文化程度来具体安排生态道德教育的子目标及其教育内容。简单地说,基础教育阶段从小学—初中—高中(中等职业学校)到高等教育阶段——大学生—研究生,学生的心理发育由幼稚——尚未成熟——逐渐成熟,文化水平也由无知——少知——知识的逐渐理论化、系统化,所以,不同的阶段可以根据生态道德教育的目标而确定不同的有针对性的子目标,生态道德教育总目标是其子目标的基础和前提,而各子目标之间也是相互联系的,都是为了总目标而展开的。

2. 坚持"循序渐进"的原则安排教育内容

受教育者的教育内容的深度与广度如何,与受教育者的心理发育状态和文化程度相关,而作为教育的一个特殊部分的德育还与受教育者的思想道德发展水平密切相关,由此使其教育表现为特有的层次性和渐进性。学校生态道德教育尤其如此。要根据不同年龄阶段的学生的理解力、接受力、消化力、行为发展水平等情况,把学校生态道德教育的目标进行分解、细化,坚持由少到多、由小到大、由浅入深、由简单到复杂、由感性认识到理性认识的循序渐进过程。真正做到因人施教,因材施教。

3. 运用"多途径、广渠道、共同教育"的教育方法

自古以来,教育都是学校、家庭、社会三位一体的,也就是说,即使是学校教育同样也要家庭教育和社会教育相配合,学校生态道德教育更应如此。生态问题的紧迫性决定了生态道德教育的紧迫感,这就要求人类在进行生态道德教育时,必

须建立以学校教育为主、家庭和社会互相配合,多途径、广渠道共同来完成。同时在学校生态道德的具体教育方法上,也可以通过课堂教学、专题讨论、生态活动体验等多种方式进行。

4. 贯彻"必修与选修相结合、多学科渗透"的课程设置原则

生态道德教育作为环境教育的一部分,在我国尚未形成普修的有效机制。我们认为生态道德教育是必须的和紧迫的,并不代表要专门在学校的课程上设置一门新学科,这会增加学生的学习负担。我们知道,环境问题是极其复杂又相互影响的一张"网",它的产生原因是复杂而多方面的,这就决定了它的解决不能仅仅依靠某学科或某种简单、单独的方法。因此,学校生态道德教育也不能只依靠一门学科达到目标,如只依靠德育或地理学科来进行。而要多学科相互渗透,从不同的学科角度进行教育,使学生生态道德素质得以培养和提高。如语文可以从描写自然环境的优美的文章中让学生领会生态的美感,增进学生对保护自然的意义的认识,培养学生热爱自然、尊重自然的道德情感及爱护、保护自然,同一切破坏自然生态环境的行为作斗争的自觉性及信心和决心。数学可以从有力的数据方面解读人与自然的数字关系,如经济的增长和人口的增长与环境的破坏度、物种灭绝的速度的关系等等,让学生领会环境保护的紧迫感和增强学生保护环境的使命感。另外,美学、音乐、体育、经济学、技术等课程都是对学生进行生态道德教育的极好的课程。总之,各门学科都要从自身学科特点出发,从不同角度、不同侧面、各有重点、相互渗透地阐述、解读人与自然的关系,以此感染、感化学生,从而使学生在自觉与不自觉中养成生态道德素质和生态道德人格。同时,在高等教育阶段,可以采用必修与选修相结合的课程设置方式进行。必修课能使学生学到有关环境、生态的知识、技能、法律等知识及培养学生对自然正确的态度、价值观,而选修课又使一些对此有兴趣的学生能有进一步研究和探讨人与环境关系的、更深层次的、理论和实际问题的机会。

5. 构建"古为今用、融贯中西"的开放性教育体系

"在我国传统的伦理思想中,就萌生和蕴涵了丰富而深刻的生态道德思想,如"天人合一""爱物惜物,取以时度""真善美统一"等,因此在对学生进行生态道德教育时,要注意加强中华传统文化中的生态道德思想教育,吸其精华,去其糟粕,古为今用。另外,生态问题是一个世界性的难题,光靠少数的国家的力量或仅仅解决自己国内的生态问题是不利于解决整个人类的生态危机的,这就要求各国在进行生态道德教育时,既要关注本国的生态问题,也要兼顾全球的共同的生态问题。而且,在生态道德教育上,有些国家开展得比较早,积累了许多的宝贵的经

验,也取得了较好的成效。所以,我国学校生态道德教育要结合我国的实际情况,同时借鉴和吸收国内外的优秀文明成果,并且密切注意世界环保新动向和新举措,适时调整生态道德教育的目标、内容和方法,真正做到"融贯中西",使生态道德教育取得实效。

三、我国学校生态道德教育存在的问题及其成因分析*

生态道德教育又称环境道德教育,是指一定社会为唤醒人们的生态意识、培养生态道德情感、增强生态道德意志和促进生态道德行为习惯的一种社会活动。生态道德教育是培养人们树立起生态哲学观和生态价值观,促使人们形成生态道德素质和生态道德人格的重要途径。学校生态道德教育,是生态道德教育的主阵地,它把生态道德作为教育的内容之一纳入学校教育体系当中,从而使其培养出来的学生具有生态道德素质和生态道德人格。

从时间上说,我国的生态道德教育产生于20世纪70年代,经历了萌芽、发展和再发展三个阶段。并在生态道德教育的内容和教育方法上都做了有益的探索。虽然我国学校生态道德教育也在短时间内取得了一定成效,但是缺乏系统的、广泛的、正规的生态道德教育计划。我国生态道德教育主要是通过非正规教育方式进行,如媒体、社区计划等,且通常由政府予以支持,所以,我国的生态道德教育仍然处于一个较低水平的、不完善的境地。

(一)我国学校生态道德教育存在的不足

1. 在社会发展中,重视经济效益忽视社会效益和生态效益。在改革开放形势下,一些政府决策者过分迷恋市场经济效用,片面追求经济利益的最大化,而忽视社会效益和生态效益,缺乏可持续发展的意识,对环境教育和生态道德教育的价值和意义认识不足。这种生态环境意识观念淡薄,必然表现为一些政府决策者及一些教育主管部门对环境教育和生态道德教育重视不够,缺乏学校生态道德教育总体目标和规划,往往使这种教育停留在公众宣传水平上,而真正实施环境教育和生态道德教育的地方和学校并不多见。

2. 在环境教育中,重视环境知识和环境法规教育忽视生态道德教育。由于过分重视环境教育中的知识技能和法规的教育,而忽略生态道德教育,从而使教育明显表现出头重脚轻。以往的环境教育把重点无一例外地放在知识和法规教育上,忽视了对人们的道德意识和道德责任的培养,偏离或遗弃环境伦理道德、环境

---

* 本部分作者雷新兰。原文发表于《文教资料》(2006.5)。

价值观的教育。这种头足倒置的教育方法必然使环境教育只能是隔靴搔痒,达不到预期的效果。

3. 在生态道德教育中,重视生态道德教育的简单灌输忽视生态道德教育内容的设计和生态道德教育方法和手段的转换。在我国,生态道德教育内容如何设计、如何具体实施还处于探索阶段,尚未形成比较成熟的方案。在内容上,生态道德教育如何与其他学科相衔接、如何配置学校生态道德教育内容使之形成上下贯通的完整的体系等方面,还未形成有效的机制。如我国《公民道德建设实施纲要》中虽提到了"环境教育",但这些多附属于地理教学中,其教学内容和学时都受到限制,难以形成较完整的生态道德教学体制。特别是道德教育,我国长期以来只注重课堂灌输、认知的培养和知识的传授,缺乏对道德实践活动的影响的认识。而没有生态道德行为的体验,就使生态道德教育的认知成为空洞的理论,没有生态道德的行为也就没有生态道德情感的体验,没有生态道德行为的检验和锻炼,生态道德行为习惯也只能是空谈。

(二)我国学校生态道德教育问题存在的原因

1. 社会方面的原因

从客观来看,我国生产力水平低,经济欠发达,这种情况直接导致我国普遍存在的落后的物质生产方式,如"毁林开荒""毁草造田""刀耕火种"等破坏自然生态的事时有发生,这不但直接毁坏了环境,而且在客观上对我国学校生态道德教育产生很大的阻碍。我国人口众多,到目前为止,我国人口总量已经超过十三亿。庞大的人口数量给我国环境、资源造成巨大的压力,同时也给我国生态道德教育带来前所未有的困难。我国公民整体素质低下,且环境意识和环保观念淡薄。我国公民的受教育程度偏低,特别是"老少边穷"地区,文盲和半文盲数量比重较大,当地有些领导不重视生态道德教育,有些领导干部对生态道德教育说起来重要,做起来次要,忙起来不要。

就主观而言,一些单位和个人在对待经济发展和生态环境保护关系上存在着明显的偏差。由于缺乏生态道德素养,在市场经济条件下,经济的"趋利性"成为一些人的主导思想与行动目标,于是出现了某些地区、某些部门或个人,片面追求经济发展的速度和强调经济效益,而忽视社会效益和生态效益现象。他们为了本地区、本部门的局部利益或一己私利,不惜牺牲全局和整体利益,甚至只顾眼前利益而不顾长远利益。他们不惜一切手段,急功近利,竭泽而渔,掠夺性使用和浪费自然资源,破坏生态环境。在这样的思想指导与目标的驱动下,必然会出现忽视教育尤其是生态道德教育的现象。

2. 教育本身的原因

首先,教育指导思想的偏离。我国现代的教育指导思想是与现代工业文明相互促进、相互影响中发展起来的。在"人类中心主义"理念影响下,工业文明在给人类带来巨大的物质财富的同时,也不断给人类带来灾难,如资源枯竭、环境污染、生态破坏等等。就如工业文明的发展有其自身的缺失一样,教育也偏重于为工业发展服务,我们的教育目标指向单向度的人,即"经济人"和"工业人",由此而来的是教育的性质、功能、内容、方式都"工业化"。在这种偏重于为工业发展服务的教育指导思想影响下,我们的教育长期以来重技术轻人文,重功利价值轻伦理价值,重视眼前利益轻长远利益。且这种缺少人文关怀的教育指导思想,在对于日益严重的生态危机治理问题的认识上,也认为只要依靠技术、法律、经济管理、企业运作等方面的努力就能解决。事实证明,这些只是"治标不治本"的办法,重技术和知识我们不能说它不对,但仅仅依靠技术和知识的力量是远远不够的,尤其是只重视知识而轻伦理的思想不但是无利的而且是有害的。对于生态危机这样的问题的解决就更是如此。

其次,教育体制的缺陷。在现在的教育中,传统的应试教育还是占主导地位,而包括生态道德素质在内的素质教育还没有全面地、真正地开展起来。尤其是在市场经济条件下,竞争的加剧导致人才的竞争主要体现在知识、技能上而不是素质方面。各用人单位看重的是人才的"硬件"(知识、技能水平)而不是"软件"(道德水平),这种对人才需求的偏好,加剧了学校素质教育的难度,影响学校素质教育的进度,挫伤学校素质教育的积极性。所以,即使各教育主管部门、一些教育工作者和关心教育前途的人们提出学校教育要重视"素质教育",要培养高素质人才,但真正实施起来就会遭到来自社会、家庭、教师甚至学生自身等各方面的阻碍,使素质教育容易流于形式,在教育内容、教材和方法等方面都没有实质性的突破和改变。因此,作为素质教育的重要内容之一的生态道德教育根本无法真正实施起来。

再次,教育投入太少,分配比例倾向于城市。中华民族虽然自古以来就是一个崇尚、重视教育的民族,正如古语"万般皆下品,唯有读书高"。但由于种种原因,我国的教育投入一直徘徊在国民收入的百分之四以下的水平,远低于世界的百分之五点一的平均水平。加上新中国成立以来奉行的城乡"二元"管理结构,使本来就囊中羞涩的教育部门,把有限的教育资金主要投入到城市教育部门,致使广大农村地区特别是老少边穷地区教育资金严重短缺,大大影响了教育部门尤其是农村教育工作者的积极性,从而直接影响到受教育者的数量和质量。作为教育新内容的生态道德教育更无暇顾及,也就谈不上学生生态道德素质和生态道德人格的塑造了。

3. 教师队伍的原因

从现有的教师队伍来看,教师普遍缺乏生态道德素质和生态道德人格。由于众所周知的原因,现有的教师都是在过去的教育思想和教育体制下培养出来的,是典型的"单向度"人,即仅仅具有为生产服务、为经济服务的观念,因此,他们必然带有只向自然索取、征服自然、改造自然而缺乏对环境实施保护的思想。因为他们不具备新型教师必备的生态道德素质和生态道德人格,他们往往也存在生态道德认识不全、生态道德情感缺失、生态道德意志不坚、生态道德行为缺乏的问题。现有的教师在这些方面的缺失,必然会导致教师对生态道德教育的重视程度不够,致使教师要么忽视对学生进行生态道德教育,要么即使有这方面的教育也是"轻描淡写""蜻蜓点水"似地进行,至于生态道德教育的理论与实践的广度、深度和强度等方面都存在着明显的不足,这是最终导致现有学校培养出来的学生缺乏生态道德素养的重要原因。

四、高校海洋生态环境道德教育[*]

经济发展和环境保护一直是困扰人类社会的难题。在未来的经济发展中,遵循内陆、沿海以及海洋经济可持续发展的要求,按照自然生态法则构筑新的经济运行机制,以达到最大限度地降低消耗,减少污染,改善海洋生态环境,不仅仅是一个技术命题,更是一个关系到环境道德教育的哲学命题。1992年6月联合国环境与发展大会上发表的《21世纪议程》中指出:"教育是促进可持续发展和提高人们解决环境与发展问题的能力关键,教育对于改变人们态度是不可缺少的,对培养环境和族裔意识、对培养符合可持续发展和社会大众有效参与决策的价值观和态度、技术和行为也是必不可少的"。党的十八大报告中明确提出要"提高海洋资源开发能力,发展海洋经济,保护海洋生态环境,坚决维护国家海洋权益,建设海洋强国",这是我党首次将建设海洋强国提升至国家发展战略的高度,为我国海洋事业发展指明了前进的方向。在2013世界海洋日纪念大会上,国家海洋局局长刘赐贵表示,建设海洋强国,要把海洋生态文明建设摆在突出位置,尊重自然、顺应自然、保护自然。所以,在高校开展海洋生态道德教育,是社会主义海洋生态文明建设的重要任务,也是实现海洋强国的必然要求。

---

[*] 本部分作者黄丽红。

(一)加强高校海洋生态道德教育的重要性

海洋生态道德教育是一种新型德育,不仅要求人们要正确处理好人和人、人和社会之间的关系,更重要的是要求人们在进行海洋开发活动时,要正确处理好人海关系,自觉维护海洋生态环境,保证海洋和人类可持续性发展。21世纪是海洋的世纪。1992年6月联合国环境与发展大会通过了《21世纪议程》,指出海洋是全球生命支持系统的一个基本组成部分,是一种有助于实现可持续发展目标的宝贵财富。可见,海洋是人类赖以生存和发展的一个重要空间,开发利用海洋是解决世界人口增长、资源短缺、环境恶化这三大全球性难题的一条重要出路,海洋已经成为世界各国竞相争夺的主战场。许多国家包括我国都已把开发利用海洋资源作为占据21世纪制高点的战略选择。但随着海洋经济的迅猛发展和海洋开发力度的不断加大,海洋生态环境遭到严重破坏,面临着海洋灾害频发、海洋生态环境污染、渔业资源衰退、海洋生物多样性减少等问题的威胁。在未来的社会发展中,遵循海洋可持续发展的要求,改善海洋生态环境,是一个关系到人类生死存亡的问题。要想改变这种现状,必须加强海洋生态道德教育。《21世纪议程》中指出:通过教育,可以改变人们的态度,培养环境和族裔意识,促进可持续发展和提高人们解决环境与发展问题的能力。大学生作为未来中国发展的主力军,应有更为强烈的海洋生态环境忧患意识和责任意识。所以,在高校中开展海洋生态道德教育,普及海洋生态环保知识,增强大学生海洋生态环保意识,帮助大学生树立正确的海洋生态道德观,促进人海和谐具有十分重要的意义。

1. 有利于促进海洋生态环境的保护

国际的海洋环境问题主要有:沿海海平面上升、海岸侵蚀、海洋污染和海洋生态环境恶化。我国的海洋生态环境形势也不容乐观,据国家海洋局发布《2010年中国海洋环境状况公报》显示:近岸局部海域水质污染严重,劣四类严重污染海域面积约4.8万平方公里,比2009年增加1.8万平方公里。"十一五"期间,长江、珠江、钱塘江、闽江等主要河流携带入海的污染物总量年均达1000万吨以上。2010年,处于亚健康和不健康状态的海洋生态监控区分别占76%和10%。"十二五"时期,我国新一轮沿海开发规划陆续实施,我国沿海地区社会经济必将迅猛发展,这也将给近岸海域生态环境带来巨大的压力。如果不采取有效措施,近岸海域日益恶化的生态环境将成为沿海地区经济发展的制约性因素,成为中国社会生存和发展的最大威胁。大学生作为海洋生态文明建设的生力军,应当具备符合时代发展要求的海洋生态环境道德理念和道德素养。高校应积极主动地将海洋生态环境道德教育纳入德育体系之中,帮助学生树立海洋生态环境道德信念、培养海洋生态环境道德情感、确立海洋生态环境道德原则,从而在他们处理人与海洋的关系时,能够自觉遵守海洋生态环境道德,并通过自己的表率行为带动全民海洋生态环境道德观的养成。

2. 有利于实现海洋的可持续发展

可持续发展就是指经济、社会、资源和环境保护协调发展,它们是一个密不可分的系统,既要达到发展经济的目的,又要保护好人类赖以生存的大气、淡水、海洋、土地和森林等自然资源和环境,使子孙后代能够永续发展和安居乐业[4]。海洋可持续发展是可持续发展概念在海洋领域的具体体现,其基本内涵是:利用现代科学技术和物质装备手段,适当地选择海洋开发方式和资源利用模式,科学合理地开发利用海洋资源,保护生态环境,使海洋具有长期持续发展的能力,确保当代人及后代人对海洋产品的需求得到满足[5]。目前我国海洋开发中存在着急功近利、掠夺式经营的情况,造成资源极大浪费、环境污染极其严重等问题,海洋可持续发展面临着前所未有的危机和挑战。在这种严峻的形势面前,就必须提高海洋资源和海洋环境保护意识,树立"海洋资源可持续利用"观念,形成关心海洋、保护海洋,使海洋能够长期持续地为社会造福的局面,而这些只有通过教育才能实现。

3. 有利于推动高校新型德育工作的开展

海洋生态环境道德教育是一种新型的道德教育活动,在我国还处于起步阶段,虽然海洋生态环境道德已成为我国环境伦理学领域内广泛关注的问题,但国民受"重陆轻海"的观念影响太深,导致海洋生态环境道德教育在我国得不到大众的认同。长期以来,我国的高校德育的内容,主要是围绕如何处理自己与他人、集体、社会、国家的关系而展开,相对忽略了如何处理人与海洋关系的教育,即使是现有的海洋生态教育,也大都只停留在有关海洋自然科学层面上,致使我国高校海洋生态环境道德教育存在着理论研究滞后、思想上重视程度不够、学科体系不健全等弊端。在知识的传授上,没有把海洋生态环境道德教育作为重点来进行。海洋生态环境道德教育的现状导致大学生海洋生态环境意识淡薄,海洋生态环境道德素质总体不高,价值观念、思维方式、行为习惯、生活方式和消费模式都与实施海洋可持续发展战略不协调,与海洋生态文明建设的要求不协调,要想改变这种现状,高校必须肩负起海洋生态环境道德教育的重任,培养大学生的社会道德责任感,促使他们成为全面发展的人。

(二)海洋生态环境道德与海洋生态环境道德教育

环境道德是人们在处理与周围自然环境的关系时应遵循的道德准则和应具

备的道德品质,是指人对自然的道德。它包括人类在处理自己与自然之间关系时,什么是正当合理的行为,人类对于自然界应当承担什么样的义务等问题,强调人与自然和谐统一。人们将环境道德观应用到海洋这个层面上时,则是主张人类应对海洋起保护作用和应当负有道德代理人的责任,强调的是人与海洋和谐统一。海洋生态环境道德是指为了维护海洋生态平衡和保证人类的可持续发展、协调人与海洋的关系的道德规范的总和,是人们在对待海洋环境时所必须遵循的道德准则和行为规范,反映了人对海洋、对人类社会应承担的道义和责任。海洋生态环境道德教育是指教育者唤醒受教育者海洋生态环境保护意识,使受教育者理解人与海洋相互依存、和睦相处的关系,发展解决海洋生态环境问题的技能,树立正确海洋生态环境价值观的教育活动。海洋生态环境道德教育的目的在于使人们的海洋生态环境道德观念转化为海洋生态环境道德实践,从而使人们自觉按照海洋生态环境道德的要求来处理好人与海洋的关系。

(三)高校海洋生态道德教育对策探讨

教育是一项系统工程,需要全社会的共同参与。海洋生态道德教育作为一种新型的道德教育,需要建立健全学校、家庭、社会三位一体的教育体系,充分发挥学校、家庭、社会三位一体的教育作用。

1. 学校教育是开展高校海洋生态道德教育的主要途径

(1)加强海洋生态道德教育

海洋生态道德教育作为新型道德教育活动,是思想政治教育中不可或缺的组成部分。大学生是未来社会的栋梁,其海洋生态道德素质的高低直接影响着我国的海洋生态环境保护与海洋可持续发展的顺利进行。高校作为教育的主体,肩负着海洋生态道德教育的主要职责。由此,高校应该采取各种办法,优化海洋生态道德教育体系。关于这个问题,本人已经做了阐述。教师在整个教学工作中要自始至终贯彻海洋生态道德教育理念,普及海洋生态环保知识,培养学生海洋生态环保意识,促使学生养成良好的海洋生态道德习惯,帮助学生建立正确的海洋生态价值观与海洋环境伦理观。

(2)注重海洋生态道德实践活动

加强高校的海洋生态道德教育,应尽可能地使学校与家庭、社会相联系,充分发挥社会实践在海洋生态道德教育中的重要作用。高校在开展海洋生态道德教育时,要特别重视海洋生态道德实践活动。一是聘请相关学科的知名专家、教授作专题讲座,使大学生了解所在社区与地区重大海洋生态环保问题,增加大学生对海洋生态道德的认知并投身到保护海洋生态环境的活动中去;二是建立生态环保社团,通过校园广播、校园板报和校园网络等方式来宣传和传播海洋生态环保知识与海洋生态文化;三是利用各种以海洋为主题的活动,开展宣传教育工作。四是沿海院校的学生可参与到更为具体的"海上环保行"活动中去,切实体会海洋生态环境保护的重要性。通过海洋生态道德教育实践活动,激发大学生的海洋生态道德情感、道德意志、道德信念,强化海洋生态环保意识,提高社会责任感,进而自发地产生热爱海洋、保护海洋生态环境的行为。

2. 家庭教育是开展高校海洋生态道德教育的起点

现代教育理论强调家庭教育与学校教育、社会教育是相辅相成、互为补充的关系。在这三者中,家庭教育是重要环节,是整个教育的基础和起点。家长是每个人的第一任老师,大学生在成长过程中无形地受到父母的影响。研究表明:一个人能否成才,是不是一个道德高尚的人,与其家庭环境和教育有相当大的关系。家长潜移默化的作用是无法估量的。高校开展海洋生态道德教育,必须重视家庭教育。家长应该掌握基本海洋生态常识,重视海洋生态保护,在日常生活中注重以正面的良好形象对子女进行言传身教。只有在这种氛围中,大学生才会更容易形成海洋生态道德意识,树立正确的海洋生态道德观念,在实践中自觉履行海洋生态道德行为。作为家庭成员,大学生也肩负着提升家人海洋生态道德意识的责任,可以通过自己的行为带动家人,帮助家人加入到关注海洋、热爱海洋、保护海洋和发展海洋事业的行列中,为实现海洋的健康、可持续发展而共同努力。

3. 社会教育是学校教育、家庭教育的重要补充

尽管目前在整个教育体系中社会教育还处于辅助和补偿地位,但也具有不可替代的作用。

(1)加强全民海洋生态道德教育,营造良好的育人氛围。

由于历史上明清两朝政府缺乏对海洋的足够认识,视海洋为畏途,长期采取"禁海"政策,造成我国社会上不同人群的海洋生态道德意识淡薄、海洋生态道德素质低下的现象。在海洋生态道德意识整体薄弱的大环境下,一些地方在开发海洋发展海洋经济时,仍然沿用粗放型的发展观念,导致我国海洋生态环境遭到严重破坏。而且许多人对于日趋恶化的海洋生态环境熟视无睹、置若罔闻。为了提高全民海洋生态道德素质,相关部门必须运用网络、电视、广播等新闻媒体大力对全民进行海洋生态环境保护、海洋生态道德的普及宣传教育工作,让全社会都重视和行动起来,形成爱护海洋、崇尚海洋生态文明的社会风气,为高校的海洋生态道德教育营造良好的育人氛围。

(2)加强法制宣传教育,创建良好的法制环境。

党的十四届六中全会决议指出:"社会主义道德风尚的形成、巩固和发展,要靠教育,也要靠法制。"人们海洋生态道德的行为选择,光依靠道德教育和道德力量是难以达到预期效果的,还应该运用法律手段来保护海洋生态环境。所以,一方面国家立法部门应制定和完善海洋生态环境保护法律、法规,把社会上一些道德难以约束的严重破坏海洋生态环境的行为,纳入到国家法律调整的范畴,运用法律武器,严厉打击破坏海洋生态环境的违法犯罪分子,净化海洋生态道德环境,为高校开展海洋生态道德教育提供强有力的法制保障。另一方面,充分利用广播、电视、报刊、网络等媒体向全民大力开展海洋生态环境保护法律、法规的宣传教育以及触犯海洋生态环境法律、法规的警示教育,为高校海洋生态道德教育创设良好的法治氛围。

总之,学校、家庭和社会教育是高校海洋生态道德教育体系中的三大组成部分,任何一方的教育力量都不能忽视。高校在开展海洋生态道德教育过程中必须注重这三者相互合作、相互协调的关系,形成学校、家庭和社会教育三位一体的教育网络,帮助学生形成海洋生态文明意识,促进我国海洋可持续发展战略顺利进行,最终实现海洋强国的战略目标。

参考文献

[1]恩格斯:《反杜林论》,人民出版社1971年版。

[2]余正荣:《中国生态伦理传统的诠释与重建》,人民出版社2002年版。

[3]雷毅:《生态伦理学》,陕西人民教育出版社2000年版。

[4]曾天:《关于马克思主义哲学的人文关怀问题》,载《长春理工大学学报》,2012年第7期。

[5]曾建平:《环境哲学的求索》,中央编译出版社2004年版。

[6]白智宏:《中国传统伦理中的环境道德思想》,载《西南师范大学学报:人文社会科学版》,2001年第4期。

[7]王民:《环境意识及测评方法研究》,中国环境科学出版社1999年版。

[8]曾建平:《试论环境道德教育的重要地位》,载《道德与文明》,2003年第3期。

[9]聂振缨:《对大学生进行环境道德教育的重要性及途径》,载《宁教育学院学报》,2002年第3期。

[10]毛秀芹:《对中小学生生态道德行为的思考》,载《当代教育科学》,2003年第6期。

[11]黄丽红:《加强高校海洋生态环境道德教育的思考》,载《广州航海高等专科学校学报》,2012年第2期。

第二篇 02

特色经验篇

  高校德育工作肩负着形塑、完善大学生理想与信念、世界观、人生观、价值观的重要使命。作为一所航海类高等院校,培养政治素质过硬、专业技能突出的高素质人才是立校之本。长期以来,我们始终坚持围绕高校德育工作的主要目标,拓展挖掘航海类院校德育工作的特色与优势,逐步形成了以爱国主义为核心,以民族精神为主线,以航海意识、海洋意识和海防意识为主体的航海思政德育特色。思政部在具体教学过程中积极探索,锐意进取,取得了良好的成效:1. 结合航海类院校的行业性、国际性、国防性,突出理想信念教育,形塑航海人的爱国情怀;2. 发挥航海类院校教研活动的主观能动性,突出对优秀航海思想文化的传承与拓展,营造多元立体的校园航海思想文化。

第一章

特色校园文化建设

岭南地区位于中国大陆的边缘,毗邻港澳和东南亚,社会多元化特征明显,经济发展水平高。因为岛屿众多,海岸线长,自古以来海上交通和内河运输十分便利,便于走向世界,接受海外先进文化。广州航海学院因海而生、应运而兴,作为岭南地区航运人才培养的教育高地,是行业特征鲜明的航海类高校,其办学的主要任务是为航运业及其相关行业培养并输送符合国际、国家海船海员标准的高素质应用型人才。学院一直以来就有着准确的自身定位。在长期的办学实践中,学院秉承"蓝色"理念,坚持特色立校,依托行业办学,积极探索具有鲜明航海特色的办学道路,逐渐形成了具有鲜明"行业性、国际性、国防性"的办学特色。学院以学校的办学特色和发展目标为基础,以社会主义核心价值体系建设为核心,传承和弘扬"蓝色"文明,精心培育具有厚重航海文化底蕴的特色校园文化。我院在校园文化建设的实践过程中自觉融入区域经济社会发展的大局,因地制宜,除了关注一般高校校园文化的基本特征外,更积极吸收了航运行业文化形态的精髓。此外还注重从我国悠久的航海历史和灿烂的航海文化中汲取有益的养分,弘扬航海精神,传承广融博纳、开放包容的海洋文化特质,并自觉把握我国加快实施海洋战略的时代律动,创造性地建设具有时代感、使命感和感召力的蓝色海洋文化,努力适应国家经济社会对外开放的文化要求,彰显了航海类院校校园文化的特色和亮点。

第一节 我院航海特色校园文化的内涵及功能

一、我院航海特色校园文化的内涵

航海文化是航海者在漫长曲折和充满风险的航海实践过程中,所获得的生产技能以及创造的物质、精神财富的总和,是文化传承的重要元素。它包括海上航运、海上贸易、海上捕捞、海上军事活动以及航海意识和政策、航海科学技术、航海精神、航海宗教民俗、航海文学艺术等诸多方面的内容。航海文化是航运强国的内在精神与素质,是一国成为航运强国的内在动力和外在表现,是航运强国始终保持旺盛生命力的源泉。建设航运强国,必须打造航海文化,弘扬航海文化。

我院地处广州,在唐宋时期就有了全国最发达的海洋贸易,航海文化历史悠久,航海文化资源非常丰富。汉武帝时期开辟的两条国际航线之中,就有一条是从番禺(今属广州市)、徐闻、合浦经南海通向印度和斯里兰卡的。[1] 郑和七次下西洋每次都经过广东。地理位置的独特、航海文化的灿烂、航运事业的壮大给学院的发展注入了无限的生机与活力,也给学校校园文化的积淀赋予了丰厚的底蕴。

我院是华南地区唯一一所独立建制的航海高等院校,校园文化的航海特色是在学校发展过程中形成的反映航海历史、航海本质要求和航海人特质,同时作用于航海人才培养目标的一种育人氛围和精神。它直观地表现为校训所述的"勤学、善思、厚德、求新"这八字标准,蕴含了航海人特有的团结协作、吃苦耐劳、爱国奉献、海纳百川的品质要求。我院校园文化的航海特色对学生的世界观、人生观、价值观所产生的潜移默化的影响,是任何课程所无法替代的。它极大地提升了学校的文化品位,有助于学生认识海洋、了解海事、关注海运,普及蓝色国土的国防意识和绿色海洋意识,让学生产生航海愿景,并进而形成职业认同感和归属感。

---

[1] 黄小彪:《制定港口经济发展战略培育广州经济新的增长极》,载《港口经济学》,2009年第8期。

二、我院航海特色校园文化的功能

具有航海特色的校园文化是我院航海人才培养目标和要求的内在统一和外在反映,它所具有的功能主要表现为对我院师生所产生的影响,而这种影响是一个"水滴石穿"和"润物细无声"的过程。

(一)教育功能

具有航海特色的校园文化无疑在我院航海人才培养过程中发挥着极其重要的教育功能。我院自建校以来即实施半军事化管理,这锻炼了学生的一种作风,培养了一种行为习惯,凝聚了一种精神,培养了一种气质和唤醒了一种意识。我院积极向上的航海物质文化和高雅的精神文化潜移默化地启迪了学生的思想,培养了学生热爱航运事业的情怀,激发了学生的责任感和使命感。规范化的航海制度文化强化了学生的服从和执行意识,这是学生可以受用一生的精神财富。

(二)教化功能

我院将航海文化符号注入各种宣传标识的设计中,校园的情景布置广泛使用各种航海技能训练器械及各类实体模型,并刻意为校园建筑景观以具有航海特色的命名。使学生每天反复接受"航海"的感官刺激,从而不断地摄取航海精神和品质,激发蕴藏于内心的潜能。我院把职业道德的敬业精神、专业文化及做人的道理,经过具体的人、事、物,通过形式多样的校园文体活动传授给学生。论道而不说教,达到使学生自觉接受和学习的目的。这样我院颇具航海特色的校园文化使无意识和有意识的心理活动有机地统一起来,拓展信息刺激的容量,对学生起到了很好的教化作用。

(三)教改功能

随着船舶大型化、自动化的发展,带来了船员交流的国际化。船员素质的高低是制约各国航运业发展的根本所在。船员素质的培养离不开航海教育,更离不开航海校园文化的熏陶。我院坚持以学生为本,积极打造校园航海文化品牌,筹划具有航海文化特色的活动,围绕专业技能开展各类技能竞赛,通过营造校园航海文化的软环境改革以往传统教育培养模式。航海院校"师资"队伍建设也是航海人才参与国际化竞争的关键。我院采取"走出去、请进来"的办法,通过重点引进或与国外院校联合培养等多种途径,加大师资培养的力度。同时,通过制定鼓励政策,支持专业教师定期上船工作,这样既能拓宽视野,调整知识结构,又能及时了解和把握行业最新技术和动态,在最短的周期内实现对学生知识传授的更新。

第二节　我院航海特色校园文化建设的思路*

建校五十年来,我院在不同时期的摸索和实践中,逐步形成的特色校园文化具有行业性、地域性、国际性和海洋性等特质。我院航海特色校园文化建设的思路是:彰显航海文化内核,实施校园文化与行业文化的对接,推进校园文化和地方文化的融合,努力拓展跨文化交流与合作;提升校园文化的学术含量。

一、注重形象识别设计,彰显航海文化内核

对校园文化进行有效的形象识别设计不仅可以传达出校园文化的精神与特质,对于提高办学质量、发挥校园文化的育人功能也大有裨益。航海文化是航海特色校园文化建设的主旋律,因此,我院航海特色校园文化的理念、视觉、行为三大识别系统都是围绕航海文化来进行设计的。

(一)理念识别系统

校园文化理念识别系统是校园人共同理想和价值取向的反映,是校园文化中最本质的内容。我院航海特色校园文化理念识别系统十分注重航海文化内核,使之内化为我院的性格、精神、意识、思想、语言和气质,并且一脉相承,延绵不断。我院成立了航海文化研究中心进行航海文化建设专题研究。在梳理办学历史脉络、探寻文化精神源流、把握时代发展脉搏、凝聚文化内核的基础上,我院确定了"勤学、善思、厚德、求新"这一寓意深远的校训和题为"象海燕一样展翅飞翔"的校歌。校歌歌词"大海一样的胸怀,钢铁一般的意志,继承黄埔精神,心系祖国闯世界……"洋溢着浓郁的航海文化气息,激励着我院师生奋发向上,扬帆起航。

(二)视觉识别系统

校园文化视觉识别系统是校园文化理念的静态表现形式,运用清晰而简洁的视觉传达沟通技术,以标准化、系统化、统一化的手法,精心设计学校的各种内外宣传标识,包括校徽、校标、信封、稿纸、校服、学报、墙报、工作名片、工作记录本、校园网、交通、设备、建筑等。我院在引入视觉识别系统方面,广泛使用航海文化符号,如救生艇、螺旋桨、灯塔、罗盘等各类实体模型,悬梯、桅杆、跳水台等各种航

---

* 本节作者黄咸强。

海技能训练器械,以"海燕广场""航海楼""轮机楼""港航楼"等为代表的具有航海特色命名的校园建筑景观。当然,我院形象视觉设计还需进一步深化和完善,文化形象有待进一步获得广泛认同。

(三)行为识别系统

校园文化行为识别系统是校园文化理念的动态表现形式,体现在全校师生员工的行为活动中。我院在航海科技节、航海文化节、航海日、海洋宣传日、航海夏令营等常规活动和航海类学生的日常半军事管理中挖掘内涵、提炼主题、培育精品,形成了有鲜明航海文化精神特质的行为识别系统。当前,我院的着力点如下:一是用文化浸染半军事管理模式的实现。通过文化的浸入与创设解决师生对半军事管理的管理理念、系统结构的能动、操作方法的互动等问题的认同,提升半军事管理的文化品质,锤炼成具有校情特色、航海特性的半军事管理文化品牌。二是项目化运作"海洋观"特色文化体系教育系列活动。通过整合校内资源,对我院开展海洋观教育进行项目化运作,将其放在学校整体办学方向、办学特色和人才培养目标的大背景下来实施操作,真正实现了海洋观教育立意高远、内容专业、形式多样、成效显著,成为我院蓝色海洋文化的品牌。

二、把握行业性特征,实施校园文化与行业文化的对接

我院航海特色校园文化建设不仅培养学生具有超越性的文化品位和终极价值追求,还要让学生充分了解和接受航运业文化形态,使他们未来能更好地实现从"校园人"向航运"企业人"的转变。我院从自身实际出发,把握了以下两个切入点:一是把课程文化建设作为校园文化与行业文化对接的突破口。在课程文化建设上以社会需求为导向,适时调整和更新专业结构和课程结构,使专业设置和课程开发、教学内容与教学方法等诸方面反映出行业和企业需求的脉搏,按照行业企业的要求组织教学活动,并参与企事业单位新技术、新产品的开发等。二是把各类课外科技创新活动作为校园文化与行业文化对接的有效载体。主动邀请行业企业精英进校园开展企业文化讲座、先进事迹报告会、学生职业生涯辅导等活动,将行业企业的职业要求纳入校园文化素质教育中;定期举行与行业特色接轨的科技文化活动,如我院举办的航海技能大赛、港航文化节、物流文化周、航模制作大赛等,既包含一定的专业知识和技能要求,同时紧密结合行业的发展现状,使学生在提升专业素养的同时又培育了良好的职业素养,从而自觉关注行业的发展态势。这些活动,进一步凸显了校园文化的行业文化特色。

三、立足地域性特点,推进校园文化和地方文化的融合

每一所高校所在地的优秀文化和灿烂历史,是其校园文化的源头活水。我院一直致力于拓展有效途径实现校园文化和地方文化的融合。首先主动将地方优秀文化纳入校园文化活动视野。组织师生参观地方历史文化展览和自然文化景观,激发师生对地方文化的认同感与归属感;组织学生参加地方社会实践活动,促进校园文化向周边地区辐射,同时将优秀的地方文化带入校园。其次充分研究利用地方独特的历史文化资源,并把其开发转化成具有学校特色的人文素质教育课程,并开发打造成学校特有的校园环境文化。第三,积极寻求与地方相关部门的合作,最大限度地实现教育资源与地方经济、政治、文化资源的整合,搭建校园文化与地方文化融合的平台。我院地处广州黄埔,广州历史文化底蕴深厚,是世界性海洋贸易中心;黄埔作为广州海洋文化的发祥地,依托港口优势,正在建设现代化滨江城区。学校积极与黄埔区委区政府合作共建动漫产业平台、黄埔数字科技园区和南海神庙文化研究中心,与黄埔区政府合作完成《广州海事博物馆文本设计》横向课题,承办广东省首届岭南民俗文化节之"风雅颂歌"活动,组织社科教师团队参与岭南水神文化研讨,组织学生参加广州民俗文化节暨黄埔"波罗诞"庙会文化活动等,这就促进我院成为地方先进技术研发应用的中心和教育文化的中心,并在学校与地方的文化互动中形成自己独有的校园文化特色。

四、体现国际性特性,努力拓展跨文化交流与合作

航海教育的国际性特性与当前高等教育国际化发展趋势不谋而合。我院与时俱进,注重与世界进行跨文化交流与合作,借鉴国际先进的航海教育思想,以促进航海特色校园文化建设的科学发展。首先利用自身优势条件,采取各种措施,与国(境)外航海教育机构开展合作办学,积极参与具有较高权威性的国际学术活动。其次利用地缘优势,积极参与区域性国际组织举办的各种航海教育培训活动,在决策、咨询和服务方面提供更多智力支持。第三,创造条件,鼓励和支持优秀的航海类专业教师和研究人员参与各项国际活动,以此来密切我院航海教育与国际航海教育的联系。

五、突出学科专业优势,提升校园文化的学术含量

将校园文化建设置于人才培养的大背景下,学科专业文化是高校校园文化的重要组成部分。依靠学科专业优势,建设高品位校园文化,提高校园文化的学术

含量,是高校形成办学特色的基石。我院在多年的建设和发展过程中,形成了以航海类专业为核心,港航管理类专业、航务工程类专业和临港制造类专业为支撑的专业结构体系。因此,我校校园文化建设也相应与特色鲜明的"一核三支撑"的专业优势有机结合,充分利用学科专业资源,开展融知识性、文化性、实践性为一体的学术活动,建立和完善学术制度,积极扶持学术性团体,创设学术论坛和学术沙龙等,营造出了浓厚的学术氛围,丰富了校园文化的深度内涵,使之更具航海类院校特色并反哺学科专业建设。

第三节 我院航海校园文化的构建*

我院航海特色校园文化的构建以物质文化为基础,以精神文化为支撑,以制度文化为框架,以行为文化为砖瓦,我们秉着"以人为本"的理念,注重信念力量、道德力量和心理力量的塑造,引导学生自觉形成航海的共同理想,为积极投身于航海事业做了最好的铺垫。

一、物质形态的航海校园文化

(一)基础设施

物质形态的航海校园文化是大学校园文化建设的重要组成部分和重要支撑。优美的校园物质文化环境能对人产生持久的、潜移默化的教育影响,引起人们思想情感、审美观念的变化,还可以陶冶人的情操,净化人的心灵,使人的修养不断得到提升。校园建筑和校园景观是物质形态的航海校园文化的主要组成部分。

近年来,我院一方面从满足学生的文化需求出发,不断加大基础设施建设的投入,逐步完善校园教育设施、文体设施、服务设施等方面的建设,努力确保各类设施齐全、先进。先后建设了图书馆、信息楼、运动场、学生活动中心等一批集审美和实用于一体的校园建筑,为开展寓教于乐的文化娱乐活动打下坚实的物质基础。另一方面,我院在完善学校硬件设施的基础上,在规划校园自然景观和人文景观时,尽量突显航海文化资源和航海文化品位。如我院各主要系部的主楼以颇具航海特色的"航海楼""轮机楼""港航楼"等而命名。我院正门即入"海燕广

---

* 本节作者林少栋。

场"，首先映入眼帘的是一座以"起航"命名的雕塑喷泉，喷泉正中的雕塑形如一艘扬帆启航的船舶，象征着我院师生员工勇敢驾驶在蓝色的海洋上，又象征着在知识的海洋里遨游，驶向彼岸。运动场上的主席台设计恰如一组白色的帆船，十分醒目地昭示着我院运动健儿们团结协作，再创佳绩。学生食堂"海苑"外形酷似一艘海船。看似随意实则精心放置在校园各处的悬梯、桅杆、救生艇、螺旋桨、灯塔、锚等各类实体模型，以及航标灯、桅杆、罗盘、跳水台等各种航海技能训练器械等等，使学生在潜移默化中接受到了航海文化的熏陶和洗礼。我院还建有大型船舶模拟机舱，非常直观地激发起学生对航运事业的热爱，培养其责任感和使命感。

结合新校区建设和黄埔校区交通道路规划，加强新校区校园绿地植被和人文景观的规划和建设，把航海文化元素融入校园建设中，使校园的山、水、园、林、路等达到使用功能、审美功能和教育功能的和谐统一，用优美和富有航海特色的校园景观激发广大师生的爱校热情，陶冶师生关爱自然、关爱社会、关爱他人的美好情操。优美和富有航海特色的基础设施建设，增强了航海学子对校园文化的认同感，对培育航海学子爱校、爱专业的情怀起着潜移默化的重要功能。

（二）物质载体

航海特色校园文化应当突出严谨、勤奋、坚毅、刚强的内在本质精神，而这些精神需要通过一定的物质载体来呈现。我院在设计和创制校徽、校歌、校报、宣传牌等时，就已经考虑到了要充分发挥这些外显形式对校园文化的阐释作用。

学院精神是校园文化的灵魂，校风是学院精神的生动体现。我院在充分挖掘学院历史传统宝贵资源的基础上，结合学院发展战略和规划，大力营造了良好的校园风气。我院以"校训、校歌、校徽、校史"建设为载体，抓住建校50周年庆典这一契机，积极推进校风建设，培育学院精神。一是适应本科办学的要求，强化校训、校歌、校徽、校旗等功能，共同构成学院的形象识别标志，形成校园形象规范体系；二是把校训展示在校园显著位置，教育广大师生牢记校训，践行校训；三是引导广大师生学唱校歌，激发爱校之情；四是引导广大师生了解校徽、使用校标，激励师生热爱学校，勤奋工作，刻苦学习；五是编写校史，建校史馆，通过资料记载和实物展示，生动形象地反映学校办学历程，激励广大师生继承和弘扬学校优良传统。

校徽　　　　　　　　　　　　　　　学报封面

（三）教研机构

1. 航海文化研究中心

航海业已经成为全球经济体系中最重要的支柱产业之一，航运活动兴衰也成为全球经济活动活跃程度高的重要标志。我国有300多万平方公里的蓝色国土，有1400多个港口和21万艘运输船舶，是世界第三大造船国。现代航海技术已发展到全新的阶段，人类的航海活动日渐频繁，人们对海洋的探索和开发正不断深化，海洋的神秘面纱逐渐揭开。人们对航海事业的关注程度日渐提高。广东省是航运大省，广州更是海洋经济最为活跃的地区，航海历史悠久，做为华南地区唯一独立建制的航海类院校，我院航海类专业的办学模式与国际标准接轨，教育教学质量、学校的办学水平得到了国际海事组织的认可，是国际海事组织认可的合格高等航海院校。经过多年建设和发展，学院现已成为立足华南，面向全国，以工科为主，航海类专业为特色，经、管、文等学科兼容的高等院校，形成了以航运类专业为核心，以船舶制造专业群、航运信息工程专业群和航运商贸商法专业群为支撑的专业构架体系。学院航海专业教育水平居于华南地区前列，设有航海实训中心，建设有大型船舶模拟器实训室、自动化机舱和轮机模拟器实训室、航海技能实训中心、船艺综合实训室、航海仪器实训室、航海气象实训室、船舶货运实训室等专业教学设施。我院良好的设备条件为开展航海文化研究做好了物质上的铺垫。

21世纪的航海，已进入一个崭新的发展阶段，开展航海文化研究，科学认识和理解我国的航海文化，继承其中的优秀航海精神和航海传统，赋予航海文化时代特征，对铸造航海文化底蕴厚重的特色校园文化具有极其重要的作用。我院为更深入地研究航海文化而专门成立的航海文化研究中心，现已成为我院师生发掘与弘扬航海文化及展示民族精神的重要场所。研究中心设立了航海展览馆，馆内陈列了相关的历史资料、航海文献、各个不同时期航海发展的图片和部分船模和标本等等。我院航海文化研究中心致力于将传统文化和现代文化结合起来，并将航海展览馆作为航海特色校园文化培育基地之一，定期在展览馆内开展航海知识培训，和专业学术研讨。使同学们了解人类如何利用海洋资源，如何利用各种航海技术和工具，让同学们心灵受到启迪，思想得到升华。航海特色校园文化的形成是一个不断提炼和升华的过程。我院大力倡导航海文化研究，以航海文化研究所为平台，组建航海文化研究科研团队，近年来，先后发表了《航海院校德育教育中海洋文化价值培育》《从船员的生存环境看航海院校的生命教育》等文章，申报了"航海院校概论课程的教学改革"等校级课题；与黄埔区政府合作了"广州海事博物馆文本设计"横向课题，承担了"航运与广州经济"省级重点课题，发表了《中国已成为具有重要影响力的航海大国》《从文化传统与民俗信仰审视航海保护神》《海洋文化视野下的南海神庙》《粤海关史述评》等多篇文章。这些研究成果对学校航海文化的积淀、形成广大师生对航海文化的认同、培育具有航海特色的校园文化起到了积极的推动作用。

2. 航海科普教育基地

学院对已有的校内资源进行优化整合，联合广州文冲船厂、黄埔港务集团，在建设好学校航海技能实训中心、航海模拟训练中心的基础上，以点带面，重点整合建设"航海史展馆""船舶知识综合展馆""航海技能体验馆""航行体验馆""蓝色国土与海防展馆"等各功能展馆，同时完成开展航海技术及海洋观专题讲座、"航海知识竞赛""航模比赛""航海夏令营"等活动的制度化建设，打造了一个在广州地区有影响力的航海科普教育基地。

(1) 航海史展馆

利用现代科技结合实物、标本、图片、投影、文字、光、电、声等设计形成航海史专题展厅，以其真实性、科技性充分体现人类与海洋的关系，从独木舟启蒙到今天的航空母舰的航海发展史，使人们领略了人类征服海洋、利用海洋、开发海洋的过去、现在和未来。展馆对有关设备设施的展示方案进行科学设计，补充制作了一批高水平的能充分展示航海史、航海技术发展的图片、沙盘模型等，并利用现代多媒体技术布展，采用静态展示与动态参与的形式来展示航海技术的成果。对于航海技术中的船舶知识、船舶航行采用了目前世界先进水平高的大型船舶操纵模拟器及轮机模拟器等设备进行展示，效果良好。这种展示通过积极的互动参与让学生深刻体验了航海生活，提高了参与的积极性。

(2) 船舶知识展馆

依托学院现有的船舶模型实验室,通过对展室的艺术化布置,使展馆中的港口及海洋等模型得到整纷,港口环境沙盘的制作,配以灯光,以船舶知识为主线,集中展示目前已有的 30 多条各种高精仿真等比例微缩船模,包括古代船舶模型、近代经典船舶模型、现代各种类船舶模型,包括杂货船、现代集装箱船、现代大型油轮、大型散货船、豪华游轮、海上工程船、液化气船、海洋考察船、现代游艇、军事舰船等。同时展示主要航海技术的船体结构模型、机舱模型、工程施工原理模型等。展厅分设航海历史、船舶、航海与港口、海事与海上安全、海员、军事航海等展区,运用模型、场景、多媒体、环境模拟等辅助手段,通过对船舶与航海知识的全面展示,弘扬中华民族灿烂的航海文明和优良传统,发扬"热爱祖国、睦邻友好、科学航海"精神,营造了学院浓厚的航海校园文化氛围。

(3) 快乐水手体验馆

我院水手工艺综合实训设备设施完善,建有水手工艺陈列室、绳结实训室、操舵实训室、船舶通信实训室等,同时室外有供海员体能训练的浪板、大桅、救生艇等训练设施。通过资源整合,建设成了可做为科普基地的"快乐水手体验馆"。通过参观水手工艺陈列室,了解海上技能的常用设备及工具,同时提供海上航行水手技能体验,开设浪板游戏项目、打绳结游戏、船舶旗语通信、灯号通信的操作体验、港口货物吊杆操作体验、操舵体验等项目,通过体验操作,提高了学生学习和了解航海知识的兴趣。

(4) 海上航行体验馆

我院建设有目前国际先进的全功能大型航海模拟器实验室,引进了英国船商公司(Transas)的 NTPRO4000 型全任务船舶操纵模拟器,包括教练站、一个主本船、三个副本船和一个多媒体演示厅。该模拟器不论在软件功能、硬件工艺,还是在整体可靠性方面目前均处于世界领先地位,在驾驶台设计、模拟功能、船舶数学模型、3D 视景技术等方面反映了航海导航设备的最新进展,配置了全球 16 个训练海域、18 条不同类型的船舶模型。训练系统可根据需要设定各种环境及海况下的训练条件,视景逼真,通过模拟器,使人们可以充分体验驾驶不同种类的船舶在不同的海区里航行的生活,足不出户,可遨游大洋,体验与风浪搏击的海上生活。另外,学校也有先进的自动化机舱和轮机模拟器实训室,可体验机舱生活。

(5) 蓝色国土与海防展馆

充分利用和发挥我院拥有的科普资源及科研成果,以实物图片、仿真模拟、参与体验、举办专题科普活动等手段,使学生的视野跨越时间和空间,形象生动地午到了航海知识的普及,满足了当前保护海洋环境、维护海洋主权、强化海洋意识的需要,起到书本和课堂无法替代的作用。对传承郑和精神,弘扬热爱祖国、睦邻友好、科学航海的时代精神,光大中华民族悠久的航海历史和海洋文化,发挥载体作用。学院利用现代多媒体技术,辅以沙盘、模型等,建成了海洋权益专题展厅,全面展示我国海洋权益、海洋资源开发、海上防卫的历史与现状,对于帮助学生增强"蓝色国土"观念,树立正确的海洋观大有裨益。

(6)海洋观教育

2008 年,学院与时俱进,率先在全国高校中开展海洋观教育的创新与实践。海洋观教育的主旨:一是弘扬"蓝色国土"理念,培养学生爱祖国、爱海洋;二是传播海洋文化,促进学生科学文化素质和人文素质的协调发展;三是普及海洋知识,增强学生的海洋意识、海权意识、国防意识。我院海洋观教育集学术研究、编写教材、开设海洋观课程、多样化教育活动于一体,将航海特色校园文化建设提升到一个新的高度。由我院何立琚同志主持编写的《海洋观教程》共 37 万字,于 2009 年 1 月由中国海洋出版社出版。《海洋观教程》的编写与出版深受社会好评,为各大中院校开展海洋观教育和爱国主义教育都具有重要的指导作用。为开展好海洋观教育,学院组建了一支由航海专业背景和航海文化研究背景的教师组成的专兼结合的海洋观教学团队。学校制订了 40 课时的海洋观教学计划,将海洋观课程纳入选修课,由教学团队以 9 大专题的方式向学生讲授;目前,海洋观课程已开课两期,学生报名踊跃:2009 年 5 月第一期学生人数为 600 多人,2009 年 10 月第二期学生人数为 580 人。除将海洋观教育纳入选修课外,教学团队还以系为单位,开设了十多场专题讲座,学生参与人次达 3000 多人。在学生中掀起了学习海洋观的热潮。

二、精神层面的航海校园文化

(一)品牌活动

航海院校由于行业特征鲜明,易于形成校园文化特色,但需要有特色的校园文化活动来维系。当今时代科技发展迅猛,信息海量,各种内涵物质的文化纷至沓来,从各个方面影响着校园文化的构建,其中不乏庸俗、低级、非马克思主义的文化成分。我院要求在开展校园文化活动时,要紧密结合半军事化管理制度,紧跟航运业发展的脉搏。所开展的校园文化活动不仅体现通俗性、高雅性、益智性和趣味性,更要突出集体主义和爱国主义教育,有利于培养学生敬业、严谨、勤奋、坚毅的优秀品质。

1. "航海日"纪念活动

经国务院批准,自 2005 年起,每年 7 月 11 日设立为"中国航海日"。中国"航海日"是国家级海洋文化节日,凸显航海及海洋事业在国民经济发展与社会进步中的重要作用,是具有"传承中华海洋文明,弘扬海洋文化,更新海洋观念"的教育平台。我院将每年的"航海日"作为航海特色校园文化建设的核心内容。

"航海日"系列纪念活动是我院以爱国主义教育为主线,弘扬和培育伟大的民族精神,提高全体师生的航海意识、海洋意识和海防意识的重要校园文化活动;也是建设学院航海特色的校园文化、促进学院航海教育事业可持续发展的重要举措。每年"航海日",学院都会在行政楼前的小广场上悬挂满旗,在"海燕广场"举行隆重的"航海日"升旗仪式。学院每年举行的"航海日"系列纪念活动包括举办"中国航海日"庆祝大会、水上运动会暨航海文化宣传比赛、航海专业技能竞赛、手旗表演、队列表演、军体拳表演、水上救生表演、船模展、海洋文化展、学海讲坛之航海文化专题讲座、大学生军事技能竞赛、对外开放航海实验室参观等大型系列活动。隆重的纪念活动,使师生更加了解和熟悉航海,热爱航海、热爱海洋、热爱祖国的理念更加深入人心。

水上救生是航海类专业学生必须掌握的基本技能,水上运动会在我院已有 22 年的历史,它包括游泳比赛、水上技能表演、趣味水上运动等多项水上竞技活动。在纪念"航海日"的系列活动中水上运动会的隆重召开是最具凝聚力的一环。全院师生的热情投入、运动精神的鼓舞燃烧,使整个校园充满激情和活力。

航海技能竞赛由校团委、校学生会、教务处主办,各系承办。各系都根据自身专业特色精心策划各比赛项目,如海运系的比赛项目包括航海基本技能竞赛、消防、急救、电子工艺、水上模拟救生、模拟法庭。船舶工程系的比赛项目包括车削加工、钳工制作、电弧焊接、PLC 编程、抛水龙带等。学院将"航海日"纪念活动、海洋观教育与航海技能竞赛有机结合,促进学生专业素质与人文素养的协调发展。

船模展是"航海日"系列纪念活动中一道亮丽的风景线,备受我院师生的关注。通过大小不同的商用船模型,其中有集装箱船、散货船、邮轮、多用途货船等的展览,并配合航海历史及船舶种类介绍图片展,大大普及了师生的航海知识。

在每年的"航海日",校团委都会举办海洋文化展,分别由航海系、轮机系、港航系三个主干系在学生宿舍八栋前设展点,对海洋文化进行宣传。在展点对面设置宣传板,对包括海洋地理位置、历史文化与特点、气候、景色、航运路线等问题,以海报、图片、文字等形式进行宣传。展会期间有猜灯谜游戏、海边玩的游戏和关于航海的游戏穿插,有专人对在场同学讲述关于海的神话故事,还会引入一些商家,销售关于海洋的物品,如贝壳、石头、泳衣、书籍等等。

学院每年举行的"航海日"系列纪念活动,学生参加踊跃。他们积极主动地学习航海知识,传播航海文化,促进了优良学风、班风、校风的形成。"航海日"系列纪念活动引导广大师生感受海洋文化和航海文化的魅力,增进师生的科学航海和蓝色国土意识,使校园文化的教育功能达到峰值。

2. 航海夏令营

中国航海院校大学生夏令营由交通运输部人事教育司主办,由我院与大连海事大学、上海海事大学、武汉理工大学、集美大学、青岛远洋船员职业学院、青岛港湾职业技术学院等7所院校轮流承办的一项重要的航海院校大学生交流活动,旨在加强航海院校间大学生学习交流与共同进步,促进航海文化的传播,扩大航海教育的影响力。航海夏令营活动通过组织学生进行船舶认知实习,开展建设海洋强国和航海类专业知识讲座及航海文化知识竞赛,体验海员生活等活动,在营员中普及了航海知识,使他们感悟了航海文化,培养了"蓝色国土"意识及航海志向。

我院在航海夏令营中承办的项目包括:海上救生拖带、游泳接力、撇缆绳、打绳结、车工工艺比赛等航海技能竞赛和英语演讲比赛,还组织营员们参观了黄埔军校、文冲船厂、南海神庙和广州大学城。我院积极配合各承办单位,认真贯彻落实《教育部交通运输部关于进一步提高航海教育质量的若干意见》精神,加强航海文化建设,促进全国航海院校之间的交流,搭建航海类专业学生的沟通平台,培养和提高学生的航海意识、海洋意识,为建设海洋强国培育高素质后备人才。我院借助航海院校夏令营这个平台,进一步加强了与兄弟院校之间的交流与合作,向兄弟院校学习借鉴了办学的好经验,共同推进我国航海教育事业的发展,为建设海洋强国,实现中华民族伟大复兴的中国梦作出了应有的贡献。

3. 宿舍文化节

校团委每年都会举办主题为"航海人家,我家我秀"的宿舍文化节,旨在丰富学生的课余生活,促使宿舍内部成员关系更为融洽,增进彼此之间的感情,从而强化我院半军事化管理特色,营造更加和谐的校园氛围。宿舍文化节的活动项目包括:宿舍文化大评比,宿舍图片、视频网络评比(微博投票等)。宿舍文化大评比是以宿舍为单位进行比赛,每个宿舍以"美观大方、清新高雅、设计新颖、整体效果好"的设计要求装扮宿舍,评委以评比要求为根据,评选出"最温馨宿舍"奖、"最整洁宿舍"奖、"宿舍标兵奖"以及"院系组织奖"各三名。宿舍图片、视视频网络评比是以宿舍为单位自愿报名参赛,在截止期限内将材料(可以是一段不少于一分钟的视频,也可以是三张图片组成的展示相片集)上交负责人,由相关人员进行第一次筛选,再将晋级作品进行网络投票(微博)选举,每期评选出"最佳网络人气奖"二名。宿舍文化节自举办以来,深受我院学生欢迎,该活动内容积极向上,健康活泼,体现了我院学生的蓬勃朝气与活力,凝聚了航海学子共同的理想与追求,彰显了我院校园文化的航海特色。

4."菠萝诞"祭海活动

中国是一个古航海国家,航海文化内容丰富、历史悠久。民俗文化是航海文化的主流文化之一。航海特色校园文化建设必须适应新形势,既要继承优良传统的航海民俗文化,充分发挥民俗文化对构建航海特色校园文化的积极意义,又要在新时期推陈出新,发扬光大。"菠萝诞"祭海活动,于每年农历二月十一日到二月十三举行,其中二月十三日是"正诞",还会有盛大的庆祝仪式。其时四方善信都会从珠三角等地前往南海神庙进香祈福,他们祈求能为自己带来好运。这一寓意浓缩着当代的海洋意识和航海风情,航海民俗文化形式,是展示丰富而深厚的航海文化的独特舞台。南海神庙又称菠萝(波罗)庙,位于广州黄埔庙头村。始建于隋开皇十四年(594年),距今已有1400多年历史了。位于广州黄埔的南海神庙是古代祭海的场所。联合国教科文组织"海上丝绸之路考察团"于1992年2月到这里考察,证实此处是中国古代"海上丝绸之路"的发源地。该庙自隋唐以来,受历代皇帝的敕封、地方官吏的祭祀、民间善男信女的顶礼膜拜,因而庙宇日隆,香火日盛。我院与南海神庙毗邻,每年庙会有祭海活动,学院即组织学生统一着校服担任志愿者,让学生们深切感受到了渔民祭海活动等民俗文化的内涵。这一活动也使我院航海特色校园文化建设与传统民俗文化相结合,从而不断创新,充分拓展和发挥校园文化的影响力和辐射功能。

此外,我院还定期举办航海文化艺术节、航海科技节和富于航海特色的文艺汇演等校园文化活动。充分利用现代媒介如网络、广播、报刊、Q群、微信等,主动适应新形势,积极开拓校园文化建设的新载体来宣传和普及航海文化知识,打造校园文化的航海特色。

(二)社会实践

我院积极引导学生深入社会,了解国情,增长才干,并将社会实践纳入文化素质教育的范畴。如安排学生到航运企业进行实训,让学生更为直观地感受航海专业知识;每学期分专业安排劳动周,培养学生的劳动观念和职业道德;布置课题范围,组织学生开展假期社会调查,并按要求撰写提交调查报告,让学生了解社会现实,体察民情;定期组织学生赴敬老院开展服务活动,培养学生敬老爱老的礼仪规范;在黄埔区的各项大型活动中,组织学生志愿者方队出场,形象演绎了航海文化精神;组织学生党员和入党积极分子到黄埔军校、广州农民运动讲习所、中山纪念堂、广州市十九路军陵园、烈士陵园、黄花岗七十二烈士墓园等等爱国主义教育基地学习参观,祭奠和缅怀革命先烈,传承先烈精神,弘扬爱国主义精神;举办"航海技能大赛"、"电子工艺大赛"、"模拟海事法庭"等,展示岗位技能,促进综合素质提高。这些社会实践活动彰显了我院校园文化的航海特色,在实践中提升了学生的专业技能,让学生体验到了奉献爱心、创造和谐的美好感受,使身心得以健康成长。

学院高度重视发挥教学实践基地在航海特色校园文化中的作用。近年来,学院积极建立与航海院校特点相关联的实践教学基地。先后建立了南海神庙、粤海第一关、牛山炮台、长洲岛海军舰艇基地等一批航海特色鲜明的实践教学基地。

（三）校友联谊

优秀校友在校园文化建设中具有独特的作用。学院建立校友互动平台,邀请优秀校友回母校,与学生进行面对面的互动,用优秀校友的人生经历和感悟、创业历程和成就,引导大学生对校园文化和航海人价值观的认同,激励大学生立志成材,报效祖国。我院专门设置了校友办处理与全国各地的校友及校友会的联系事务。学院充分发挥知名校友的榜样示范和激励带动作用,先后聘请优秀校友任我院兼职教授,传授业界实战经验,讲述奋斗人生经历,开阔了学生的眼界,坚定了学生的航海职业理想。通过举办学海讲坛、航海人文讲座,邀请校友(高级船长、轮机长)回校作航海专题报告,促进学生了解我国的航海历史文化、航海地理文化以及最新的国际局势,让学生更加关注航海事业。校友返校的聚会纪念活动成为校友与我院在校学生之间互动沟通的文化平台。校友们讲述行业的有关情况,向航海类学生宣传普及航海和海洋知识,使之成为构建航海文化的盛会,促使学生更加关注海洋,更渴望了解航海。在迎接校庆50周年庆典之际,学院抓住契机,面向全体师生和广大校友开展征集校训的创意活动,及征集校史的编写材料。这个征集的过程成为学院梳理办学历史脉络、探寻文化精神源流、把握时代发展脉搏、凝聚文化内核、加深校友之间情谊的过程。此外学院还专门组织写作团队,撰写了《校友风采录》,大力宣传优秀校友的成才历程,激发大学生作为一名航海人的自豪感。

（四）舆论引领

我院以开辟专题宣传栏、汇编系列丛书为航海特色校园文化核心理念的传输造势。我院积极支持和鼓励在校教师编写航海类图书,以丰富航海特色校园文化建设。学院策划组织实施"航海文化精品工程",使得一批航海文化作品和研究成果问世,我院组织编写了《校友风采录》《校史》《航运与广州现代化》等系列书籍,对社会和航海界产生了深远影响,大大提高了我院航海特色校园文化的学术含量。我院负责编辑出版《广州航海学院学报》,对航海技术及航海文化理论进行了深入的研究与探索,全面增强了我院航海特色校园文化的吸引力和感召力。我院还在专业课教学中渗透航海特色校园文化的构建,比如在《水手工艺》课程中培养学生动手能力,锤炼其积极创新和热爱劳动等品质;在《值班与避碰》课程中训练学生分析判断决策能力和在紧急情况下的果断应变能力;在《船舶管理》课程中提升学生遵纪守法、安全与环保意识等等。

三、制度规范的航海校园文化

航海类院校与航运业是紧密相联的。由于航运业具有较高的风险性和国际性,有关国际组织如国际海事组织(IMO)从提高海员素质、保障海运安全、减少海损事故、促进航海技术发展等角度出发,制定和颁布了一系列具有强制性的国际规范和行为准则如 OLAS 公约、STCW 公约等等。航海类院校的学生只有树立起法制意识和规则意识,将来才能更好地遵守这些国际法律法规。而学生法制意识和规则意识的培养来自于在校期间对学校各项规章制度的遵守。因此,学院的各项工作要有章可循,体现依法治教、依法治校精神。

根据国际公约和国家行业法规的要求,学院在1999年建立了质量体系,通过了国家海事局认证,并接受国家海事局每两年一次的中间审核和每四年一次的再有效审核。质量体系的建立和连续有效运行,实现了教学全过程的可追溯性和可控制性,促进了教学和教学管理不断优化,保证教学质量不断提高。思想政治理论课和其他专业课一样纳入质量监控体系,接受国家海事局每两年一次的中间审核和每四年一次的再有效审核。通过建立规范有效的质量监控体系,确保培养德、智、体全面发展的高素质航海人才。

校园文化的培育是一项系统工程。在学院航海特色校园文化的建设过程中,我们深刻体会到必须科学制定校园文化规划。校园文化的建设必须站在战略的高度,校园文化建设规划应与学校总体战略规划紧密相连。只有高瞻远瞩,建立有效的统筹协调机制,校园文化建设才会取得较好的效果。同时必须构建完善的校园文化建设体系,加强对校园文化建设的领导。校园文化建设作为一项系统工程,渗透于教育教学的各方面,必须加强领导,发挥主体意识,全民参与,充分调动广大师生的自觉参与校园文化建设的积极性。

我院建立了一系列行之有效的管理体系,建立健全了工作制度,对各部门的工作职责进行了明确分工,优化了管理水平,完善了考评机制。我院的各项管理制度,既是广大师生的行为准则,又是校园文化的重要内容和表现形式。将航海特色校园文化建设范畴内的事务归入一个职能部门管理,避免多级管理或交叉管理,增强了航海文化建设的管理执行力,并在建设过程中逐步形成规范化、制度化。将航海特色校园文化建设纳入到了各级党组织的职责范围内,纳入各级领导年终考核的指标体系当中,从而确立了航海特色校园文化建设与院系各项工作同部署、共检查、同考核、共管理的良性互动工作机制。我院对于期间涌现出的先进单位及个人,给予物质和精神奖励,并拨出专项经费对于所取得的关于航海特色校园文化优秀研究项目和成果进行资助和奖励,极大地推动了航海特色校园文化建设工作向前发展。

四、行为方式的航海校园文化

一名合格的船员除了应该具备过硬的航运技术之外,还须具备纪律严明、诚信敬业、服从服务、团体协作等意识。全体船员是一个风雨同舟的集体,任何一人出现失误,都可能引起严重的后果。航海类专业具有岗位职责的高技能性、工作要求的高组织纪律性、工作程序的高规范性、团队成员的高国际性、工作环境的高风险性等职业特点。这些职业特点决定了海员不仅要有扎实的专业技术,还要具有强健的体魄、良好的心理素质、团结合作的精神以及较强的环境适应能力。根据海军预备役训练的要求和交通部《关于部属高校航海类专业学生实行半军事管理的通知》精神,学院从1990年起对航海类专业学生实行严格的半军事管理,并在全院各专业学生中推行。

半军事管理,是为了全面贯彻党的教育方针,根据现代化建设中某些特殊岗位要求,培养高素质的合格人才而实行的一种相对特殊的管理模式。其实质是军事管理,形式上是常规管理与军事管理的有机结合。半军事管理的强制约束力可以通过对学生的严格训练和教育管理,使教育效果得以保障和维持,并培养出学生的海员素质,并为今后工作打下坚实的基础。

学院设立纵队,党委副书记兼任纵队长,主管全校的半军事管理工作。纵队办公室设在学生工作部(处),由学生工作部部长兼纵队办公室主任,具体负责协调全校半军事管理计划、监督和检查的实施。系设立学生大队,一般由各系主管学生工作的党总支副书记兼任大队长,全面领导本系的半军事管理工作。学生原则上以专业年级为单位设立中队,每个中队一般为2~6个教学班,设立中队长一名,负责全中队的半军事管理工作;副中队长一名,由学生担任,协助中队长的工作。学生以教学班为单位设立区队,并建立区队委员会。区队长在中队长的直接领导下,协助中队长做好本区队的管理工作。

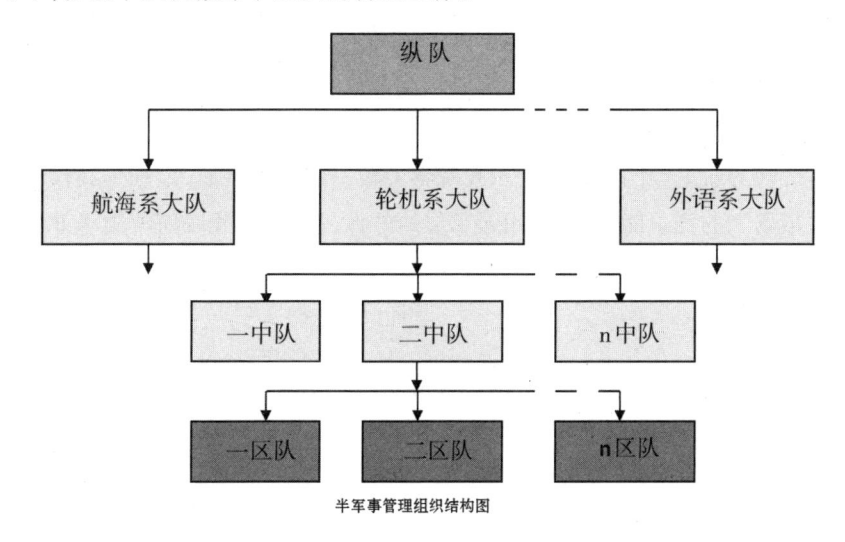

半军事管理组织结构图

通过长期的建设,学院形成了以《学生半军事管理条例》为基础的一套完善的学生半军事管理的制度。我院半军事化管理制度是指根据航海行业的特殊需要,参照军事化管理的办法而实施的一套适合于培养航运技术人才的学生管理制度。建立了包括升旗制度、出操制度、晚点名制度、内务检查评比制度、一日生活制度、着装制度、站岗和挂满旗制度等一套制度体系,是学生日常生活、学习的行动指南。我院根据半军事化管理制度及实施办法,主要是从一日生活制度,早操、内务管理、晚点名制度、请销假制度、班风班纪、交际礼仪、考勤检查评比制度,纠察、违纪处分制度等方面对学生严格要求。学校在封闭式管理模式下,严格按照规章制度规范学生的学习生活秩序。从早操、午休、晚就寝抓起居作息,从叠被子、日用物品摆放等抓内务卫生,从站岗值勤抓精神风貌,从头发着装抓军容风纪,从早操集训抓团队纪律。真正做到了宿舍军营化,行为规范化,着装统一化,锻炼强制化。实施半军事化管理培养了学生良好的生活作风,增强了学生合作意识、集体主义精神和组织纪律观念,磨炼了学生坚强的意志,增强了学生国防观念和爱国主义精神。长期严格的军训和日常半军事管理,造就了我院良好的育人环境和纯正的校风。通过营造航海类学生特殊的军事生活氛围与生活方式,使我院校园文化建设具有了明显区别于其普通院校的风格,在很大程度上厚重了我院校园文化的航海特色。

结合学院半军事化管理制度的实施,加强大学生日常管理,坚持升旗、出操、站岗、晚点名、内务检查评比等制度,培养了我院学生严格的组织纪律性、良好的自律能力与和谐的团队精神;通过加强诚信文明和心理健康教育,开展心理测试、常规心理咨询活动,倡导积极健康的学习生活,引导大学生养成了文明高雅的个人品质和行为规范,营造了良好的学习风气。我院学生普遍具有勇于担当的责任意识、团结协作的大局观念、严格服从的组织纪律和坚韧顽强的拼搏精神。行为方式所展现的航海校园文化反映了我院学生较高的综合素质,增强了我校毕业生在就业市场上的竞争能力,受到用人单位的好评,多年来,我院航海类毕业生的一次就业率一直保持在95%以上。

第四节 我院航海特色校园文化建设中的思想政治教育*

随着中国经济的快速发展,国际航运市场的重心持续东移,我国正在由航运大国向航运强国迈进,这无疑为我国航运业全面、协调、可持续发展创造了百年一遇的机遇。我国有90%左右的运输量是由海运承担着的,作为国民经济重要行业之一的航运业具有极高的经营风险,对船员的思想政治素质、道德修养、身心素质等方面的要求都非常高。随着航海人才市场的日益国际化以及经济全球化和知识经济时代的来临,要求我们亟须培养具有国际竞争能力的综合性高素质航运人才。我院深谙航运业的发展依靠高素质的航海人才,而航海人才素质的培养,根本在于思想政治素质的培养。思想政治教育在整个航海类专业大学生的培养中扮演着重要的角色,它深深影响着整个人才培养的体系。《中共中央国务院关于进一步加强和改进大学生思想政治教育的意见》指出思想政治教育的主要目的在于提升大学生的思想素质,促进人才全面发展,推动社会和谐发展。我院在航海特色校园文化的建设中,注重增强思想政治教育的实效性,从内容、方法、载体和评价体系等各个方面做了有益的尝试。

一、齐抓共管航海特色校园文化建设与思想政治教育

校园文化建设与思想政治教育存在于同一时空,而且目标一致、功能相近,有着可以利用的共同资源。如何在实践中处理好两者之间的关系,真正实现两者之间内在机理和作用机制的良性互动,是我院一直以来关注的重要课题。

---

* 本节作者贾文武。

(一)领导部门高度重视

学生是学院培养的对象,其素质的高低直接关系到学院的长远发展。学生思想政治教育成败与学院领导的重视程度密切相关。我院领导不仅仅只是在口头上、文件中显示出对思想政治教育的重视,更是把它落实到了行动中去。例如,保障思想政治教育经费足额到位,尤其对于开销较大的航海类专业。2010年1月,学院党建和思政研究会恢复重建,使得我院党建和思想政治教育研究工作步入了规范化的轨道,四年来,研究会在领导部门的高度重视下,根据各个阶段党建和思想政治教育工作的需要,结合党建和思想政治教育工作中遇到的热点难点问题,开展各种形式的学术交流活动。

除选派研究会有关人员、党建和思想政治教育工作者、思政课教师积极参加校外各种学术活动外,研究会还多次邀请省内外著名专家、学者来我院做学术报告,指导我院党建和思想政治教育工作,如2011年11月23日,我们邀请了全国高等学校思想政治教育研究会副会长、广东省高等学校思想政治教育研究会会长、中山大学博士生导师郑永廷教授作《跟进社会发展形势探索思想政治教育现实难题》的学术报告;2011年4月12日,邀请了省教育厅思政处处长袁本新博士来我校作《关于当代大学生精神生活》的专题讲座;2012年5月24日,邀请了黄埔区人大党组副书记曹国栋作《关于黄埔区历史文化发展与大学生树立正确的社会主义核心价值观》的主题讲座;2013年8月30日,邀请了广东省委党校党史党建专业导师组组长、党史党建教研部主任毕德教授来我校作题为《群众路线与反对四风》的专题辅导报告;2012.2013年多次邀请广州市检察院、黄埔区检察院的检察官来我校为广大干部、师生作预防职务犯罪的法律知识和案例讲座,开展廉政文化建设交流活动,等等。

与此同时,学校党建和思政研究会理事会会长、党委书记王舒平,理事会常务副会长、党委副书记苏曙,理事会副秘书长、思政部主任尹伶俐等就"中国梦""建设海洋强国"等热点问题为广大师生作了多场专题辅导报告。

(二)建设和完善高素质的思想政治教育队伍

思想政治教育工作队伍是加强和改进高校学生思想政治教育,营造积极向上的特色校园文化的组织保证。我院严把队伍入口关,近几年引进的在编政工干部都按要求具有硕士学位,平时注重加强对其各方面的培养,保证了队伍的质量。我院严格按照国家有关规定,为航海类专业大学生足额配备政工干部。这样就避免了工作人员因人手不够,不得不超负荷运转而产生不稳定思想,致使效果不佳等一些负面影响。因此,我院切实为学工干部提供工作上的有利条件,提高他们在生活上的待遇,解除他们的后顾之忧,从而调动其工作的积极性,更好地为学生服务。学院注重加强对学生管理干部的引导,鼓励学生管理干部加强对学生工作理论与实践的探讨和总结,不断提高自身的政治理论素养和政策水平,提高组织管理能力和工作技能。2010年以来,我校学生管理队伍积极参与思想政治教育骨干培训、广东省高校学生工作委员会年会和中共广东省委党校、全省哲学社会科学教学科研骨干研修班等各种学习活动,积极参与思想政治教育课题研究,发表论文42篇;陈新恩、黄震艺、黄咸强、陈鼎斌、钟聪仕、谭文才等先后获得"广东省高校学生工作先进个人"称号、广东省高校辅导员职业技能培训暨竞赛优胜奖等荣誉;刘向阳、李红强被授予广东省高校学生工作"红棉奖";2014年,海运学院学生大队在广东省高校学生工作委员会年会上获得"广东省高校学生工作优秀团队"称号。

学院结合一年一度的师德建设教育月活动,加强教书育人、为人师表教育和教风、学术道德教育,对新任教师和青年教师进行思想政治教育和师德培训;通过严格考核管理,加强制度建设,加强师德宣传等措施,引导广大教师爱岗敬业,无私奉献;通过加强师德先进典型宣传,积极创建"教书育人、管理育人、服务育人"的良好校园氛围,并带动优良学风的形成。学院鼓励教师申报各级科研项目。2010年至2013年我院申报了各级各类思想政治教育研究课题达25项,其中校级科研立项有14项,省教育科学"十一五"规划2012年度项目1项,省教育厅思政处课题1项,省委教育工委组织处课题项目2项,广州市社科联课题1项,横向课题1项,黄埔区共建项目1项;研究会成员在《思想教育研究》《社科纵横》《学术探索》《理论观察》《党史研究与教学》等学术期刊发表理论论文57篇。

在学院2014—2016年"创新强校工程"建设项目申报过程中,学校党建和思政研究会会员积极参与申报工作。经评审,牟方君副教授申报的《中国近代海洋政治思想研究》、闵金卫副教授申报的《海洋观教育》、尹伶俐教授申报的《岭南海洋文化概论》等5项思政类项目获得立项。我院还积极参与省委组织部、省教育工委组织的"书记项目""创新党支部工作法"及其他课题研究,王舒平同志主持的《现代法人治理结构与党委领导下的校长负责制研究》等课题,获得省委组织部和省委教育工委立项。

由学院党委宣传部牵头,思政部、学工部、团委等部门和各二级学院(部)共同配合总结的《秉承"蓝色"理念精心培育航海特色校园文化》在2009年获首届广东高校校园文化建设优秀成果二等奖之后,2010年又获全国高校校园文化建设优秀成果优秀奖。2014年6月我院推荐了由海运学院党总支申报的《和谐海洋科学海洋建设海洋强国》、航务工程学院党总支申报的《航海杯工程技能大赛》、外语学院党总支申报的《点带面小见大多维度的实践育人整合方案》、艺术设计学院党总支申报的《我的中国梦——艺术设计系主题文化建设活动》等4项校园文化优秀成果项目参加广东高校校园文化建设优秀成果评比活动。

2013年尹伶俐教授被授予"广东省高等学校思想政治理论课骨干教师"称号。一批年轻教师也相继获得博士学位,成长为思想政治理论课骨干教师。目前,通过人才引进与内部培养,已拥有一支学历、职称、年龄结构比较合理的思想政治理论课教师队伍。现有专任教师35人,其中教授3人,副教授11人,具有博士学位4人,具有硕士学位23人,思想政治理论课教师队伍层次不断提高,队伍不断壮大。

(三)系统实施思想政治教育

特色校园文化建设不是学工干部的专利,思想政治教育也不只是"两课"教师的职责。幻想通过一些个别行为来达到获取良好效果的目的的想法是行不通的。每一个部门都是学校的有机组成部分,在特色校园文化建设和思想政治教育方面,都应各司其职。我院营造了全员参与的良好氛围,使航海特色的校园文化成为学生心灵上的沃土,它滋润着学生,使学生能够茁壮成长。同时航海特色校园文化的建设,更进一步地促进了对大学生进行系统的思想政治教育,它在学生的良好心理和正确的政治观教育方面具有情境性、渗透性、持久性的作用,达到了事半功倍的效果。

二、内拓外展,发挥高校思想政治理论课的主渠道作用

随着改革开放不断向纵深发展以及社会主义市场经济体制的逐步建立健全,西方思想当中的糟粕和腐朽的东西也在侵蚀我国的青年一代。航海类院校大学生将要在国际环境中工作,更迫切地需要树立正确的世界观、人生观、价值观。《中共中央国务院关于进一步加强和改进大学生思想政治教育的意见》指出高等学校思想政治理论课是大学生思想政治教育的主渠道。《中共中央宣传部教育部关于进一步加强和改进高等学校思想政治理论课的意见》对大学生思想政治理论课的课程设置做了专门的规定。有关部门要严格按照中央的规定,推进教材建设,使之成为大学生思想政治教育的主要来源与核心阵地。

学院积极支持思想政治理论课课程建设。通过思政部老师的努力,我院《思想道德修养与法律基础》《毛泽东思想和中国特色社会主义理论体系概论》已建设成为省级优质课程。2010年7月广东省教育厅组织验收专家组对广东省高校第三批思想政治理论优质课程进行了验收,思政部尹伶俐教授担任课程负责人的《思想道德修养与法律基础》课程已顺利通过验收,并被评为优秀;2014年5月思政部雷新兰副教授担任课程负责人的《毛泽东思想和中国特色社会主义理论体系概论》课程也通过广东省高校思想理论课优质课程验收。

众所周知,一部中国近代史就是一部伴随海权被侵犯开始的屈辱史,同时也是一部伴随海权被侵犯开始的斗争史。我院将《马克思主义原理》《毛泽东思想与中国特色社会主义理论体系概论》《思想道德修养与法律基础》《廉洁修身》《中国近代史纲要》等课程列为必修课。寓航海特色教育于"两课"教育中,将航海史与中国革命史、航海与当代国际政治经济、船员职业道德修养与思想道德修养有效地结合了起来,使这些课程有针对性地促进了我院学生思想政治教育的强化和改进。

三、全面协调,注重学生思想政治素质的培养

校园文化建设作为一种潜在的隐性教育资源,是优化育人环境的重要内容和手段,是促进大学生综合素质与身心健康和谐发展的重要支点。我院以为航运业及其相关行业培养高素质应用型人才为己任,以 ST78/95 国际公约的标准,严格要求学生,提升其对公约的认识与理解,为使他们能在国际人才市场竞争中立于不败之地,通过对学生开设各方面的课程来提高他们的素质,这些素质主要包括:思想政治素质、科学文化素质、业务能力素质和身心健康素质等等。

航海类院校学生的专业性决定了思想政治素质是最核心的部分,它直接关系着整个人才素质的高低。航海类专业大学生即将在海上工作,工作地点漂泊不定,有可能远离祖国,同时又要面对各种复杂多变的外界环境。因此更需要有强烈的爱国主义思想做支撑。因为他们将长期在海上工作,会遭遇环境艰苦、生活单调、内心孤独等问题,具备相互协作的意识、良好的集体主义思想和艰苦奋斗的精神才可以保障工作的顺利进行。良好的思想政治素质是培养学生的爱国主义、集体主义和社会主义的思想,激发学生为航海事业奋斗的精神的重要保证;它有助于深化其专业思想,激励学生努力学习科学文化知识,自觉地加强专业技能的培养;有助于保持身心健康,以此来克服由训练艰苦、性别比例失调等带来的种种问题;有助于提升自身素养,从容面对复杂多变的国际环境所带来的考验。

为切实提高学生的思想政治素质,学院以主题教育活动为载体,精心组织校园文化活动。一是深入开展以理想信念教育、爱国主义教育为主题的"中国梦"、海洋观系列教育活动,将"蓝色文明"和"蓝色国土"教育融入到社会主义核心价值体系中,培育大学生"爱党爱国爱海洋"的高尚情操;二是充分利用广州市和黄埔区丰富的航海文化资源,与市区共同建设一批航海文化教育基地,大力宣传和弘扬中华优秀航海文化,增强大学生建设海洋强国的责任意识;三是充分利用中

国航海日、五四青年节、七一建党纪念日、国庆节等重大节庆日和纪念日,开展"红色教育"活动,唱响爱国主义、集体主义、社会主义主旋律,激发大学生的民族自尊心、自信心、自豪感;四是深入开展践行"厚于德、诚于信、敏于行"的新时期广东精神,创建"文明校园、文明班级、文明宿舍",把思想道德教育融入大学生的学习和生活中;五是开展校园科技文化节、校运会、大学生"三下乡"志愿服务活动,为提高大学生综合素质搭建平台,促进大学生全面健康成长;六是深入开展新生入学教育、毕业生离校教育活动,充分发挥优秀校友在校园文化建设中的作用,采取"请进来、走出去"的方式,用优秀校友的人生经历和感悟、创业历程和成就,激励大学生立志成才,担当起实现"中国梦"的重任。

学院传承和弘扬"蓝色"文明,珍爱"蓝色国土",促使青年学生在知祖国、爱祖国的基础上,立报国之志、学报国之才、践报国之行;结合学院的办学特色和办学定位,以学生综合素质培养为核心,建立校园文化建设的特色机制,开展校园文化建设的特色活动,促进青年学生科学文化素质和人文素质的协调发展;培养青年学生"爱学校""爱专业",促进青年学生"不畏艰难、开拓进取"的意志品质和"团结协作、高度组织纪律性"等职业素养的养成;培育良好的校风、学风、教风,充分发挥了航海特色校园文化在我院高素质航运人才培养过程中潜移默化的作用。

参考文献:

[1] 田乃清:《对航海教育植入"校园航海文化"的思考》,载《继续教育研究》2012年第8期。

[2] 钱涛:《我院航海特色校园文化建设的实践与思考》,载《中国职业技术教育》2011年第25期。

[3] 董丽梅:《也谈加强航海院校校园文化建设》,载《航海教育研究》2003年第2期。

[4] 薛国建:《半军事管理模式与文化的耦合及创设》,载《南通航运职业技术学院学报》2011年第2期。

[5] 许曙青:《加强以就业为导向的大学生职业道德教育》,载《江苏高教》2007年第2期。

[6] 孙培廷:《<教青规划纲要>与航海教育研究》,载《航海教育研究》2010年第4期。

[7] 张立华、王守义:《新建地方本科院校高品位校园文化建设探析》,载《教育理论与实践》2010年第1期。

第二章

坚持航海特色　打造实践平台　完善育人体系

广州航海学院作为一所具有鲜明的行业特色的高等院校,在实践育人过程中积累了大量具有行业特色的实践育人工作经验,体现出了大量具有航海行业特色的实践育人工作特点。

学校一直以服务国家航运事业和区域经济发展为己任,已为社会输送各类人才4万余人。一大批毕业生在广东、海南、广西等航运、航道、海事、海关、海上救助、海上打捞等部门担任领导职务。毕业生就业率一直在全省同层次高校中名列前茅,毕业生良好的专业素质和敬业精神,受到了用人单位的高度肯定和广泛好评。

在长期的育人实践中,我们坚持在思政工作上将学生的思想政治教育与航海职业教育进行创新性结合,在学校管理上对全体在校生实施半军事化管理,在文化熏陶上坚持以"海洋观"为核心的特色校园文化教育。

第一节　打造学校思想政治教育与航海职业教育创新性结合的特色

党的十八大以来,学校全面开展党的群众路线教育实践活动,按照以全心全意为人民服务为根本宗旨,围绕保持党的先进性和纯洁性建设,以"为民、务实、清廉"为主要内容,按照"照镜子、正衣冠、洗洗澡、治治病"的总要求,全党自上而下深入开展了学习实践。作为党的基层干部及航海类专业学生教育单位,如何贯彻落实党的群众路线教育实践活动,将实践活动与学生的培养相结合,全面提升航海类专业人才的综合素质。这些问题,为实现中华民族"海洋强国"的战略目标提供人才保障需要我们探索和思考。

在学校航海类学生的培养实践中,将党的群众路线教育实践活动贯彻于航海类专业学生日常教育、管理和服务中。在学校育人实际工作中践行党的群众路线教育实践活动,紧密围绕航海类人才培养目标这一中心,明确"培养什么样的航海人,怎样培养航海人。"在思考中不断实践,努力唤醒航海学生血液中的蓝色基因。党的十八大提出了"把立德树人作为教育的根本任务",这充分说明了思想政治教育的重要作用,通过各种工作载体,积极开展"立德树人"教育,不断提高航海类学生的综合素质,培养学生们的行业自豪感、自信心,引导航海类学生将自身的发展与航运事业的兴衰紧密相连,把成为一名高级航运精英作为人生的辉煌事业,为国家经济发展、民族振兴提供源源不断的人才保障。

一、以学生为本,夯实学生工作基础

党的群众路线就是"一切为了群众,一切依靠群众,从群众中来,到群众中去",学校在思想政治工作中要"注重人文关怀和心理疏导",结合行业对人才的需求特点、学生工作的特点以及学生的特点,在学生培养过程中进行"源头治理",在学生中汲取智慧,将智慧反惠学生:

通过定期开展"民主提案制度"提升学生主体地位,培养学生民主意识和政治成熟,全面、深入地了解学风建设、日常管理和就业工作中学生的所想、所需,长年从学生、教师和用人单位收集好的意见和建议,定期召开提案信息反馈会议,听取基层信息反馈,提出可行的措施和改进方法,在基础工作中查摆问题,创新工作方法,从源头上解决学生的留降级、管理不适应、择业迷茫等实际问题;在日常基础工作中紧密契合"立德树人"主旨,培养学生树立"主动学习意识",引导学生要向社会学习、向行业学习、向精英学习,充实学生的知识构架,为更好地服务航运事业打下牢固的基础;帮助学生加强专业技能学习,加强学生的英语听说能力培养;充分利用学生公寓视频播放系统,加强学生专业英语听说能力学习。注重加强体能素质培养:开展"体能训练计划",大一体能储备,大二体能强化,大三体能巩固,大四健康引导,保证训练时间。总之,通过全方位的培养,使学生具备良好的综合素质,适应未来船上的工作生活环境。

二、实施榜样教育,培养学生争创先进的积极性

学校通过在基层走访调研,发现部分学生学习缺少主动性,对未来长远发展没有太多思考,目标性不强,进而缺少学习的内驱力。而实践育人工作本身就是要使用策略促进学生成人成才,其出发点和落脚点就是能够让学生"自我教育、自

我管理、自我服务",因此学校在群众路线教育实践活动中引入"榜样教育",明确提出了"谈先进、学先进、当先进"的教育方针,将行业资源、社会资源介入到学校教育中来,受到了社会各界的广泛关注,提升了学生的培养层次,扩展了学生的学习范围,激发了学生的学习积极性,提升了学生对社会、对行业的了解和热爱。"船长引航计划"将学校传统的学习方式和介入式教育相结合,进一步完善了大学教育的构架,为航海教育开辟了新途径。

今年,我们还计划邀请各港航企事业单位的劳模走入学院,开展主题报告、交流座谈和事迹宣讲活动,用劳模们的事迹感染学生,并开展"劳模事迹学习感悟"主题征文活动,通过榜样教育、帮助学生树立高尚远大的职业理想。

三、注重实践教育,全面提升学生能力

党的群众路线教育实践活动重在"实践",在实际的学生培养中,航海类专业学生未来从事的行业较为特殊,需要学生的全方位发展和各项素质均衡提升。

学校通过进行实践教育,不断提升学生的各项能力,开展"航海类学生职业理想调查",以组织调研、信息反馈和分析解决为具体内容,所有工作由学生组织参与,锻炼了学生的综合素质;对学生进行专业学生技能培养:我们不断深入开展航海专业技能等级大赛、专业技能实践和搭建"就业实习基地"等活动,通过奖励引导、荣誉激励和就业推荐等载体,增加学生参与面;我们还通过增加航海模拟器台套数量,从增加学生驾驶台操作经验;创新性地开展"全国航运企业大调研",以暑期社会实践为载体,组织学生主动出击,利用暑假期间,深入全国六大招聘单位集中地区,调研行业现状,搜集招聘信息,与企业交流,并形成调研报告;不断深入地推进"表达工程"建设,将"三分钟演讲"拓展到"职业发展,就业规划"主题演讲中;深入开展社会实践,主动占领网络思想政治教育阵地,等等。总之,学院在实践教育中,坚持教育学生与服务学生相结合,解决学生思想问题与解决实际问题相结合,为学生能力培养、适应未来工作要求打下坚实基础。

四、开展主题教育,引导树立正确价值观

"立德树人"是教育的根本任务,在群众路线教育实践活动中,如何突出社会主义核心价值体系,用社会主义核心价值体系引领社会思潮、凝聚社会共识,从而规范人、要求人、提高人,是学院学生思想政治教育的重要课题。

学校通过定期开展主题教育活动:每月定期开展主题班会、座谈会和专题讨论会,围绕"中国梦,海洋梦"等主题,用社会主义核心价值体系教育和引导学生,

引领学生将自身发展与航运事业兴衰紧密相连;通过开展航海志趣培养工程,以提升学生的航海志趣为目标,依托丰富的第二课堂学习来提升学生的职业兴趣:举办航运知识普及活动、举办航运职业健康管理、港口文化、西餐文化、航海礼仪交往、世界民俗风情等方面专题讲座,培养学生的职业理想、职业兴趣和职业能力;通过开展主题育人文化建设,深入进行"航海学院文化建设工程",紧密围绕"尚德、励志、感恩、济世"育人主线,以"唤醒蓝色基因"为目标,开展主题文化建设活动及航海精神产品的主题创作收集工作,实现文化育人。

第二节 依托半军事管理促进学生形成"三自我"的良好意识

新中国成立后,国家十分重视高等航海教育,鉴于当时国内外形势和国家远洋运输事业的发展要求,为培养航海类专业学生高度的组织性、纪律性和必要的海上防御军事知识,1956年,经国防部长彭德怀批准,国防部派遣海军军官入驻大连海运学院,为学校培养海军预备役军官。1963年,经周恩来总理批示下发国文办字726号文,同意大连海运学院实行半军事管理。

1988年,交通部决定推广大连海运学院半军事管理的经验和做法,下发了《关于部属高校航海类专业实行半军事管理的通知》,2012年2月,教育部、交通运输部《关于进一步提高航海教育质量的若干意见》再次明确:"有条件的学校应采取对航海类专业学生实行半军事管理等有效措施,促进航海类专业学生海员素质的全面养成。"

我校从1990年起正式实行半军事管理,1997年学校被定为海军广州基地预备役训练定点院校。半军事管理通过升旗仪式、早操训练、整理内务、列队上课、执勤站岗、晚上点名、新生军训、军事会操以及海军预备役基地共建等,培养了学生强烈的国防意识、高度的组织纪律性、良好的团队精神、严谨勤奋的作风和优良的职业素养。

半军事管理的实施,不仅提升了学校管理水平,也扩大了学校社会声誉。在广东大学生阅兵、国家台海演练、海军亚丁湾护航、中国航海院校夏令营等大型活动中,处处展示了航海学子的飒爽英姿和当代大学生的精神风貌,彰显了我院的办学特色。

一、半军事管理的内涵及意义

半军事管理,是为了全面贯彻党的教育方针,根据现代化建设中某些特殊岗位要求,培养高素质的合格人才而实行的一种相对特殊的管理模式。其实质是军事管理,形式上是常规管理与军事管理的有机结合。航海类专业具有岗位职责的高技能性、工作要求的高组织纪律性、工作程序的高规范性、团队成员的高国际性、工作环境的高风险性等职业特点。

这些职业特点决定了海员不仅要有扎实的专业技术,还要具有强健的体魄、良好的心理素质、团结合作的精神以及较强的环境适应能力。半军事管理的强制约束力可以通过对学生的严格训练和教育管理,使教育效果得以保障和维持,并培养出学生的海员素质,为学生日后从事艰苦的海上运输工作打下坚实的基础。航海院校学生未来多工作于"流动的国土"上,需要过硬的政治素质、相当程度的军事素质和国防观念。我校通过有计划的分阶段主题教育,形成学校的航海文化教育特色,促进学校航海类学生的综合素养的提高,提升学生的海员意识和丰富航海文化内涵,提升综合素质,提升学生的就业市场竞争力。一年级以蓝色文明和航海文化教育为主线,以入学教育和军事训练为平台,针对航海类专业的特殊性,航海日活动和航海文化教育为主要载体,着重加强学生的专业思想、海员意识和服从教育。二年级以诚信做人和干净做事教育为主线,以学校两课教育和党团教育为主要平台,以半军事管理一日生活制度落实为载体,强化学生的爱国明礼和纪律意识。三年级以职业道德和职业素养教育为主线,以职业课堂和实习为平台,以职业规划和技能强化为主要载体,加强学生安全、环保、法律、经济意识教育。实践证明,半军事管理不仅保证了学校教学、工作和生活秩序的正常进行,而且对目前学生思想政治素质的教育和提高有特殊的意义。

半军事管理有利于为国防建设服务。航海类专业的国际性、风险性、独立性、艰苦性及国防性等职业特点,决定了航海教育在人才培养上特别强调培养学生具有坚定的政治方向、强烈的爱国主义、高度的组织性纪律性、良好的军人素质、熟练的专业知识、扎实的实践技能、一定的经营管理能力及良好的安全和环境意识等。特别是在战争状态下,商船还担负着海上作战后勤补给的任务,因此提高航海类专业学生国防意识和能力的重要意义不言而喻。航海类院校生源来自全国各地,生源地经济发展的不同步造成学生国防意识的参差不齐。航海类院校应切实增强大学生的国防意识和国家安全意识,培养其爱国主义精神和责任感、使命感,提高他们抵御外敌入侵、捍卫祖国独立、维护国家主权和领土完整的能力和自觉性。

半军事管理是培养现代航海人才的重要途径。航运业是各航运国家国民经济的重要产业,海上运输在国际货运市场上占有不可或缺的地位。航运事业与航海科技的迅速发展,要求各国在发展本国航运事业的同时,注意培养更多复合型航运高级专门人才。进入21世纪,高级航运人才出现世界性短缺,而且,世界航海教育的重心出现东移现象,世界航运人才市场的重心也开始由工业化国家向发展中国家转移。这为我国航海教育的发展和航运人才走向世界创造了一个良好的机遇。通过半军事管理,航海院校可以培养出具有良好的组织纪律性、敬业精神和服从意识的符合世界航运人才市场需要及STCW78/10新公约要求的高级航海人才。

半军事管理可提高学生的职业素养。随着航运业的快速发展,国际航运市场对人才的综合素质要求越来越高。通过半军事管理模式,能够形成团结紧张、严肃活泼的氛围,建立良好的学习、生活秩序,形成良好的学风、班风和校风,使学生养成文明守纪的习惯,坚忍不拔、勇往直前的大无畏气概,吃苦耐劳、艰苦奋斗的精神和团结协作的集体主义思想,有利于全面提高学生政治素质、思想素质和作风纪律素质。这些素质的养成和提高,是航海类专业学生从事未来职业的基础和保障,是培养适应国际航运人才发展需求的必备条件。

二、半军事管理遵循原则

我校半军事管理遵循以下原则:

方向性原则。这是航海类专业实施半军事管理之本,航海类专业学生培养的目的之一是"全面贯彻党的教育方针,坚持知识、能力、素质并重的教育质量观,立足国内面向国际,从适应国际航运人才市场要求出发,培养具有国际竞争能力的航海类人才"。航海类专业在学生管理过程中始终以该目标为导向加强对学生的管理。

针对性原则。针对性原则主要体现在航海类专业的特点上,航海类专业具有艰苦性、独立性、流动性和涉外性,因此要求从事这一职业的人员必须具有高度的爱国主义思想和集体主义观念,有顽强的斗志和勇于献身的精神,有严格的组织性和灵活机动、雷厉风行、令行禁止的良好作风,这些品质都需要在校学习过程中获得,而半军事管理是实现船员职业品质的最有效方法。

特色性原则。特色与生命同行,航海类专业半军事管理特色是航海类教育的生存的根。在人才培养上,特别强调具有坚定的政治方向、强烈的爱国主义精神、高度的组织纪律性、良好的军人素质、较强的外语综合运用能力等;在办学定位上,强调职业性、实践性特点;在教学内容上,强调国际通用性和国际规范性;在校园文化建设上,强调严谨、勤奋、敬业、服从、注重身体素质训练等等。这些特色都与半军事管理息息相关。

规范性原则。这是航海类专业半军事管理有效运行的保证。规范就是在实施学生管理过程中必须遵照的规则和程序。只要按其要求去做,就能达到预期目标,质量和绩效都能得到保证。我国各高校航海类专业半军事管理都有相关的管理条例及规章制度,这就保证了半军事管理的规范性。

人文性原则。在半军事管理工作中,除了必要的科学的管理制度和行政措施以外,尤其需要人文关照,即航海类专业管理中的人文关照,它是从人的本性出发,以人为中心,以发展人的积极性为目的,重视人的主体地位和作用。人文性管理原则是现代管理科学中人本原理的基本精神。

三、半军事管理特色

经过多年的实践与不断完善,我校形成了半军事管理与思想政治教育相结合,半军事管理与日常管理相结合的管理特色。

(一)形成完善的管理制度

通过长期的积累,我校形成了以《学生半军事管理实施办法》为基础的一套完善的学生半军事管理的制度。《学生半军事管理实施办法》是根据《普通高等学校学生管理规定》和《高等学校学生行为准则》,并以中国人民解放军的《内务条令》《纪律条令》《队列条令》等有关内容为依据,结合我校实际情况制定的。《学生半军事管理实施办法》中的各个条、款、项分别对学生的一日生活制度、晚点名制度,请、销假制度,风纪制度,内务卫生制度,值班制度和检查评比制度等做了详细的规定,是学生日常生活、学习的行动指南。同时,结合我校实际,还出台了《学生纪律处分规定》《学生奖学金条例》《学生宿舍管理规定》《文明宿舍评比奖励办法》《卫生宿舍评比条例》《中队长管理与考核办法》《学生纠察条例》等规章,使教育者有章可依,受教育者有章可循,保证了我校学生半军事管理工作得以顺利进行,确保了学校的教学、生活秩序有条不紊,使学生能时时、事事、处处体察到这种有纪律的环境和集体所产生的心理平衡和安全感。

(二)培养一支素质优良的学生管理队伍

我校学生管理机构由学校统一编制,是学校的长期机构,并严格各级管理的分工和职责。我校将半军事管理纳入质量管理体系中,落实各岗位的工作责任和内容,规范各级工作的程序,保证了半军事管理工作的实施。

学校设半军事管理领导小组,设组长、副组长、秘书,成员若干名。下设半军事管理办公室,设办公室主任、副主任。学院下设半军事管理大队,大队设大队长、训导官。大队下设中队,中队设中队长、副中队长等。中队下设区队,设区队长、副区队长和军体委员。

(三)贯彻落实《学生半军事管理实施办法》

从新生入学军训开始,加强对学生半军事管理的启蒙教育,强化对我校《学生半军事管理实施办法》的学习和认识,并抓好后续管理教育。培养学生干部,聘请专业教师与部队教官传授业务和管理知识,帮助学生干部更新观念、改进方法,提高学生干部自我管理的能力。成立校学生纠察队,建立监督组织,形成监督机制,保证半军事管理落到实处。《学生纠察条例》被列入《学生手册》中,既明确了校学生纠察队的重要性,也体现了我校"自我教育,自我管理、自我服务"的教育方针。同时,针对半军事管理的特殊性和我校作为海军广州预备役训练基地的要求,要求教师在讲授航海类专业技术知识时,融入军事理论知识进行讲解,以培养军地两用人才,并以此引导学生对半军事管理的认知且达到认同,从而提高学生的自觉性。

(四)半军事管理与思想政治教育相结合,半军事管理与日常管理相结合

升旗制度、出操制度、晚点名制度及内务检查评比制度,是我校参照军事管理制度结合实际而制定的主要制度。我校长期坚持全校学生参与周一升旗仪式,领导对前一周的情况进行总评并布置下周的工作的制度;利用晚点名制度,直接检查了解学生的返校情况;中队长与学生经常进行交流,及时了解学生当中存在的问题,针对性地做好思想政治教育工作。内务卫生工作是现在青年学生容易疏忽的事情,在高校扩招、高校后勤社会化后,对内务卫生管理的难度加大了,我校在强化内务卫生管理的基础上,在多样化的格局中制定统一规范,取得了良好的效果。学校还成立了军事教研室,开设了军事理论课程。

四、半军事管理实施成效

1988年7月,学校与南海舰队广州基地建立了交流合作,每年由基地教导队派出优秀教官协助我校开展学生军事训练工作。1997年,通过上级部门批复,南海舰队广州基地更是建立了我校预备役教学基地。自此,每年九月份,航海类专业学生前往南海舰队广州基地参加海军"预备役训练"。

1993年10月,广州航专举办一周年庆典,盛大的阅兵场面给部省领导留下了深刻的印象,学生的军事素质和精神风貌受到了来宾的高度评价和赞扬。

1994年10月,学校派出学生军训方队参加广东省首届大学生军训阅兵式,荣获专科类学校第一名。整齐的步伐、挺拔的身姿、一式的水兵服,令观礼台的省领导和嘉宾为之侧目,博得了全场热烈的掌声。

1999年8月,学校派出航海类专业学生参加"对台作战快速动员演练之海军拉练",学生过硬的军事素质和严格的组织纪律性赢得了海军舰艇官兵的一致好

评,本次拉练荣获黄埔区武装部颁发的"优秀组织奖"。

2005年7月11日,首届"中国航海日"庆祝系列活动,在我校进行。在"中国航海日"庆祝大会上,举行了航海专业技能竞赛、手旗表演、队列表演、擒敌拳表演、水上救生表演、航海文化图片展、学海讲坛之航海文化专题讲座、大学生军事技能竞赛、对外开放航海实验室参观等大型系列活动。

2008年,学校与时俱进,率先在全国高校中开展海洋观教育的创新与实践。以第二课堂建设为基础,对师生开展系统的、深入的海洋观教育。海洋观教育的主旨:一是弘扬"蓝色国土"理念,培养学生爱祖国、爱海洋;二是传播海洋文化,促进学生科学文化素质和人文素质的协调发展;三是普及海洋知识,增强学生的海洋意识、海权意识、国防意识。海洋观教育集学术研究、编写教材、开设海洋观课程、多样化教育活动于一体,将学校第二课堂建设提升到一个新的高度。

2010年9月,学校荣获教育部颁发的"全国普通高等学校毕业生预征工作先进集体"。这是教育部首次在全国普通高等学校中开展毕业生预征工作的评选表彰,全国共表彰先进集体135个(其中高校123所),先进个人265名。广东省共有7所普通高校受到教育部的表彰。毕业生应征入伍预征工作开展以来,国家大规模征集普通高等学校应届毕业生入伍服义务兵役,这是党中央、国务院、中央军委的重大战略决策和部署,也是我校武装部征兵工作及毕业生就业工作的一项重点推进项目。我校站在支持国防建设,积极推进科技强兵,人才强兵的战略高度,在校领导高度重视和正确领导下,武装部、就业指导中心和各院系积极主动创新性地开展工作,号召符合条件的毕业生网上预报名应征入伍,营造了良好的舆论环境和积极入伍、报效祖国的浓厚氛围。我校参加入伍预征网上报名并得到确认的毕业生达200人,超额完成了省下达的预征报名任务。

2011年5月,学校荣获广东省军区司令部、广东省教育厅颁发的"2010年度广东省学生军训工作先进单位"。

2011年至今,我校每年暑假派出二十多名师生参加了由交通运输部主办的中国航海院校大学生夏令营活动。学校更是成功举办了2013年该项活动。在救生拖带、撇缆、打绳结、钢丝绳插结、游泳、荡桨、求救信号燃放等7项航海技能竞赛项目中,连续三年,我院取得了骄人的成绩,总共荣获3个一等奖,11个二等奖、10个三等奖。

2011年7月,学校自己培养的驾驶专业学生陈昌明船长作为护航船长奔赴亚丁湾执行第九批护航任务。护航期间,陈昌明船长搜集气象水文信息,提供相关数据依据,积极核准商船信息,提供航行安全保障;陈昌明船长以军人的标准严格要求自己,服从命令,听从指挥,克服了各种困难,出色地完成了任务,充分展示了我院学子坚韧果敢、勇于挑战的意志品质,得到了海军第九批护航编队的肯定,获得了交通部和学校的嘉奖。

长期严格的军训和日常半军事管理,促进了学生"自我教育、自我管理、自我服务"三意识的形成,使全校造就了良好的育人环境和纯正的校风;培养了学生良好的生活作风,增强了合作意识、集体主义精神和组织纪律观念,磨炼了学生坚强的意志,增强了国防观念和爱国主义精神。同时,半军事管理大大提高了学生的综合素质,增强了我院毕业生在就业市场上的竞争能力,受到用人单位的好评,为我院学生打开了就业之门。

第三节　营造以"蓝色文明"为核心的校园特色文化氛围

广州航海学院"因海而生、因海而兴"。在长期的办学实践中,学校秉承"蓝色"理念,坚持特色立校,依托行业办学,积极探索具有鲜明航海特色的办学道路,逐渐形成了具有鲜明"行业性、国际性、国防性"的办学特色。我校校园文化在学生的理想信念、道德情操、审美意识的形成中起着潜移默化的作用,产生着持久的影响。

学校以学校的办学特色和发展目标为基础,以社会主义核心价值体系建设为核心,传承和弘扬"蓝色"文明,精心培育具有厚重航海文化底蕴的特色校园文化,优化校园育人环境,建设良好的校风、教风和学风。学校引导学生从爱我南海为切入点,树立起保护海洋领土、维护海洋权益意识,从而增强学生爱国之心、报国之志,激发航海学子爱海洋的热情,激励航海学子面向新世纪,苦练本领保护海洋,自觉担负起维护海洋权益的职责。通过活动让学生了解许多海洋知识和海防知识,从而增强学生国防意识和民族自豪感,在活动中自觉接受爱国主义教育和集体集体主义教育。

广州航海学院建设航海特色校园文化的目标与思路是:传承和弘扬"蓝色"文明,珍爱"蓝色国土",将"蓝色"文明和"蓝色国土"教育融入社会主义核心价值体系,培育青年学生"爱党爱国爱海洋"的高尚情操,激发青年学生的民族自尊心、自信心、自豪感,促使青年学生在知祖国、爱祖国的基础上,立报国之志、学报国之才、践报国之行;结合学校的办学特色和办学定位,以学生综合素质培养为核心,建立校园文化建设的特色机制,开展校园文化建设的特色活动,促进青年学生科学文化素质和人文素质的协调发展;培养青年学生"爱学校""爱专业",促进青年学生"不畏艰难、开拓进取"的意志品质和"团结协作、高度组织纪律性"等的职业素养的养成;培育良好的校风、教风、学风,充分发挥特色校园文化在高素质航运人才培养中的潜移默化作用。

一、传承和弘扬"蓝色"文明,精心培育航海特色校园文化

秉承"蓝色"理念,培育航海特色校园文化,是航海院校立校、兴校的内在要求,是培养高素质航运人才的内在要求。广州航海学院注重发挥师生主体意识,勇于创新,以具有鲜明航海特色的校园物质文化环境建设为支撑,以第二课堂建设为主干,以航海文化研究为推手,以丰富多彩的校园文化活动为载体,以严格的半军事管理为制度保障,精心培育具有厚重航海文化底蕴的特色校园文化。

(一)以具有鲜明航海特色的校园物质文化环境建设为支撑

校园物质文化环境是精神文化的物质载体,是大学校园文化建设的重要组成部分和重要支撑。优美的校园物质文化环境能对人产生持久的、潜移默化的教育影响,引起人们思想盛情、审美观念的变化;还可以陶冶人的情操,净化人的心灵,使人的修养不断得到提升。校园建筑和校园景观是校园物质文化的主要组成部分。近年来,学校一方面不断加大投入,搞好校园里的教育设施、文体设施、服务设施等的建设,努力确保各类设施齐全、先进,先后建设了图书馆、信息楼、运动场、学生活动中心等一批集审美和实用于一体的校园建筑,为开展寓教于乐的文化娱乐活动打下坚实的物质基础。另一方面,学校在绿化、美化校园的基础上,建设了海燕广场、"起航"雕塑等富有航海特色的校园景观,用桅杆、航标灯、救生艇、锚等富有航海特色的小景装饰校园。优美和富有航海特色的校园物质文化环境的建设,增强了航海学子对校园文化的认同感,对培育航海学子爱校、爱专业的情怀起着潜移默化的重要作用。

(二)以航海文化研究为推手

航海特色校园文化的形成是一个不断积淀、提炼和升华的过程。21世纪的航海,已进入一个崭新的发展阶段,开展航海文化研究,科学认识和理解我国的航海文化,继承其中的优秀航海精神和航海传统,赋予航海文化时代特征,对铸造厚重航海文化底蕴的特色校园文化具有极其重要的作用。广州航海学院大力倡导航海文化研究,以航海文化研究所为平台,组建航海文化研究科研团队,三年来,先后发表了《航海院校德育教育中海洋文化价值培育》《从船员的生存环境看航海院校的生命教育》等文章,申报了《航海院校概论课程的教学改革》等校级课题;与黄埔区政府合作了《广州海事博物馆文本设计》横向课题,承担了《航运与广州经济》省级重点课题,发表了《中国已成为具有重要影响力的航海大国》《从文化传统与民俗信仰审视航海保护神》《海洋文化视野下的南海神庙》《粤海关史述评》

等多篇文章。这些研究成果对学校航海文化的积淀,形成广大师生对航海文化的认同,培育具有航海特色的校园文化起到了积极的推动作用。

(三) 以第二课堂建设为主干

相比于理论课课堂教学,第二课堂由于在时间和空间上更为开阔,可以承载更多的教育方式和内容,具有更多的灵活性和互动性,其教育形式和内容也更易为青年学子接受,因此是校园文化建设的重要阵地。广州航海学院以第二课堂建设为主干,把第二课堂作为开展"蓝色"文明教育的重要阵地,作为建设航海特色校园文化的重要渠道,通过第二课堂开展以航海认知教育为重点的各种航海校园文化活动,有力地促进了学校航海校园文化的形成。2008年,学校与时俱进,率先在全国高校中开展海洋观教育的创新与实践。以第二课堂建设为基础,对师生开展系统的、深入的海洋观教育。海洋观教育的主旨:一是弘扬"蓝色国土"理念,培养学生爱祖国、爱海洋;二是传播海洋文化,促进学生科学文化素质和人文素质的协调发展;三是普及海洋知识,增强学生的海洋意识、海权意识、国防意识。海洋观教育集学术研究、编写教材、开设海洋观课程、多样化教育活动于一体,将学校第二课堂建设提升到一个新的高度。

1. 编写《海洋观教程》并出版

学校何立居副校长组建了编写小组,历时近半年,编写了37万字的海洋观教材《海洋观教程》。该书于2009年1月由中国海洋出版社出版。《海洋观教程》的编写与出版深受社会好评,为各大中院校开展海洋观教育和爱国主义教育都具有重要的指导作用。

2. 组建教学团队,制订教学计划并实施

为开展好海洋观教育,学校组建了一支由航海专业背景和航海文化研究背景的教师组成的专兼结合的海洋观教学团队。学校制订了40课时的海洋观教学计划,将海洋观课程纳入选修课,由教学团队以9大专题的方式向学生讲授;目前,海洋观课程已开课两期,学生报名踊跃:2009年5月第一期学生人数为600多人,2009年10月第二期学生人数为580人。除将海洋观教育纳入选修课外,教学团队还以系为单位,开设了十多场专题讲座,学生参与人次达3000多人。在学生中掀起了学习海洋观的热潮。

3. 开展航海技能竞赛

学校将海洋观教育与开展航海技能竞赛有机结合,促进学生专业素质与人文素养的协调发展。航海技能竞赛由校团委、校学生会、教务处主办,各系承办。各系都根据自身专业特色精心策划各比赛项目,如航海系的比赛项目包括航海基本技能竞赛、消防、急救、电子工艺、水上模拟救生、模拟法庭。轮机系的比赛项目包括车削加工、钳工制作、电弧焊接、PLC 编程、抛水龙带等。

4. 建立航海特色鲜明的校外教学实践基地

学校高度重视理论联系实际,在开设海洋观课程的同时,注重发挥教学实践基地在特色校园文化中的作用。近年来,学校积极建立与航海院校特点相关联的实践教学基地。先后建立了南海神庙、粤海第一关、牛山炮台、长洲岛海军舰艇基地等一批航海特色鲜明的实践教学基地。

二、以丰富多彩的校园活动为载体

作为一所航海院校,学校以丰富多彩的校园活动为载体,对学生进行航海认知教育,让他们了解航海、热爱航海、体验航海。开展了航海日、广东海事高级论坛、水上运动会、大学生技能竞赛、船模展等丰富多彩的具有鲜明航海特色的校园文化活动,形成了"庆祝中国航海日""船模展""水上运动会"等一批校园文化活动品牌。

(一)举办"中国航海日"系列活动

经国务院批准,自 2005 年起,每年 7 月 11 日设立为"中国航海日"。庆祝"中国航海日"系列活动,是学校以爱国主义教育为主线,弘扬和培育伟大的民族精神,提高全体师生的航海意识、海洋意识和海防意识的重要校园文化活动;更是建设学校航海特色的校园文化、促进学校航海教育事业可持续发展的重要举措。该活动包括举办"中国航海日"庆祝大会、水上运动会暨航海文化宣传比赛、航海专业技能竞赛、手旗表演、队列表演、军体拳表演、水上救生表演、航海文化图片展、学海讲坛之航海文化专题讲座、大学生军事技能竞赛、对外开放航海实验室参观等大型系列活动。隆重的庆祝活动,使师生更加了解和熟悉航海,热爱航海、热爱海洋、热爱祖国的理念更加深入人心。

(二)参加全国航海院校暑期夏令营

从 2010 年开始,学校每年组织航海学生参加全国主要航海院校暑期夏令营,此活动由交通部主办,每年由不同航海院校承办。在多姿多彩的七月,七所中国航海院校的大学生齐聚于一起,参加中国航海院校大学生夏令营。

中国航海院校大学生夏令营自 2005 年纪念郑和下西洋 600 周年开始举办,至今已经是第十届。夏令营一般从在 7 月底进行,活动以"十年航海情,共筑航海梦"等为每届主题,活动分为"瀚海扬帆""海员本色""文化之窗""蓝色之旅"等多个主题篇章,紧紧围绕航海技能竞技、航海风采展示、航海文化交流、航海教育基地参观等特色活动展开,使营员深切感受航海文化的内涵,体验航海科学的魅力,不断深化航海类专业学生对海洋强国战略的认识,传承老一辈航海人热爱祖国、热爱海洋的血脉和基因,积极投身祖国的航运事业。

在本届夏令营活动中,我院营员在航海技能竞赛中不畏强手、赛出水准、赛出风格,获得不同等奖;在夏令营其他活动中,我院营员热情参与,认真学习,努力提升自身的航海技能,让广州航海人的风采在大连尽情绽放。

夏令营活动中,七所航海院校的营员以积极的态度,为航海院间的相互交流学习架起一座友谊之桥,以优异的成绩展现了中国未来航海家的风采,为祖国由航运大国向航运强国迈进贡献自己的力量,谱写一曲航海人无悔的青春之歌。

(三)船模展

学校定期举办船模展,作为学校的一道亮丽的风景线,备受航专师生的关注。其中船模展有集装箱船、散货船、邮轮、多用途货船等的展览,并配合了航海历史及船舶种类介绍图片展,通过大小不同的商用船模型,大大普及了师生的航海知识。

(四)水上运动会

水上救生是航海类专业学生必须掌握的基本技能。学校水上运动会已有22年的历史,它包括游泳比赛、水上技能表演、趣味水上运动等多项水上竞技活动。隆重的开幕式和颁奖仪式、全校师生的热情投入,体现了使学校师生的激情和活力,使学校充满了凝聚力。

(三)航海特色校园文化建设取得显著成效

秉承"蓝色"文明,培育航海特色校园文化,是航海院校发展和人才培养的内在要求。在40多年的办学历程中,广州航海学院积淀了具有厚重航海特色的文化底蕴,充分发挥校园文化潜移默化的育人功能,在人才培养方面取得了显著的成绩。第一,通过航海特色校园文化的建设,优化了学校育人环境,促成了学校"勤学善思厚德求新"的优良校风、学风、教风的形成。第二,通过航海特色校园文化建设,促进了学生科学文化素质和人文素质的协调发展。第三,通过航海特色校园文化建设,促进了学生不畏艰难、勇于开拓、团结合作、组织纪律性高等优秀职业素质的养成。多年来,学校航海类毕业生以过硬的政治素质、职业素质和专业技能深受社会欢迎,航海类毕业生的一次就业率一直保持在95%以上。

校园文化的培育是一项系统工程。在学校航海特色校园文化的建设过程中:必须科学制定校园文化规划。校园文化的建设必须站在战略的高度,校园文化建设规划应与学校总体战略规划紧密相连。必须构建完善的校园文化建设体系,加强对校园文化建设的领导。校园文化建设作为一项系统工程,渗透于教育教学的各方面,必须加强领导,发挥主体意识,全民参与,充分调动广大师生的自觉参与校园文化建设的积极性。必须彰显特色,以学校的办学理念、办学特色和发展目标为基础,反映校园文化发展的内在要求。

第四节 巩固暑期"三下乡"社会实践活动的特色育人功能

实践育人是我们学工系统参与学校人才培养的一个有力依托。其中暑假期间组织学生参加"三下乡"社会实践活动是实践育人的有效载体,为了把这项工作持续健康地开展下去,力争能够取得更加扎实有效的育人成果,学校社会实践各举办单位在总结以往经验的基础上,结合新时期的新任务、新形势、新特点紧紧围绕"服务社会,实践育人"这一中心,发挥专长、勇于创新、务求时下,确保安全,认真部署和组织好每年的暑期"三下乡"社会实践活动。

一、高度重视准确定位,将暑期"三下乡"社会实践活动纳入思想政治教育工作体系

暑期"三下乡"社会实践活动是新形势下加强和改进大学生思想政治教育的有效形式,也是广大青年学生了解社会、认识国情、增长才干、砥砺品格的广阔舞台。多年来,我院积极组织开展社会实践活动,把它作为提高学生实践能力和综合素质的重要依托,作为我院大学生素质教育的重要组成部分。工作在育人一线的教师和辅导员及相关职能部门能充分利用好暑期"三下乡"社会实践活动这一特色的实践育人载体,将其纳入青年学生思想政治教育工作体系,纳入学校培养具有航海特色人才的育人目标的模式中来。紧紧围绕实践育人这一根本宗旨,不断拓展实践活动的深度和广度,将其与第一课堂、第二课堂有机地结合起来,真正做到全方位育人,全过程育人。

二、拓展领域,不断创新,积极探索实践育人的长效机制

我院暑期"三下乡"社会实践活动工作有着良好的传统和厚重的基础。巩固成果、创新发展是我们今后进一步做好这项工作的基本原则。暑期"三下乡"社会实践活动具有顺应新时期大学生成长成才的实际需要,紧密结合实践地的现实需求,不断探索和形成行之有效的工作体制和工作机制,才会焕发勃勃生机,实现可持续发展。我们时刻准确把握暑期"三下乡"社会实践活动工作规律,并使其与时代发展相结合,与大学生的培养教育相结合,与地方经济建设需求相结合,拓展社会实践活动的新载体、新方式、新领域、新途径,科学组织、精心筹划、扎实推进、不断探索实践育人的长效机制。

三、精心培育暑期"三下乡"社会实践活动的育人品牌

学院积极探索建立社会实践活动与专业学习、服务社会、勤工俭学、择业就业、创新创业的联动机制,突出教学实践、专业实习、军政训练、社会调查、"三下乡""四进社区""对口帮扶""红色之旅"等活动的育人功能。立足基层,真情投入,努力做到在成长中实践,在实践中成长进步。实践是最好的老师,青年学生只有贴近基层、贴近群众、贴近实际,深入了解我国政治、经济、社会发展现状,才能不断深化对科学发展观、新农村建设、构建和谐社会等科学理论和党的路线、方针的正确理解,才能真正做到坚持学习书本知识与投身社会实践的统一,才能不断增强社会责任感和历史使命感。青年学生只有在社会这个广阔的天地中接受风雨洗礼、磨炼意志品质,才能不断地成长进步,才能更好地应对未来面临的各种挑战。"读万卷书,行万里路",应当说这是每一个人的成长规律。美国大发明家爱迪生讲过:"人与人之间的差距是在业余时间产生的。"学校鼓励同学们充分地利用课余时间走向社会,深入基层,把实践当作步入社会的一个演练场,在实践中不断进步,茁壮成长。

四、及时总结、巩固成果,推动暑期"三下乡"社会实践活动深入开展

学校对暑期"三下乡"社会实践活动进行及时总结、巩固成果、查改不足、凝练提高,并大力宣传在社会实践活动中涌现出的先进集体和先进个人,充分发挥他们的典型示范和带动作用,引导大家向受表彰的先进集体和先进个人学习,学习他们精心谋划、务求实效的作风,学习他们深入基层、肯于吃苦的精神,学习他们大胆探索、勇于实践的魄力,学习他们为地方经济建设和社会发展服务奉献的责任意识。在开展总结交流活动、提炼社会社会实践成果的同时,进一步创新思路、拓宽领域,确保我校暑期"三下乡"社会实践活动做得更加扎实成效。

第五节 探索建立以协同创新理论为突破口的特色育人机制

随着经济社会的发展,学校不能关起门来办教育,而是应该走出去请进来,注重资源整合与共享,实现在协同中育人。学校与企事业单位开展形式多样的合作办学,实现学生在校所学与企业实践有机结合,让学校和企业的设备、技术实现优

势互补、资源共享,切实提高育人的针对性和实效性,提高技能型人才的培养质量。

从研究广州地区高校学生思想政治教育的特征入手,运用社会网络分析方法,对高校学生思想政治教育协同创新环境进行研究,并分析我国高校在学生思想政治教育创新方面具有的优劣势,在此基础上,进一步研究高校学生思想政治教育协同创新的过程,通过对学生思想政治教育协同创新机制的分析,找出学生思想政治教育协同创新的内在规律,然后在归纳出影响高校学生思想政治教育协同创新模式选择的因素。在此基础上,提出多种典型的大学生思想政治教育协同创新模式,并构建选择模型。

我院作为一所特色鲜明的航海类高校,十分重视协同育人工作,近年来在专业设置和办学理念中十分关注与产业紧密对接,专业设置紧扣航海特色、珠三角经济区的航运产业,不断去探索协同育人的平台搭建和机制建设。目前与我院签约合作协同育人的既有实力名校,也有政府部门,更有众多知名企业。合作的内容涵盖学科专业建设、师资队伍建设、思政教育、学生实习实训、毕业生就业、科研合作等,非常广泛而深入。相信在有关方的共同努力下,通过创新合作模式,必将实现优势互补、互利共赢,并为珠三角乃至国家航海事业的发展作出更大的贡献。

在思政工作上将学生的思想政治教育与航海职业教育进行创新性结合,在学校管理上对全体在校生实施半军事化管理,在文化熏陶上坚持以"海洋观"为核心的特色校园文化教育,是学校在长期育人工作中开展的具有航海特色的实践育人的重要内容。

此外,学了院实践育人工作紧握世界航运发展的脉搏,密切与国内外其他航运院校及相关行业的交流。我院与亚太航海院校联合会、香港船东协会等多家行业协会建立了紧密的合作关系,与意大利热那亚圣佐治亚航海学院等多家境内外高等航海院校建立了合作办学关系。

根据国家和广东经济社会发展战略,学校将按照教育部、广东省的要求,充分发挥自身的专业特色和学科优势,抢抓机遇、与时俱进、科学发展,不断在实践育人工作中探索和总结出更多更具有创新性的、更是特色的工作方案,为实现"把学校办成一所规模适度、结构合理、特色鲜明,在华南地区起龙头作用,在国内有较大影响的应用型海事本科院校"的目标努力奋斗。

第三章

强力推进特色课堂教学与省级优质课程建设

05方案以来,广东省高校思想政治理论课进行了六批优质课程建设,我校《思想道德修养与法律基础》课程于2008年获得立项,《毛泽东思想和中国特色社会主义理论体系概论》课程于2011年获得立项,通过两年的建设,都通过了优质课程建设验收。

第一节 《思想道德修养与法律基础》课程建设

自2008年荣获省教育厅第三批思想政治理论课优质课程来,学校和思想政治理论课教学部(以下简称思政部)为建设优质课程做了大量工作,在我校"思想道德修养与法律基础"教学团队全体教师的共同努力下,我校在《思想道德修养与法律基础》(以下简称"基础")优质课程建设方面进行了不懈的努力和有益的探索,取得了显著的成效。

一、重视教师队伍建设

教师队伍建设是思政课教学质量的保证。在实施优质课程建设过程中,我教学团队十分重视思政教师队伍的建设。

(一)课程负责人具有较高的学术水平、教学水平和教师风范

课程负责人主讲《基础》课程多年,能自觉认真学习邓小平理论、"三个代表"的重要思想,落实实践科学发展观活动,坚持党的基本路线,自觉同党中央保持一致。忠诚党的教育事业,积极钻研教学科研业务,求真务实,勇于探索,以身作则积极投身教育教学改革。在《基础》优质课程建设上,与教学团队教师一起拼搏,认真工作,为优质课程的建设和发展作出了不懈努力。

《思想道德修养与法律基础》课程在获校级精品课程后,又被评为广东省思想政治理论课优质课程。课程负责人热爱教育事业,爱岗敬业,以德修身,以德育人,不断进取,勇于创新,责任心强,工作踏实。2008年成为广东省高校思想政治理论课骨干教师培养对象,2009年荣获学校教学优秀奖和科研优秀奖,2010年被评为优秀教师。2008年主持了省教育厅课题《思想政治理论课教学过程中的师生关系研究》,2009年主持了校级课题《航海院校海权意识教育研究》。自2008年1月至今,在《思想教育研究》《学校党建与思想教育》等核心刊物以及学院《学报》、省级刊物上发表论文10多篇。在教学方面主要承担《思想道德修养与法律基础》《毛泽东思想和中国特色社会主义理论概论》《廉洁修身》以及《形势政策课程》等课程的教学任务以及实践性教学环节的教学指导工作。课程负责人一直在教学第一线,治学严谨,为人师表,精心备课,认真上好每一堂课,积极制作教学课件,认真批改学生作业,能根据社会时代的发展变化,针对青年学生的特点而不断进行教学改革。课堂教学效果好,在学院的学生课堂教学效果网上测评中连续多年均取得优秀,深受学生的好评。

(二)不断优化教学队伍,提高整体素质,以确保优质课程建设的要求

教学团队建设是优质课程建设最基本的教学建设,是推进教学改革与创新的关键。本课程负责人与主讲教师具有一定的马克思主义理论修养、社会科学知识和自然科学知识,热爱党的教育事业,热爱学生,努力钻研教学科研业务,积极投身教育教学改革,认真履行岗位职责,具有良好的师德师风,具有较强的教学能力和科研能力,教学经验丰富,教学特色明显。在两年多建设期,我们引进1位在读博士,2位教师考取在职博士研究生,3位教师晋升为副教授,1位教师升格为讲师,从而优化了课程的师资队伍的结构。

在课程建设期间,我们高度重视师资队伍建设,力求打造一支政治坚定、业务精湛、师德高尚、结构合理的教师队伍,营造良好和谐的团队氛围。我们非常重视自身修养和职业道德建设,爱岗敬业,工作勤奋,较好地履行教书育人的职责。作为一个教学团队,课程组每一位教师都表现出了较强的责任感和团结协作精神,教师之间注重教学教研的沟通与协作。我们深深地认识到:思想政治理论课教师肩负着培养德、智、体、美全面发展的社会主义合格建设者和可靠接班人的教育任务,因而能够坚持正确的政治方向,及时掌握党中央的新的指示精神及方针、政策,并在教育教学中注重贯彻宣传。我们深深地认识到:自己的人生观、世界观和价值观等直接影响着学生,学生会"听其言,观其行",因而把知、情、意、行的统一作为自己的行为规范,力图通过自己的言传身教,通过与学生感情的培养,使其

"亲其师,信其道",成长为爱党、爱国、爱海洋,具有较高思想政治素质的"四有"航海人才,实现育人的根本目标。

本教学团队教师都受到学生普遍欢迎,深得好评,满意度超过90%。目前本教学团队共有副教授6人。1人为省骨干教师培养对象,1人为校级教学名师,经过努力,3人由讲师职称被评定为副教授职称。在团队建设过程中注重教师责任感和团结协作精神的教育,重点抓中青年骨干教师的培养和提高,注重发挥老教师的传、帮、带作用,不断培养优秀的青年教师充实到教学一线;积极组织教师参加各种教学教研活动,坚持在职进修和阶段性培训相结合的方式,鼓励教师全员进修培训,提高教师的业务水平;每学期派遣教师参加省教育厅组织的备课会、观摩教学、研修班等;选派教师参加省委宣传部、教育厅举办的全省高校哲学社会科学教学科研骨干研修班;选派教师到暨南大学作法律基础的访问学者;结合航海高校特点进行从北部湾、南海、东海、黄海到渤海湾的社会实践考察,从而加强了教师教学教研能力培训,提高了师资队伍的素质;我们还组织教师去海陆丰及井冈山革命根据地进行社会实践,加强思想教育。思政课教师以各种形式进修、考察、参加各种学术性会议、研讨会、优质课交流会、思政课备课会和岗前培训,不断提高教师的整体素质。

课程组成员的知识结构充分体现了思想道德教育和法律教育的有机结合,涉及的学科包括马克思主义理论与思想政治教育、哲学、法学等。课题组成员分别毕业于中山大学、武汉大学、华南师范大学、西南政法大学等知名学府,有3位在读博士,有7位教师获得硕士学位。教学队伍层次合理、结构均衡。目前教学团队的教师队伍的建设呈现出副教授、讲师、助教职称结构及博士、硕士、学士的学位结构,人均年龄为40岁左右,都是有发展潜力的中青年骨干教师,构成年龄结构合理的师资梯队。

(三)注重教学改革和教学研究,确保持续发展。

教学团队教师不但教学效果好,而且教学思想活跃,教学改革有思路,他们不断努力推进教学改革,成效显著。课程组每学期初进行整体部署,制定教研教改计划,有计划地组织集体教研活动,积极推动教学改革。每学期多次集中进行教研活动,探讨和研究有关的教学工作。课程组通过集体备课、举办公开课、说课等教研活动,更好地理清了教学思路,找准了重点难点,教育教学内容更具有针对性,教学环节设计更趋合理,从而大大增强了教学效果。在教学方法的改革与实践中,注重自学与讲授相结合,注重教师的"讲"与学生的"学"与"做"融为一体,注重运用"讨论式""论辩式""社会调查式""讲授式"的教学方式,开展了各种能够充分调动学生学习兴趣和积极性的教学方法的改革活动,效果显著。通过努力,《基础》优质课成为学生真心喜爱的课程。

在教学中,我们经常采用的方法是案例式、问题式、专题式等教学方法。

1. 案例教学法根据教学目的和教学内容的需要,通过具体的、典型的案例,启发学生思考,通过主动参与讨论,培养学生的学习兴趣,以提高学生分析和解决实际问题的能力,从而不断提升自己的德行修养和法律素养。

2. 问题式教学是指在教学中带着"问题意识"来组织教学,引导学生发现问题,组织学生讨论问题、分析问题和解决问题。通过这种过程,使学生学会独立思考,掌握正确解决问题的思维方法,提升解决问题的能力。

3. 专题式教学法就是结合《基础》课程教材的章节体系,从中选取若干专题进行深入分析的讲授方法。教师通过有深度、有针对性的专题讲授,让学生明白"是什么",懂得"为什么",知道"怎么做",从而加强了课程的教学效果。

二、课程内容设计凸显航海特色

(一)在课程内容方面,我们严格按照中宣部教育部(教社政〔2005〕5号)文件规定的教学内容、教学学时实施教学和管理,按照学校教学质量管理体系的要求进行教学安排。

每学期教学团队都会围绕教材、教学内容、学生进行集体讨论,统一课程设计,针对教学中的重点、难点、热点问题进行探讨研究,不断丰富和拓展教学内容,使课程教学内容新颖、信息量大,并能展示教改教研和学科最新发展成果。在备课过程中力求吃透教材、掌握各门课程的内在逻辑和理论体系,正确处理课程内容的基础性与先进性的关系,处理好本课程与相关课程的关系,以实现教学过程中课程教材体系向教学内容体系的转化及教学内容体系向学生思想内化的转化。

思政部建立了有效的、以听课评课为主要环节的教学监控制度,主要做法是:第一,思政部主任、副主任和各教研室主任每学期听课5次以上,教师每学期听课2次以上,并填写《听课表》(GMC-2-019-01);第二,思政部每学期组织1次示范课,由教研室教师集体听课和评课的活动;第三,任课教师之间自行听课交流。

(二)在教学内容组织与安排上,注重理论联系实际

《基础》课程的建设将相当多的精力集中于教学内容的组织和安排方面上。如何将教材体系转化为教学体系、将教学体系转化为学生认知体系是教学中关注的中心问题。本课程从高职高专的现状出发,从航海类专业的现实性出发,注重了解教学实际中可能存在的问题,了解学生对学习思政课的态度与成效,注重在

教学过程中融知识传授、能力培养与素质教育于一体,努力增强《基础》课的针对性和吸引力。教学团队不定期组织教师对教材体系进行了研究并科学设计,以模块方式集中讲课主题。

根据中央有关思想政治理论课改革的文件精神和教育部统编的教材,以及我院人才培养目标和培养模式,结合我院航海类高专学生实际,确定了四个模块六个实践教学内容。一是从学生的大学生活规划开始,适应大学生活,明确成才目标,树立职业理想,理解职业理想对成长成才的意义;二是通过海洋观教育、海洋热点问题研究,加强海洋意识、海权意识与海防意识教育,引导青年学生理解爱海洋与爱祖国的关系;三是通过我院优秀校友的成功人生,认识人生价值的评判标准,明确作为一个航海人的人生意义;四是通过社会公德与成长成才、职业道德与成长成才专题研讨活动,培养青年学生清晰航海人的职业道德要求;五是举办大学生恋爱利弊辩论赛,让学生树立正确的恋爱观,明确恋爱中应该遵守的道德;六是通过法律知识尤其是涉海法律知识、法律修养与涉海类高专学生成长成才专题研讨等活动,培养学生的法律意识。

整个课程内容体系的设计结合航海类高专学生的特点,贯穿了涉海高专学生成长成才的主线,突出涉海类高专学生的职业性,从而在教学内容的组织与安排上力求体现科学性、行业性、实践性和针对性。

1. 以模块化讲授方式对课程内容进行整合

结合我校人才培养模式,将课程内容整合为四大模块。

模块一:新阶段教育,即绪论。教学重点:航海类高专学生自身定位。

模块二:理想价值教育,即第一章、第二章和第三章。教学重点:航海人的职业理想、海洋爱国主义和航海人的人生价值。

模块三:道德教育,即第四章、第五章和第六章。教学重点:传统道德、网络道德、爱情道德和职业道德。

模块四:法治教育,即第七章和第八章。教学重点:法治意识和涉海的基本法律制度。

2. 开展特色实践教学

实践教学以培养学生职业能力和健全人格为主线,根据教材、理论教学内容的安排确定主题,以提高航海高专学生实际解决问题的能力。

主题一:适应大学生活。实践教学内容:航海类大学生活规划。

主题二:职业理想的树立。实践教学内容:航海类专业对职业素养的要求专题研讨。

主题三:学生爱国情操的培养。实践教学内容:海洋观教育、海权意识教育和海防教育。

主题四:人生价值的评判标准。实践教学内容:从优秀校友的成功人生看航海人的人生价值。

主题五:道德品质的锤炼。实践教学内容:航海人的道德要求专题研讨、恋爱中的道德研究。

主题六:法律意识的培养。实践教学内容:航海类的法律意识培养。

教学内容与课时分配					
	理论教学内容		课时分配	实践教学主题	课时分配
模块一 新阶段教育	绪论 || 珍惜大学生活开拓新的境界	6	航海类大学生活规划	2
模块二 理想价值教育	第一章	追求远大理想坚定崇高信念	5	航海类专业对职业素养的要求项目四:人生价值拍卖会(2学时)	2
	第二章	传承爱国传统弘扬民族精神	5	海洋爱国主义教育	2
	第三章	领悟人生真谛创造价值人生	6	从优秀校友的成功人生看航海人的人生价值	2
模块三 道德教育	第四章	加强道德修养锤炼道德品质	6	航海人的道德要求专题研讨、恋爱中的道德研究	6
	第五章	遵守社会公德维护公共秩序	5		
	第六章	培育职业精神树立家庭美德	5		
模块四 法治教育	第七章	增强法律意识弘扬法治精神	7	航海类的法律意识培养	4
	第八章	了解法律制度自觉遵守法律	7		
课时总计	理论课时		54	实践课时	18

(三)实践教学常抓不懈

根据中宣部教育部有关"高等学校思想政治理论课所有课程都要加强实践教育"的精神,根据航海院校双证教育(学历教育、高等职业教育)的特点,坚持理论与实际相结合。《基础》课实践教学注重引导大学生在实践中加深对思政课的教学内容的理解和接受，提高分析问题和解决问题的能力。为此，我们首先将实践教学课时纳入教学计划，根据本课程的特征，设计出各类实践活动，以满足培养优秀学生的要求。同时，建立了与航海院校特点相关联的实践教学基地，主要有南海神庙、粤海第一关、牛山炮台、孙中山大元帅府、新滘镇敬老院等。另外我们依托校学工部和团委等平台，积极指导和参与学生假期社会实践活动，加强课程的实践教学环节，并收到了理想的效果。

本课程把强化实践教学作为增强思想政治理论课教学实效性的一个突破口，结合理论教学内容，围绕航海院校的大学生道德、法律素养与航海类大学生成长成才的关系这个主题，每学期设计不同的专题组织学生进行调查研讨，探讨的内容主要有：航海类院校大学生海洋观调查、航海类大学生理想信念状况调查、海洋爱国主义思想研究、航海大学生就业研究、涉海法律基本知识学习等。

三、课程建设强化海洋爱国主义教育

我院是华南地区唯一独立建制的航海类高校。1964 年建校后直属交通部，1998 年划转广东省管理。长期以来，我院担负着为国家和航海事业培养既有政治素养又有专业技能的高素质人才的重大社会责任。学校把思想政治理论课建设融入全校一体化的育人系统工程之中，《基础》优质课程建设团队的教师自觉秉承学院的办学理念和办学特色，积极探索，不断推进教学改革，逐步形成了航海类学校思想政治理论课教学的特色项目。

（一）教学过程中始终贯穿爱党、爱国、爱海洋的爱国主义主题教育

开展的主题活动具有鲜明的航海特色，透过多渠道、多途径引导航海学子爱党爱国爱海洋。除了《基础》理论课教学外，还非常注重课堂领域的延伸，积极参与党校、团校的活动，以第二课堂活动为载体，开展各种主题实践活动，实现第二课堂对第一课堂的有益补充。多途径、多层面，引导学生坚定信仰共产主义远大理想和中国特色社会主义理论，继承和发扬党的优良传统，忠实执行科学发展观，做爱党爱国爱海洋的航海人。学校将科学发展观主题教育贯穿于正在开展的"2009 年广州航海高等专科学校校园科技节活动"和"广州航海高等专科学校 2009 年学生海洋观教育系列活动"之中，通过主题实践教育活动，引导青年学生争做科学发展观的忠实实践者。在每学期的教学计划与教学安排中，教学团队都把思想政治理论课教学工作的科学发展放在突出位置，从"培养什么人、怎样培养人"的战略高度，思考如何把《基础》优质课程建设成为学生真心喜欢、终身受益的

课程。

(二)教学科研过程中秉承以红色教育为主干,以蓝色文明为支撑的理念

《基础》优质课程建设团队教师一直以来就在不断地思考并最终清醒地认识到:在我校开展思想政治理论课教学就必须抓住我校的鲜明的航海特色。坚定的爱党爱国爱海洋、远大的理想信念、崇高的价值追求是航海学子成长成才的根本动力和精神支柱。提高大学生思想政治工作的实效性,是培养有理想、有道德、有文化、有纪律的社会主义事业建设者和接班人的重要保证,也是我院培育高技能的航海人航海院校思政课的思想政治基础。因此,我校的思想政治理论课在教学过程中非常注重结合航海行业性、国际性、国防性,有针对性地开展爱国主义教育,突出理想信念教育,帮助大学生思考作为航海人的人生价值,同时加强海洋法律意识培养。

本课程团队在科研教改方面始终坚持航海特色。主要的课题有:航海院校海权意识与爱国主义教育研究、航海院校思想政治理论课教学实效性研究、百年中国海商法立法之演变、全球化背景下航海院校弘扬近代海防爱国思想研究、基于航海文化的创新型网络文化研究、航海人才培养中发挥航海文化育人功能的研究等;发表了《航海院校德育中海洋文化价值培育》《从船员的生存环境看航海院校的生命教育》《从文化传统与民俗信仰审视航海保护神》《海洋文化视野下的南海神庙》《从海权意识培养看航海院校爱国主义教育》《15年来中国航运立法研究综述》《大航海时代广州航运之历史文化扫描》《百年中国海商法立法之演变》《以岭南文化为视角解读高校思想政治理论课教学困境》《论新时期航海院校大学生综合素质的培养》等文章。

(三)在实践教学中建设具有航海特色的社会实践基地

在实践教学方面,我们注重把思想政治理论课的社会实践纳入到全校整体的教学中,把我校的航海特色融入思想政治理论课的社会实践中。为帮助航海学子更好地了解航海、港口历史,我们与南海神庙管委会、黄埔古港遗址粤海关纪念馆建立了社会实践基地。《基础》优质课程建设团队教师还将努力进一步开拓更多具有航海特色的社会实践基地,更好地把思想政治理论课教育教学与学生的社会实践有机地结合起来,让航海学子在理论联系实际中陶冶情操,加深对国情、海情和社会的了解,加深对我国海防、海权等历史与现状的了解,使他们的爱党、爱国、爱海洋的情感得到升华。

第二节 《毛泽东思想和中国特色社会主义理论体系概论》优质课程建设

经过多年努力,我校《毛泽东思想和中国特色社会主义理论体系概论》(以下简称"概论")于 2011 年荣获省教育厅第六批思想政治理论课优质课程。自优质课程立项以来,学校领导高度重视,相关职能部门密切配合,《概论》课程建设团队共同努力,按照广东省高校思想政治理论课优质课程建设指标体系要求,结合航海院校行业性、国际性、国防性的特点,多措并举,在推进我校《概论》优质课程建设方面进行了不懈的努力和有益的探索,取得了明显的成效。

一、教师队伍建设

(一)课程负责人和主讲教师在师德师风、教学能力、学术水平等方面不断提升

课程负责人主讲《概论》课程多年,一直在教学第一线,忠诚党的教育事业,爱岗敬业,责任心强,工作踏实,不断进取,勇于创新,积极钻研教学科研业务。两年多来,在教学、科研方面都有一定的突破:2011 年至今,多次获得教学优秀,2011 年学院年度考核优秀;教学研究论文《畅谈创新＜概论＞课教学的三要素》获得 2011 年广东省《概论》课程教学基地研讨优秀论文奖,2013 年主持广东省教育科学十二五规划(2012 年)课题《学校海洋生态道德教育研究》,参与了广东省哲学社会科学"十二五"规划 2012 年共建项目《海洋认知下的南海神庙软实力研究》院和广东省教育科学十二五规划(2013 年)课题《社会主义核心价值体系融入大学生思想政治教育研究》;两年来公开发表论文四篇,参与编写教材两本。

课程的主讲教师尹伶俐教授是我院教学名师,也是广东省高校思想政治理论课第三批优质课程《基础》课的负责人,且在验收时获得优秀,在优质课程建设方面经验丰富,而且她还是我院思想政治理论课教学部的负责人,对课程建设有着全局的部署和规划。在《概论》优质课程建设两年中,尹伶俐教授的教学效果均为优秀,她教学富有特色,深受学生好评。

课程的主讲教师吴妙英副教授,是一位教学经验丰富、责任心强、教学科研水平高的教师。课程的其他主讲教师王华、占毅等,热爱教育事业,责任心强,工作踏实,教学特色明显,教学效果好,是课程建设的中坚力量。

(二)教学团队的整体素质不断提高,确保达到优质课程建设的要求

优质课程建设中的最基本的教学建设是教学团队建设。建设两年来,我们通过各种形式的进修、考察、参加各种学术性会议、研讨会、优质课交流会、思政课备课会和岗前培训等,不断提高教师的整体素质。目前本教学团队共有教授1人、副教授6人、博士2人、在读博士1人。经过努力,2011年1人由副教授职称被评为教授职称,2人由讲师职称被评为副教授职称,1人由助教职称被评为讲师称,教师队伍进一步优化。

师资队伍的建设是课程建设的关键。我们非常重视师资队伍的建设,努力打造一支政治坚定、业务精湛、师德高尚、结构合理、团队气氛和谐的教师队伍。因此,在师资队伍建设中,我们一方面注重教师责任感和团结协作精神的教育,重点抓中青年骨干教师的培养和提高,注重发挥老教师的传、帮、带作用,不断地培养优秀的青年教师充实到教学一线。同时,鼓励和支持教师参加各种形式的进修和培训,提高教师的业务水平。(1)鼓励青年教师积极攻读博士学位。2010年至2013年,主讲教师王华在湖北大学攻读博士研究生,并获得博士学位。2011年至今,主讲教师占毅在华南师范大学攻读博士学位。(2)积极组织教师参加各种教学教研活动,坚持在职进修和阶段性培训相结合的方式,鼓励教师全员进修,提高业务水平。每年选派教师参加广东省教育厅组织的《概论》课程备课会、观摩会,选派教师参加广东省哲学与社科骨干研修班学习(2011年孙利龙、2012年马英明、2013年王华),通过培训进修,极大地开阔了教师们的理论视野,更新了教育教学理念,提高了业务水平。(3)每年组织教师进行社会实践考察。近几年来,我们组织教师去海陆丰、井冈山革命根据地、广东阳江"南海一号"、广东深圳"东江纵队纪念馆"等地进行社会实践考察,加强思想教育,拓宽了教师的视野,进一步提高了师资队伍的整体素质。

两年多来,通过进修和培训,我院《概论》教学团队的队伍结构明显提升。现在教学团队成员的知识结构涉及的学科包括马克思主义理论与思想政治教育、哲学、法学、历史学等,能够较好地满足我院《概论》课教学的需求。教学团队成员分别毕业于中山大学、湖北大学、华南师范大学等,有2名获得博士学位、8名获得硕士学位(其中1名在读博士)。教学队伍层次合理、结构均衡。目前教学团队的教师队伍的建设呈现出教授、副教授、讲师职称,人均年龄为40岁左右的一支结构合理、中青搭配、富有活力、敢于创新的师资梯队。

(三)教学团队注重教学改革和教学研究,成绩显著

我院的《概论》课程拥有一支中青搭配合理、富有创新精神的教学队伍。教学

团队不但教学效果好,而且教学思想活跃。他们锐意教学改革,且教学改革有思路,其教研活动常态化,每学期开展教研活动不少于三次。他们不断努力推进教学改革,成效显著,受到学校领导和广大师生的肯定。两年来团队教师获得各种荣誉。2011年雷新兰、吴妙英,2012年曾建生、王明霞年终考核都获得了优秀。2011年、2012年、2013年雷新兰副教授等多名教师获教学优秀。吴妙英副教授获2011－2012年度校优秀教师,施群丽获2012－2013年度学院教学优秀奖。课程建设两年来,教学团队教师主持和参与20多项课题研究,其中1项国家社会科学基金项目、8项省部级课题,1项横向课题、多项校级课题。发表了高质量的教改教研及科研论文30篇,主编和参编书2本,参与著书1本。

二、教学内容建设

(一)课程内容的选取

我们严格按照中宣部教育部(教社政〔2005〕5号)文件规定的教学内容和教学学时来实施教学,并按照我校教学质量管理体系的要求进行教学安排。在教材上,我们选用国家教委指定的、高等教育出版社出版的《毛泽东思想和中国特色社会主义理论体系概论》教材。由于教材内容非常丰富,涉及面广,而有限、具体的教学活动不可能把所有的教学内容全面、系统地呈现,因此,在教学内容的选取上,我们主要是依据该书的体系内容,并根据马克思主义理论在与中国不同历史时期的实践相结合而形成的理论成果,把教材内容分成马克思主义中国化概述、新民主主义革命和社会主义改造理论、中国特色社会主义理论三大模块,每个模块对应不同具体的教学内容,它们分别是:

第一模块:马克思主义中国化概述(即第一章、第二章)。主要教学内容:马克思主义中国化的内涵及其历史进程,马克思主义中国化理论成果的科学涵义、历史地位和指导意义,马克思主义中国化理论成果的精髓。

第二模块:新民主主义革命和社会主义改造理论(即第三章、第四章)。主要教学内容:新民主主义革命理论的形成,新民主主义革命的总路线,新民主主义革命的道路理论,新民主主义革命的基本经验;社会主义改造和向社会主义过渡的必然性和总路线,社会主义制度的确立及其意义。

第三模块:中国特色社会主义理论(即第五章至第十五章)。主要教学内容:社会主义本质理论、社会主义初级阶段理论、社会主义发展动力理论、中国特色社会主义经济建设的内容和要求、中国特色社会主义政治建设的内容和要求、中国特色社会主义文化建设的内容和要求、社会主义和谐社会建设的内容和要求、"一国两制"与祖国完全统一、和平稳定的国际环境和独立自主的外交政策；中国特色社会主义建设的依靠力量和领导核心。

(二)教学内容组织与安排

本课程教学根据人类思想、思维形成和发展规律及学生身心成长规律与特点，提出了"依托教材体系内容，基于高职高专学生及航海院校学生人才培养目标和模式，立足学生思想政治素养的培养，关注学生个性的发展，注重课程理论教学效果，强化教学过程互动"的理论与实践相结合的教学理念，紧紧抓住教学重点、教学难点、学生特点和实践教学契合点，并着力实现这四个"点"的有机统一。

1. 突出教学重点。本课程的教学重点包括理论的重点、讲授的重点和学生认识的重点三个层面：

(1)就理论层面而言，重点是建设中国特色社会主义理论，包括中国特色社会主义的发展道路、发展阶段、发展战略、发展动力，中国特色社会主义的根本任务、立国之本和强国之路，中国特色社会主义的外交方针与外交政策、祖国统一战略，中国特色社会主义事业的依靠力量和领导核心。

(2)就课堂教学层面而言，教师应讲清中国特色社会主义的基本理论，包括思想路线、社会主义本质理论、社会主义初级阶段理论、改革开放理论、科学发展观与和谐社会建设理论等。

(3)从学生的认识角度而言，通过本课程的教学，使学生正确认识人类社会发展规律、社会主义建设规律和共产党的执政规律等"三大规律"，科学认识马克思主义中国化的理论成果对中国革命、建设和改革开放的重大影响和指导意义。

2. 突破教学难点。本课程具有较强的理论性和实践性，教学难点很多，比如，"中国'农村包围城市'的革命道路理论对当代中国改革开放和社会主义现代化建设有何启示""如何认识社会主义改造与社会主义改革之间的关系""如何正确理解和认识社会主义理想与现实的关系""如何认识社会主义初级阶段的长期性和复杂性""如何正确理解当今我国经济生活中个人收入存在明显差距这个问题""如何理解全面推进党的建设新的伟大工程的重大意义"等各种理论和现实问题，教师通过集体备课，对课程难点问题进行专门的研讨和探究，教师间相互学习和交流，从而更好地引导学生对这些难点问题的认识和理解，从而起到释疑解惑的作用。

3. 把握学生特点。从学生的特点而言，一方面，由于大学生正处于世界观、人生观、价值观进一步定型和走向成熟的时期,社会多元化的影响和网络时代带来的各种思想与价值观念的撞击,使一些大学生感到迷茫和困惑。同时,日益激烈的社会竞争,学习、择业压力不断加大,不少大学生趋向于选择功利性的人生价值观,这些均表明,客观上大学生群体有着对科学理论的需求;另一方面,作为马克思主义理论的传播者,思想政治理论课教师必须对大学生的思想和实际问题有所洞察,而不能只进行照本宣科式的枯燥的理论灌输。只有把握和熟练掌握科学理论,针对学生的思想和实际问题,引导学生学习马克思主义理论、掌握中国化马克思主义理论的精神实质和科学内涵,才能实现学生对马克思主义理论的接受和认同从自发到自觉的转变。

4. 体现实践教学契合点。从理论与实践的关系和人类思想思维发展规律来看,任何真理性的认识都是要经过:实践——理论——再实践——再上升为理论,最后形成自觉行动的过程。因此针对这个特点,组织好学生的实践教学活动,是理论教学不可替代的重要环节。因此在教学过程中,教学团队教师非常注重实践教学的开展,思政部制定了实践教学计划,《概论》教学团队也制定了切实可行的实践教学方案和实践教学主题,开展了内容丰富、形式多样的实践教学。实践表明,实践教学受到了师生的欢迎,激发了学生学习的积极性和主动性,锻炼了学生的合作精神、问题意识,提高了他们认识问题、分析问题和解决问题的能力。

附:教学内容组织与安排表

教学内容与课时分配

理论教学内容		课时分配	实践教学主题	课时分配
模块一 马克思主义中国化概述	第一章 马克思主义中国化的历史进程和理论成果	6	1. 观看视频并小演讲 2. 读书活动	3
	第二章 马克思主义中国化理论成果的精髓	3		
模块二 新民主主义革命理论和社会主义革命理论	第三章 新民主主义革命理论	4	1. 搜集家乡英雄人物、英雄事迹活动 2. 参观爱国主义教育基地	2
	第四章 社会主义改造理论	4		

159

续表

教学内容与课时分配

理论教学内容		课时分配	实践教学主题	课时分配
模块三 中国特色社会主义理论	第五章 社会主义本质和根本任务	3	1. 时政论坛、辩论会、小演讲等 2. 社会调查(改革开放以来"家乡巨变"调查、新农村建设调查、基层民主政治建设调查、外来务工人员生存状态调查等) 3. 专题研讨 (1)"两会"专题研讨 (2)与时代发展密切相关的专题研讨 (3)海洋生态环境、航海人的精神、航海人的信仰等专题研讨； 4. 读书活动 5. 参观实践教学基地、爱国主义教育基地 6. 观看视频资料并讨论	15
	第六章 社会主义初级阶段理论	3		
	第七章 社会主义改革和对外开放	3		
	第八章 建设中国特色社会主义经济	5		
	第九章 建设中国特色社会主义政治	3		
	第十章 建设中国特色社会主义文化	3		
	第十一章 构建社会主义和谐社会	2		
	第十二章 祖国完全统一的构想	2		
	第十三章 国际战略和外交政策	2		
	第十四章 中国特色社会主义事业的依靠力量	2		
	第十五章 中国特色社会主义事业的领导力量	3		
课时总计	理论课时	48	实践课时 20 考试考查 4	总计 72

(三)实践教学的开展

1. 实践教学设计的思想。根据中宣部教育部关于"高等学校思想政治理论课所有课程都要加强实践教育"的精神和课程内容的需要,并结合当代大学生思想实际和航海院校的特点,坚持理论与实际相结合。使大学生在实践中加深对《毛泽东思想和中国特色社会主义理论体系概论》课程教学内容的理解与接受,从而提高大学生们科学地认识问题、分析问题和解决问题的能力。为此,我们将实践教学课时纳入教学计划,并根据本课程的特点,设计出形式多样的实践活动。

2. 实践教学的内容的选取。我院《概论》课程教学团队根据本课程内容的要求,制定出内容丰富、特色鲜明的实践教学内容。主要有:第一,常态化实践教学内容。这类实践教学主要是根据课程内容而安排的每年必做的例牌。这类实践教学内容主要是选取那些贴近我国社会政治经济发展的实际问题,比如"家乡巨变——改革开放带来的变化""社会主义新农村建设调查""民营企业工人(或外来务工人员)生存状态调查"等。通过社会调查,引导大学生运用所学理论去认识社会、指导实践,在接触、参与社会主义现代化建设的实际中接受教育,加深对本课程的理解,锻炼和提高他们观察问题、认识问题、分析问题和解决问题的能力。第二,灵活变通的实践教学内容。这类实践教学内容主要是根据时代的变化,选择具有重要历史意义的事件进行。例如2011年"家乡百年巨变调查——纪念辛亥革命一百周年"、2012年纪念小平"南方谈话"20周年系列活动、2013年"中国梦·我的梦"演讲比赛和征文比赛活动等。第三,特色鲜明的实践教学内容。这类实践教学内容主要是根据航海院校的特点或者不同专业的特点而设计的。《概论》课教学团队成员有多人是我院航海文化研究中心的主干成员,每年7月11日的"航海日"活动期间,相关老师都会积极参与,给学生们做海洋文化等内容的讲座。每年3月份的"菠萝庙会",海运学院的学生要去做志愿者,这也是对学生们进行海洋文化、航海史、港口史教育的最好时机。

3. 实践教学采用的形式。一是由任课教师主导,开展课堂演讲、讨论、辩论,观看视频并讨论等课内实践性教学活动。二是组织学生进行社会调查,撰写社会调查报告。充分利用本课程教学安排分两个学期上课的优势(期间有一个暑期),组织学生进行社会调查,调查方式有实地考察、人物访谈,电话访谈、网络问卷等方式。调查完成后,递交调查报告一份。三是读书活动。即读原著或经典著作活动。在任课教师的指导下,根据课程内容的教学需要和学生兴趣特点,在教师的指导下,由学生自主选择原著或经典著作阅读,并在规定时间内上交一份读书心得或读书笔记。四是专题研讨。根据课程内容或时代发展要求,以小组为单位,由任课教师布置具体研讨内容和要求,在规定时间内提交研讨小结,如每年3月份"两会"期间,组织学生进行以宿舍为单位的"两会"专题研讨活动。五是依托院学工部、团委及各专业系部等平台,积极指导学生参与假期社会实践活动、校园文化活动与利用专业实训而进行的课程实践活动等。

三、教学方法与手段建设

在《概论》课程建设中,我们在遵循教育规律的前提下,根据课程教学内容和学生特点,积极探索和创新教学方法和教学手段。

(一)注重理论联系实际讲授法的运用与完善

理论联系实际讲授法是《概论》课程必不可少的教学方法。通过教师对教材内容的阐述和对其他相关材料的介绍，使学生了解事件发生的背景，理解政策制定的必然性，掌握理论体系的整体框架。为了提高教学实效，使毛泽东思想和中国特色社会主义理论真正"进入学生头脑"，在组织教学、讲授内容时，教师要注意调动学生的参与意识和学习的能动性、积极性，力求台上台下思维活动统一和谐，实现思想认识的共鸣。

(二)突出启发式和讨论式课堂教学的运用

在遵循教师主导与学生主体相统一、内容规范与方法多样相统一、理论与现实相统一的原则下，教学团队教师探讨并实践了"以案例引入、问题展开"的教学思路，灵活运用多种教学方法，并各种教学方法中，始终贯彻教师引导启发、学生主体积极参加的原则。多设讨论课，采用讨论、辩论结合等形式，启发和引导学生，调动学生的积极性，让学生主动参与到课堂教学中来，把机会留给学生，活跃课堂气氛。做到了教学相长，获得了良好的教学效果。

(三)引导学生对经典文献的阅读和理解

对于《概论》课程来说，阅读原著活动是特别重要的实践教学形式，因为本课程内容博大精深，涉及政治、经济、文化、法制等各个方面，大学生仅靠课堂上的时间是根本无法全面、完整地学习和掌握这一理论体系的。同时，教科书虽然把理论按一定体系编写出来，使广大同学易学、易懂、易于掌握，但事实表明，读教科书与读原著是不同的。我们充分重视促进学生对经典文献的阅读和理解，重视它在培养学生正确的世界观人生观价值观的核心作用，重视经典文献的阅读和理解在培养学生的理论思维能力和综合素质中的作用。因此，《概论》教学团队教师重视和引导学生阅读马克思主义经典作家的著作和中国传统文化的经典作品活动，特别是中国传统文化的经典作品中关于海洋文化内容的经典作品的阅读和理解，并要求写出读书心得或读书笔记，并在此基础上通过分享活动与老师同学一起分享，互相学习，共同提高。

(四)强调形式多样的实践教学的有效开展

理论与实践相结合是本课程教学的重点，也是明之以实、导之以行的关键。两年来，我院《概论》课教学团队教师利用各种手段、采取多种措施，创造各种条件进行课内与课外、校内与校外相结合的多种形式的实践教学。既有校内的观看大型文献纪录片、专题研讨、读书活动、演讲比赛、征文比赛等实践教学形式，也有组织学生参观实践教学基地和学生进行自主社会调查等课外校外实践教学形式；既有学期中的实践教学的开展,也有利用假期引导学生进行的社会实践活动;既有由教研室计划、任课教师主导的实践教学,也有联合院宣传部、学工部、院团委等有关部门进行的实践教学。形式多样的实践教学的开展,将伟大的理论和鲜活的社会实践有机结合,多角度拓宽了《概论》教学的深度和广度,使学生体会到理论的强大力量,多层面认识学习《概论》课程的重要性及其现实意义,促进了学生了解历史、了解社会、了解生活,同时,引导学生学会运用马克思主义理论的立场、观点和方法,来认识问题、分析问题和解决问题,从而提高学生的整体素质。实践证明:实践教学具有其他教学方式所不可比拟的优越性,恰当的实践教学真正能够做到"事半功倍"的教学效果。

（五）进行考试考核方式的改革

我院《概论》课教学团队探索出开卷与闭卷、口试与笔试相结合的考核方式。在成绩评定中,采用期终考核与平时考核相结合的成绩评定办法,其中,(1)理论教学和课内实践活动占70%(包括平时成绩+期末考查,其中平时成绩占40%,期末考查占60%);(2)课外社会实践占30%。

四、课程建设的特色

（一）以"案例引入、问题展开"的教学思路,紧紧抓住教学重点、教学难点、学生特点和实践教学契合点,并着力实现这四个"点"的有机统一,推进教学。

在《概论》课教学中,我们从学生的思想实际出发,以案例引入创设教学情境。教师根据理论教学内容,运用典型案例引入教学,通过对具体案例的讨论和思考,创造有助于师生互动、学生主动参与的学习情境。在教学过程中,注重以问题为教学的切入点和落脚点,将重大理论问题、现实问题和社会热点问题和学生关注点问题与《概论》课教学内容紧密结合,在教学过程中,围绕"教学重点、教学难点、学生特点和实践教学契合点"的四"点"有机统一推进教学。教师根据不同的理论模块和章节特点,结合个人的教学风格和特长,采取启发式、案例式、辩论式、演讲式等多种教学方法,激发学生的学习兴趣,调动学生学习的积极性和主动性,引导学生关注社会、关注生活,学会用中国化的马克思主义理论去认识、分析现实问题,有针对性地进行思想政治教育,增强他们实践中国特色社会主义理论的能力。

（二）以重大历史事件为契机,开展内容丰富、形式多样的实践教学

我院《概论》课程在实践教学的设计上本着以课程体系内容与要求为依据,结合国际国内发展中发生的重大事件和当代大学生的思想实际,设计不同的实践教学内容,通过课内与课外、校内与校外相结合的原则,利用各种手段,采取多种措

施,创造各种条件进行多种形式的实践性教学。两年来,我们逐步形成了参观爱国主义教育基地、暑期社会调查、"两会"专题研讨、读书活动等常规性的实践教学内容和形式。与此同时,我们在《概论》课程的教学中,特别注重选取重大历史事件,进行深度理论探讨,并加强实践教学环节,以提高政治理论课教学的实效性。

1. 丰富又具有特色的实践教学内容。这类实践教学的内容选取,主要是根据时代的变化,选择具有重要历史意义的事件进行。中国共产党领导中国人民进行的中华民族伟大复兴的历史是一部波澜壮阔的历史,在这一过程中,发生的一些重大历史事件是我们思想政治理论课鲜活的教学内容。因此,根据《概论》课程内容的特点和时代的变化,选取一些重大的历史事件,以此为契机,开展实践教学具有重要意义,也能取得意想不到的教学效果。例如2011"百年辛亥"、2012年邓小平"南方谈话"20周年、"现行宪法实施'三十'周年"、2013年"中国梦·我的梦"等历史事件,都是我们《概论》课程实践教学的鲜活内容。

2. 多样又具有特色的实践教学形式。根据不同的实践教学内容,采取不同的实践教学形式进行。例如2011年纪念"百年辛亥",我们开展以地区或省为单位、分小组进行的"家乡百年巨变社会调查活动",2012年开展纪念小平"南方谈话"20周年系列活动采取的是阅读文献、参观、汇报展等形式进行的。"纪念现行宪法实施'三十'周年"征文活动、2013年与院宣传部联合举办"中国梦·我的梦"征文比赛和演讲比赛活动等也都体现了我院思政实践教学形式的多样性特点。

3. 制定切实可行的实践教学计划,注重实践教学过程的引导和推进作用,提高实践教学的整体实效。第一,我院思政部制定了实践教学总体方案,教学团队在此基础上制定了《概论》课程实践教学方案;第二,在实践教学方案基础上,教学团队每学年也制定实践教学项目及实施计划;第三,针对不同的项目,制定相应的具体实施的步骤和要求。下面就以2012年3月份,抓住小平南方谈话发表20周年这一契机,结合《概论》第一章、第五章、第八章等"邓小平理论"的相应内容,开展"纪念小平'南方谈话'20周年"实践教学系列活动为例,说明我们实践教学具体的实施过程:

(1)我们事先制定好实践教学项目实施要求与步骤。①要求学生结合课程内容,认真学习小平南方谈话,深刻理会南方谈话精神;②要求学生关注媒体相关报道;③参观广东省博物馆《风起南方——纪念小平南方谈话二十周年图片展》;④深入社会调查,了解小平南方谈话发表二十周年来中国社会经济发生的沧桑巨变。⑤围绕"缅怀伟人业绩,见证沧桑巨变,凝聚改革共识,推动深化改革"这一主题交一份"形式自定(可以是书面作业,也可以是多媒体课件或视频)、体裁灵活

(可以是观后感、读后感,也可以调查报告、人物采访,还可以关注当前的社会热点难点,提出深化改革的意见、建议等等)"的作业。

(2)组织部分同学参观了展览,并在广播站和思政部网站上进行了宣传报道;同时,对于其他学生我们也要求自行前往参观。

(3)学生作业交上来后,选出了一些优秀的文章,结合媒体报道和参观照片举办了"《风起南方·龙腾寰宇》——《概论》学生社会实践汇报展览"。该展览取得校报的支持:开辟了《邓小平南方谈话二十周年》专栏;校报第176、177两期陆续刊登了8篇学生文章,扩大了活动的影响面。

4. 及时总结实践教学经验,巩固实践教学成果,提高实践教学实效。每次实践教学活动结束后,我们对于活动开展中成功的经验和存在的不足都及时进行总结,为下一次实践活动的开展提供参考和借鉴,使我们的实践教学做得更加有声有色,既增强《概论》课的教学实效性,也吸引更多的同学积极参与实践教学中来。每次活动都能够收获一些不错的成果。

(三)结合学校的航海特色,开展"以红色教育为主干,以蓝色文明为支撑"的教研教改活动,做到以教带研、以研促教

教学必须与科研相结合。"以科研促进教学"是我院《概论》课程教学团队的基本思路和定位。我们认识到在我院开展教研教改活动必须牢牢把握思想政治理论课教育教学的特点与航海特色。因此,本教学团队在坚持认真进行优质课程建设的基础上,加大力度进行思想政治理论教学,联系我校航海特色和思想政治教育教学的实际不断深入研究,两年多来,主持和参与了20多项各级各类课题研究,主要有:《新青年》与早期马克思主义中国化研究、广州高校红色教育与海洋文化互动研究、社会主义核心价值体系融入大学生思想政治教育研究、学校海洋生态道德教育研究、航海院校海权意识与爱国主义教育研究、航海院校概论课程的教学改革研究、全球化背景下航海院校弘扬近代海防爱国思想研究等课题。发表了一系列文章,主要有:《中共党史"边缘"人物不应忽视——中国共产主义青年团创始人之一金家凤研究座谈会侧记》《高校红色教育教学资源整合探究》《利用红色文化提高"概论"课教学实效性的思考》《畅谈创新"概论"课教学三要素》《航海院校"概论"教学改革与创新刍议》《彰显高校思政课的科学无神论功能》《中国传统文化与航海院校爱国主义教育》《航海院校弘扬近代海防爱国思想的必要性及其路径选择》《略论南海神庙的文治教化功能》等文章。

第三节　利用红色文化提高《概论》课教学实效性的思考

"毛泽东思想和中国特色社会主义理论概论"课(简称《概论》)是实施05新方案确定的思想政治理论课4门必修课之一。这门课是向学生介绍中国化马克思主义的理论成果,有较强理论性和政治性;涉及的内容十分广泛,涵盖了近代以来中国政治、经济、文化、社会、内政、外交、国防、党建、革命、改革、发展和稳定等内容,每个方面都涉及理论和知识、历史和现实及党的十六大、十七大以来的新的理论成果,涉及的知识点非常多,作为政治课教师能否恰当地选择和运用有效的教学资源开展教学活动,让学生感到有兴趣、愿意学,学习后有收获,是实现该课程教学目标,提高教学实效性的关键。笔者通过近年多轮教学实践的探索,认为利用红色文化可以提高《概论》课教学实效性。

一、红色文化是《概论》课重要的教学资源

"思想政治教育的实施需要借助一定的载体,没有载体的承接,思想政治教育的过程就难以进行或者难以取得理想的效果。"[①]所以,"全面把握思想政治教育的有效载体,并根据社会历史条件的变化和思想政治教育的发展,选择合适的载体是加强和改进大学生思想政治教育的一个重要方面"。[②] 毛泽东思想、邓小平理论及"三个代表"重要思想和科学发展观的产生和发展源于中国革命和建设的需要,是全党、全社会的指导性纲领,是国家的大政方针,有很强的实践性、政治性和理论性。内容很重要,但是学习起来容易出现枯燥,课堂上常常出现学生注意力不集中的现象。因此,在《概论》课教学中,有必要运用一定材料载体开展教学。红色文化是在革命战争年代,由中国共产党人、先进分子和人民群众共同创造的先进文化,它既包括了文物、遗迹、史料等有形的物质,又包括了优良传统、优良作风等无形的精神价值。在《概论》课教学中渗透红色文化内容,有利于大学生加深对革命领袖丰功伟绩、理论贡献、人格魅力的了解;也有利于大学生对党的光辉战斗历程、伟大成就的认识;同时,也有利于增强《概论》课教学的吸引力和感染力。

---

① 陈金龙:《纪念活动与思想政治教育》,载《思想教育研究》,2008年第8期。
② 柳礼泉:《红色影视——加强和改进大学生思想政治教育的新亮点》,载《思想教育研究》,2007年第2期。

所以,可以说红色文化是中国共产党宝贵的精神财富,也是高校进行思想政治教育的宝贵资源。

高职高专肩负着培养应用型技术人才的重任,要使学生适应未来工作岗位要求,成为理想远大、道德高尚、人格完美、意志坚定,爱岗、敬业、奉献的职业人,无疑要高度重视思想政治教育,提升大学生思想政治素质。《中共中央国务院关于进一步加强和改进大学生思想政治教育的意见》指出:"深入进行弘扬和培育民族精神教育,深入开展中华民族优良传统和中国革命传统教育",并提出在高校思想政治教育过程中要努力贯彻文件精神。当代大学生都是90后的青年人,革命与战争对他们来说是陌生和遥远的,要使大学生了解中国新民主主义革命和社会主义革命、建设的发生、发展,培养大学生热爱祖国、热爱党、热爱社会主义、热爱人民的情怀,有必要在《概论》课教学中用红色文化对他们进行中国革命史、中共党史教育、爱国主义教育、集体主义教育和社会主义教育。只有这样才有利于把大学生培养成德才兼备的中国特色社会主义事业的建设者和接班人。

二、利用红色文化进行《概论》课教学应重视的几个问题

利用红色文化进行《概论》课教学提高教学实效性,必须转变教学理念,确立以学生为本,把握好教材,深入研究教材体系、理论体系,准确理解教材的主题和主线,活用教学资源。具体地说,就是要做到以下几点:

(一)在教育导向上,突出"二个激发"

激发育人的功能。红色文化是中国共产党员人在艰苦卓绝的革命战争年代,在浴血奋战中铸造出来的成功经验、优良传统、优良作风,每一段红色文化都折射出革命先辈崇高理想、坚定信念和爱国情操;每一段红色文化都能够使大学生感悟那段烽火连天斗争岁月的艰辛和今天幸福生活的不易。进行《概论》课教学是要使大学生完整、准确掌握毛泽东思想和中国特色社会主义理论体系两大理论成果,帮助大学生运用马克思主义的立场、观点和方法,科学地认识和分析复杂社会现象;树立正确的世界观、人生观、价值观,坚定在党的领导下走中国特色社会主义道路的理想信念。在教学目标与实现效果上《概论》课和红色文化是相辅相成的。在《概论》课程教学过程中,穿插红色文化史料,能够使大学生直观、生动地接受红色文化的洗礼;接受爱国主义、集体主义、社会主义教育;能够帮助大学生理解党在各个历史时期制定的路线、方针、政策;能够培养大学生对祖国、对党、对人民的感情;能够培养大学生艰苦奋斗、勇往直前、执着追求的品格和精神。

激发激励的功能。在一个半封建、半殖民地社会里,中国共产党带领人民为推翻三座大山压迫,进行了前赴后继、不屈不挠的英勇斗争,谱写了英雄史诗,同时也抒写了可歌可泣的红色文化。红色文化再现了中国共产党为理想而苦苦寻找解放道路艰难探索、起伏跌宕、波澜壮阔、苦难光辉的斗争历程;再现了红色指战员矢志不渝、执著追求、英勇无畏、视死如归的豪迈气概。依托《概论》课程,进行红色文化教育,可以使大学生在学习中获得不同的收获和感悟。红色文化鲜明的爱国主义、集体主义、舍生忘我的英雄主义在大学生的脑海里烙下了深深的印记,正是这一特定时代勇于为理想而献身的精神以及那些原汁原味的东西,增添了红色文化无法复制的本色魅力。红色文化教育直观生动,感染力强,能够使大学生产生心灵上的共鸣、思想上的共识,成为激励后来者追求理想和信仰的动力与源泉。

(二)在教育内容上,做到"二个强化"

强化对中国共产党战斗历程教育。《概论》课主题是马克思主义中国化的理论与实践,主线是马克思主义中国化进程中的两大理论成果。不管是主题还是主线,两者涉及中国共产党产生、发展、壮大的历史,而红色文化体现了党的成长经历,昭示中国共产党执政和走社会主义道路的必然性。因而在《概论》课教学中强化对中国共产党战斗历程教育,课堂上可以以新民主主义革命、社会主义革命和社会主义建设各个时期党的发展为脉络、以史带论,史论结合,穿插介绍一些有深刻影响、深刻意义,且能够突出中国共产党发展历程的历史事件。同时,也可以适当介绍中国共产党人物,他(她)们成长的经历、传奇的人生和壮丽的事业。课后,鼓励大学生多读一些近、现代中国历史书籍和中国共产党伟人传记,倡导大学生研读毛泽东、邓小平等老一辈无产阶级革命家的文选。课余,可以结合当地实际,组织大学生参观爱国主义教育基地,中国共产党领袖故居。这样一来,可以使大学生了解近代中国,国家积贫积弱,人民饱受磨难。为拯救国家和人民命运,是中国共产党勇敢地担负起历史的重任;可以使大学生了解中国共产党的光辉历史,认识中国共产党的英明伟大,体会中国共产党的精神风骨,懂得中国共产党为国家、民族和人民谋利益的艰辛历程;同时,还可以使大学生认识到社会主义中国不是从天上掉下来的,而是中国共产党领导广大人民群众经过流血牺牲,长期艰苦奋斗建立起来的。从而使大学生认识到"没有共产党就没有新中国","只有社会主义能够救中国"的真理,自觉接受和理解共产党的各项方针、政策。

强化对中国共产党伟大成就教育。中国共产党从1921年成立至今已经拥有90年的发展历程。90年来,中国共产党团结带领人民在中国这片古老的土地上,书写了人类发展史上惊天地、泣鬼神的壮丽史诗。主要做了三件大事,"第一件大事,经过北伐战争、土地革命战争、抗日战争、解放战争,经历28年浴血奋战,实现了民族独立、人民解放。""第二件大事,确立了社会主义基本制度,创造性地实现由新民主主义向社会主义的转变,使占世界人口四分之一的东方大国进入社会主义,实现中国历史上最广泛最深刻的社会变革。""第三件大事,从根本上改变了中国人民和中华民族的前途命运……不可逆转地开启了中华民族不断发展壮大、走向伟大复兴的历史进程。"①如何把书本上对中国共产党伟大成就的理性文字用生动、活泼的方式来教育大学生呢?笔者认为可以在课间播放一些和课堂讲授内容相应的歌颂共产党的红歌、红色影片。利用节假日、寒暑假让大学生参观领袖人物诞辰周年纪念展、纪念历史事件周年展、社会主义建设成就展、改革开放成就展。通过社会实践活动、三下乡活动,让大学生作今昔对比,坚定走中国特色社会主义道路的理想信念,增强推进中国特色社会主义事业发展的自觉性,使大学生正确认识自身肩负的历史使命。

(三)在教育方式上,把握"二个结合"

红色文化教育与《概论》课教学目标相结合。《概论》课教学是帮助大学生系统掌握毛泽东思想、邓小平理论和"三个代表"重要思想和科学发展观的深刻内涵和精神实质,提高大学生思想政治素质,把大学生培养成为中国特色社会主义事业的建设者和接班人。当前大学生思想政治状况的主流是积极、健康和向上的。他们坚持四项基本原则,拥护党的路线、方针、政策。但在市场经济的影响下,一些大学生身上不同程度存在着理想、信念模糊、价值取向扭曲、诚信意识淡薄、社会责任感缺乏、艰苦奋斗精神淡化等问题。以红色文化为载体,引导大学生进行《概论》课学习,能够有效解决以上的问题。红色文化是一部中国共产党为人民利益而奋斗的历史,其革命传统、革命精神是思想政治教育鲜活的教材。在《概论》课教学中渗透红色文化教育往往既能够提高教学内容的吸引力和感染力,又能够充分发挥大学生学习的主体作用,激发大学生学习的积极性和主动性,同时还能够解决大学生存在的思想政治问题。

革命精神弘扬与时代精神相结合。红色文化提炼和凝聚了中国共产党人的革命精神。中国共产党在领导中国革命的征程中形成了井冈山精神、长征精神、延安精神和西柏坡精神,这些精神是红色文化的精髓,是激励人们开拓进取、矢志不渝的强大精神支柱。今天,建设和发展中国特色社会主义事业,是一项充满艰辛、充满创造的壮丽事业。伟大的事业需要并产生崇高的精神,崇高的精神支撑

---

① 胡锦涛:《在庆祝中国共产党成立90周年大会上的讲话》,人民出版社2011版。

和推动着伟大的事业。以改革创新为核心的解放思想、实事求是、与时俱进、勇于创新的时代精神同中国共产党领导人民在长期革命、建设和改革中形成的优良传统结合在一起,是中华民族生生不息、发展壮大的强大精神动力,熔铸在民族的生命力、创造力和凝聚力之中鼓舞斗志,凝聚力量。在《概论》课讲授中渗透红色文化,通过不同时代中国共产党人为了民族、为了人民的事业,抛头颅、洒热血、鞠躬尽瘁、无私奉献,不畏艰险、勇于攀登、开拓进取精神的学习,既可以培养大学生民族精神又可以培育时代精神。

红色文化是一座精神丰碑,彰显着中华民族精神和中国共产党斗争精神。红色文化蕴含着许多生动感人的革命事迹,红色文化教育直观生动,感染力强。在《概论》课教学工作中加强红色文化教育,能够使大学生产生心灵上的共鸣、思想上的共识,符合教育的规律,能够增强课堂教学的生动性,调动学生学习热情;能够提高大学生的政治素养和理论素养。

第三篇 03
调查报告篇

《中共中央国务院关于进一步加强和改进大学生思想政治教育的意见》指出："高等学校思想政治理论课承担着对大学生进行系统的马克思主义理论教育的任务,是对大学生进行思想政治教育的主渠道",要想发挥其主渠道的作用,必须进行教学改革,加强高校思想政治理论课实效性。众所周知,传统的说教式的教学已不受学生欢迎,并且达不到预期的效果,这就要求我们在思想政治理论课教学中必须主动引入实践教学环节,引导学生走出校门,把原来的纯理论教学变为理论与实践相结合的教学方式。我校学生在思想政治理论课教师的指导下,积极主动开展了丰富多彩的实践教学活动,通过这种创造性的实践活动,同学们开阔了视野,加深了对理论的理解,完善了知识结构,培养了团队合作精神,提高了分析问题和解决问题能力,增强了社会责任感和使命感。

第一章

广州大学生创业引领和创业孵化基地建设研究报告[*]

在社会需求与创业实践的推动下,国外高校为了更好地引领大学生自主创业,从20世纪80年代起就十分重视对大学生创业能力的培养,出版大量的创业教育书籍,其中以杰弗里·蒂蒙斯的《创业学》最为经典,作为创业教育的经典教材;成立了专门的创业教育研究机构,撰写了一批创业教育相关论文;各高校还为大学生开设创业教育的相关课程,积极引领支持大学生的创业实践活动。

第一节 研究背景及意义

就业是民生之本,创业是解决就业的有效途径,并能产生带动就业的倍增效应。因此,20世纪中后期,随着知识经济、高科技革命和全球经济一体化的迅猛发展,世界各国纷纷掀起创业大潮。各国政府都把创业作为促进经济发展与解决失业问题的重要措施,积极引领和支持大学生的创业活动,并通过设立各种形式的创业创新孵化基地,促进大学生自主创业。美国是最早掀起创业浪潮的国家。20世纪90年代以来,美国经济进入高速发展的阶段,这其中离不开创业对经济的支持作用。世界著名未来学家约翰·奈斯比特曾经指出:"创业是美国经济繁荣的基础。"从1990年以来,美国每年都有100多万家新公司成立,即平均每250个美国公民就有一家新公司。美国"考夫曼企业家领袖中心"在1999年的一份研究报告中表明,每12个美国人中就有一个期望开办自己的企业,91%的美国人认为,创办一个自己的企业是"一项令人尊敬的工作"。21世纪美国创业浪潮继续高涨。其中,美国大学生"自主创业"的比重高达20%~23%。德国就业政策总体

---

[*] 本文作者吴妙英、李旭霞。

目标之一是大力促进创业活动以解决失业问题。据德国经济与劳工部统计,全国50%以上的劳动力通过自主创业实现就业。德国政府为鼓励创业采取了许多措施,推动和支持大学的创业活动,提高创业质量。二战后的日本也很重视创业引领,大力培养学生的创业能力和团队创业精神,为日本经济飞速发展做出了巨大贡献。

随着国外创业教育的发展,我国学者对创业教育的研究也日益增多。其中彭钢板(1995)编著的《创业教育学》为我国创业教育的研究奠定了基础。其后许多专家从不同角度、运用不同的观点对创业教育进行了研究。清华大学中国创业研究中心提供的《全球创业观察(gem)2005年中国报告》显示:我国的创业活动指数(TEA)为13.7%,即每百名18-64岁的中国成年人中,有13.7人参与到了企业创办时间不超过三年半的创业企业中去。高于2002年的12.3%和2003年的11.6%,排在全球35个国家中的第五位。但在创业者的学历分布中,大学学历只占0.5%,远远低于高中以下学历的11.8%,更低于发达国家同等学历的20-30%。《全球创业观察(GEM)2006年中国报告》显示:中国创业活动的活跃程度达到了新的高度,2006年的创业活动指数为16.2%,在全球创业观察项目的42个成员中排到第6位,在创业者的学历分布中受过高等教育的人参与创业活动的比重已经有很大提高,2006年,受过高等教育的创业者超过20%。但目前在中国,初、中等受教育者仍然是创业的主体。而且,中国大学生创业成功率比较低,不少大学生在经历了早期的创业激情后草草收场,能够坚持下来并盈利的不到五分之一。从现状看,中国大学生的创业工作亟须引领,从而实现一个大的突破。

党和政府越来越重视创业引领工作。自1999年以来,我国高校连续扩大招生规模,毕业生数量呈跳跃式增长,"十一五"期间,全国将有2500多万高校毕业生需要就业。在今后很长的一段时间内,大学毕业生充分就业的任务相当艰巨。综观当今世界,自主创业已成为一种时代潮流,成为解决就业问题的一条重要途径。党和政府重视创业工作,不断出台支持创业的政策措施。十六大报告指出"就业是民生之本。扩大就业是我国当今和今后长时期重大而艰巨的任务。国家实行促进就业的长期战略和政策。""引导全社会转变就业观念,推行灵活多样的就业形式,鼓励自谋职业和自主创业。完善就业培训和服务体系,提高劳动者就业技能。"十七大明确提出,要实施扩大就业的发展战略,促进以创业带动就业,完善支持自主创业、自谋职业政策,加强就业观念教育,使更多的劳动者成为创业者。2008年9月26日,国务院办公厅转发11部委《关于促进以创业带动就业工作的指导意见》,将大学生创业列为三大重点,并且排在第一位。2010年人力资源和社会保障部发出《关于实施大学生创业引领计划的通知》,作为针对大学生创业引领的专项计划,从指导思想、工作目标、工作任务、保障措施等方面做了详尽的规划,并提出 2010－2012 年在全国范围内引领 45 万名大学生实现创业,使所有有创业愿望并具备一定条件的大学生都能得到创业培训,使所有准备创业的大学生都能得到创业指导服务。十八大报告中进一步强调:就业是民生之本,要贯彻劳动者自主就业、市场调节就业、政府促进就业和鼓励创业的方针,实施就业优先战略和更加积极的就业政策。鼓励多渠道、多形式就业,促进创业带动就业。为了鼓励大学生自主创业,国家、广东省、广州市相继出台了一系列优惠政策。广州市作为国家创业型城市,高校毕业生的创业率、创业成功率在全国并没有居于领先地位,甚至在近几年还出现下滑趋势。据《广东省普通高校毕业生就业工作白皮书》提供的数据,在广州市创业的毕业生 2009 年 710 人,2010 年 593 人,2011 年 464 人。大学生在广州创业面临不少难题,成功者寥寥无几。《南方日报》观察专栏大学毕业生创业"活着"真难一文,分析了创业难的主要原因,一是"孵化基地不好找",二是"优惠政策难落实",三是"市场开拓不容易"等。创业大学生戏称自己是"三无"人员,即无资金、无人脉、无经验。中国大学生为何有"创业梦想"却难以"梦想成真"呢?如何才能助力大学生成功实现创业梦?这成为政府、高校和大学生共同面对并积极探寻答案的重大问题,也是我们开展一系列研究的出发点和落脚点。

第二节 主要研究工作概述

自 2005 年以来,广州航海高等专科学校非常关注大学生的自主创业问题,成立了几个课题组,并获得广州市哲学社会科学发展"十一五"规划 2006 年度课题(课题编号:06－YZ－28)、广州市社会科学联合会(2011 年)资助社会科学研究项目(项目编号:11SKLW06)和广州航海学院立项。发放《广州市高职高专大学生自主创业调查问卷》《广州市高职高专院校创业教育工作开展调查问卷》《广州市大学生自主创业调查问卷》《广州市高校创业引领调查问卷》《广州市成功创业大学生调查问卷》和《广州市创业孵化基地调查问卷》等调查问卷进行调查。结合《广东省普通高校毕业生就业工作白皮书》提供的权威数据,分析广州高校大学生自主创业、广州高校创业引领工作、广州市创业孵化基地的现状及存在问题,并走访相关部门和专家,在资料归纳和实证分析的基础上,借鉴国内一些省市的成功经验,在广州市对广州高校大学生自主创业、广州高校创业引领工作、广州市创业孵化基地的建设等问题进行探究,并提出一系列建设性意见,以推动广州市大学生创业创新工作上新台阶。

一、广州市高职高专院校创业教育及大学生自主创业调研

(一)本课题研究的主要工作

课题获广州市哲学社会科学发展"十一五"规划2006年度课题立项。课题立项以来,课题组按照计划展开以下几方面的工作:一是文献的搜集与处理,即在原有基础上,对与本课题相关的研究文献进行进一步的搜集与梳理,力求掌握最新的趋势和动态,为课题研究做好理论准备。二是拟定调查问卷,组织问卷调查,并对调查问卷进行分析处理。三是组织小型座谈会,并对座谈会资料进行整理、归纳。四是向专家咨询,即就课题的研究向相关领域的专家咨询。

(二)本课题研究的主要方法

本课题研究的主要方法有:专家咨询法、问卷调查法、小型座谈会、经验借鉴法等。

专家咨询法:集思广益,博采众长,是课题组一贯坚持的基本工作思路。无论是在课题立项前的讨论,还是在课题研究中的拟定调查问卷、分析问卷、寻找对策等课题研究的过程中,我们始终坚持在课题组外寻找相关领域的专家,向他们咨询,征求对本课题研究的意见,得到了很多建设性意见。

问卷调查法:为了真实地了解广州市高职高专院校大学生自主创业的现状及存在的问题,学校创业教育开展的情况、效果及今后的努力方向,我们设计了两份调查问卷,选取广州航海高等专科学校、广东新安职业技术学院、广东白云学院、广东化工职业技术学院、广东工贸职业技术学院共五所院校的学生做了《广州市高职高专大学生自主创业调查问卷》(以下简称调查问卷一),发放问卷15000份,收回有效问卷1376份,回收率91.7%。选取上述五所院校及广东私立华联学院、广东民航职业技术学院、广东水利职业技术学院、广东建设职业技术学院和广东轻工职业技术学院共十所学院,发放《广州市高职高专院校创业教育工作开展情况调查问卷》(以下简称调查问卷二)10份,收回有效问卷10份,回收率100%。

小型座谈会:组织部分对自主创业有强烈愿望的毕业生召开座谈会,了解他们对自主创业和学校创业教育的看法、建议,以及对政府、学校在创业工作方面的期待。

经验借鉴法:为了为广州市高职高专院校创业教育工作全面开展提出有针对

性和指导意义的建议,在课题研究中我们十分注重了解相关国家和国内其他地区和院校创业教育的经验,作为我们提出建议的重要参考。

(三)调查问卷的主要内容及分析

1. 调查问卷的主要内容

《调查问卷一》主要包括三大方面的问题:一是大学生的创业意识、创业愿望、对创业能力和品质的认识、对创业技能知识的自我评价、创业信息的获取途径、为创业所做的准备等;二是学校创业教育的开展情况、学校创业活动及其效果;三是大学生对政府、学校在创业工作方面的看法及期待。

表一 《调查问卷一》的学校分布表

项目 学校	发放(份)	回收(份)	回收率
广东制药	300	291	97.0%
广东白云	250	231	92.4%
广东新安	150	126	84.0%
广东轻工	300	274	91.3%
广州航专	500	456	91.2%
总计	1500	1376	91.7%

《调查问卷二》主要包括三大部分:一是学校创业教育开展的情况:包括开展时间、开展原因、负责部门、经费、课程设置、活动形式及效果;二是创业教育指导人员的配置、指导人员的专业化、职业化程度、人员的培训情况等;三是创业指导人员对创业教育工作的重要程度及发展前景的判断及加强创业教育工作的建议等。

2. 调查问卷的情况分析

综合分析两份调查问卷,我们得出以下基本结论:

第一,大学生自主创业的意愿很强,但创业能力较弱,创业活动开展相当谨慎。统计显示:赞成自主创业的大学生占94%,反对的只占3%,另有3%的学生选择"找不到工作的无奈之举"和"其他"。而且有45%的大学生把成为企业家作为自己未来的职业选择,在所给出的五个选项(企业家、公务员、文化从业者、工程师、其他)中居首位。但大学生的创业活动却相当谨慎,选择"在大学期间创业"的不到4%,选择"一毕业就创业"的不到3%,88%的人选择"毕业几年,积累一定的经验和社会关系再创业"。大学生对自身创业能力的评价很低,只有不到2%的人认为"自己的创业知识和技能可以满足创业的需要",11%的人认为"基本满足",87%的人选择"不满足""说不清"。另外,尽管有高达45%的大学生把企业家作为未来职业的选择,但调查表明,只有少数学生在平时会注重创业知识的积累和创业能力的培养:如关注理财的33%,参加创业培训的24%,参加创业规划比赛的6%,经常上大学创业网的仅有3%。大学生对创业计划书的书写要求和认知程度也比较低:"熟悉"的仅占3%,"比较熟悉"占7%,"知道一点""不知道有这么回事"却占到90%。从上面的数据可以看出,尽管大学生有较强烈的创业愿望,但由于缺乏必要的理论指导和创业实践,再加上缺乏经验、资金和社会关系等原因,大学生的创业能力普遍很低,对于自己是否适合创业、如何创业知之不多,因而要不就是不敢创业,要不就是变成"闯业",乱闯一通,创业的成功率极低,相关报道频频见诸报刊。如《全国首个大学生"创业基地"遭遇瓶颈》一文,就是介绍广州地王广场大学生创业在经历了最初的轰动效应后迅速归于沉寂,只剩下二十几家在勉强支撑。在大学生创业热潮中影响很大的"天行健公司",是全国首家获风险投资的在校大学生创业公司,曾被视为中国大学生创业的一面旗帜,成立于1999年7月,仅仅运转了一年便宣告倒闭。"上海市第一家"在校大学生创办的公司,也只坚持一年,就关闭了。这段往事成了创办人"心头永远的痛"。

第二,大学生对创业必备的品质、能力、素质及自身创业的优劣的判断是比较准确的,同时我们注意到他们的优势并没有很好地发挥出来。对于创业必备的品质(可多选),学生的选择由高到低依次是:自信心占84%,热情和责任感占84%,诚信占81%,克制和忍让占71%,务实占62%。对创业必备的能力(可多选),由高到低依次为:策划能力占89%,沟通协调能力占89%,应变能力占88%学习能力占77%。创业素质(可多选),由高到低依次为:创造性思维素质占86%,良好心理素质占83%,经济与管理素质占79%,法律素质占77%。创业优势:年轻有活力,勇于拼搏占78%,学习能力强,有创新精神占74%,网络信息能力强占40%,专业素质高占38%。自主创业的主要障碍:经验不足,缺乏社会关系占64%,资金不足占30%,面对风险心理承受能力不足占16%,缺乏毅力和恒心占12%。大学生们对自身创业条件优劣的准确判断,将为我们的创业教育提供良好的基础,学校创业教育应侧重培养学生这些方面的品质、能力和素质,才能使创业者敢于创业、善于创业、成功创业。

第三,学生对学校创业活动的开展和政府对大学生创业的扶持都有很高的期望。《调查问卷一》第23题"你是否希望学校开设创业指导课程"选"是"占90%，选"否"的只有8%。在46题"您认为学校应该采取哪些措施鼓励大学生自主创业"，（可多选），学生的选择依次是：设置大学生创业园区，提供场地、试验设备等环境和服务占82%；将创业课程纳入必修课占56%，学校提供创业配套资金占41%；其他为11%。《调查问卷一》第47题"您认为政府在大学生创业方面应该做哪些扶持"（可多选），大学生的选择依次是：设立大学生创业基金或提供一定量无息贷款占81%，社会化专业化管理服务机构提供服务占70%，政策、税收支持占61%，宣传鼓励占53%，其他为5%。

第四，广州市高职高专院校的创业教育严重滞后，与学生的愿望形成强烈反差。调查表明，大部分学校在创业教育方面仍处于空白状态。《调查问卷一》显示，在"您所在的学校是否开设创业指导课程"一题中，回答"是"的学生只有23%，回答"否"的学生有77%。在《调查问卷二》所调查的十所学校中，只有两所开设相关课程，另有三所学校在进行就业指导时有所涉及，其余五所学校完全没有涉及创业教育的内容。但大学生对创业教育有很高的期待，在《调查问卷一》"您是否希望学校开设创业指导课程"一题中选择"是"的占90%。造成学校创业教育严重落后于社会发展和学生需求的原因，归纳《调查问卷二》，我们认为主要是：一是观念制约，重就业指导，轻创业教育。认为创业教育不具有普遍性，创业教育不列入就业率统计，对学校就业率没什么贡献。再加上创业教育需要花费大量金钱、时间和精力，而教育行政部门又没有强制性要求，因此大多数院校很不重视；二是基本条件的制约，大多数院校创业教育处于"五无"状态。"一无机构"，调查结果表明我国高职高专院校的创业教育主要由学生处或团委负责，这两个部门主要负责大学生思想政治工作和毕业分配工作。从中不难看出，创业教育确实仅仅是为毕业分配服务的。事实上，这种缺乏系统性的创业教育很难获得理想的效果。"二无经费"，在接受调查的十所学校中，提供创业教育经费的只有三所，设立专项创业基金的只有一所，"巧妇难为无米之炊"，经费的制约使创业教育无从开展。"三无基地"，十所学校中只有两所院校建立创业基地，八所学校没有基地，使得创业教育和创业活动缺乏相应的依托，难以很好的开展。"四无专任教师"，十所院校只有两所有专任教师，其余八所都是兼任教师，而且教师的专业化程度也较低，只有三所学校有部分教师获得相应的职业指导资格证书，有一半以上教室没有接受过创业教育或职业指导方面的相关培训，70%学校的教师选择"会参加"，30%的学校的教师选择"相当期待"。"五无教材"，在《调查问卷二》第29题"您认为当前创业教育有没有比较系统成熟的教材"一题中，选择"有"的只有一所学校,其余九所学校均选择"没有",可以说,教材的缺乏,也在很大的程度上制约了创业教育活动的有效开展。此外,创业教育教师的工作态度也在一定程度上制约这项工作的开展。对创业教育的重要性和发展趋势,大多数教师认为创业教育工作很重要(三所学校)和比较重要(七所学校),创业教育工作今后会越来越受重视(十所学校)。但目前他们从事这项工作,更多的是服从组织分配(八所学校),只有少数学校的教师(两所学校)是出自对这项工作的热爱。教师们普遍缺乏职业的认同感、使命感和自豪感,工作的主动性和创造性不高。

(四)关于加强广州市高职高专院校创业教育工作的建议

1. 转变观念,从单纯就业教育转向就业和创业教育并重,鼓励、支持、扶持大学生自主创业,充分发挥创业带动就业的倍增效应。

我国传统的教育观念认为大学生毕业面临的选择就是就业、考研、出国,大学人才培养的目标也仅局限于研究型、应用型,社会和家庭更是缺乏对学生创新精神与创业意识的培养教育。而联合国教科文组织早在1998年10月发表的《21世纪的高等教育:展望与行动世界宣言》就明确提出:高等学校必须将创业技能和创业精神作为高等教育的目标,使学生"不仅成为求职者,而且成为工作岗位的创造者"。我国教育部在1999年颁布的《面对21世纪教育振兴行动计划》中指出要"加强对教师和学生的创业教育,鼓励他们自助创办高新基础企业"。可见,创业教育作为高等教育发展史上一种新的教育理念,是知识经济时代培养大学生创业精神和创业能力的需要,是社会和经济结构调整时期人才需求变化的要求。创业教育作为一种世界潮流,学会创业已经是时代发展的需要,也是应对我国目前大学毕业生严峻就业形势的一条可取途径。在当今严峻的就业形势下,高等院校应通过实施创业教育,帮助学生树立新的就业观念,就业、创业并重,引导大学生自主创业,多渠道解决就业问题。但在传统教育模式下,大学生普遍缺乏创业教育,实际创业能力偏低,创业成功者为数不多。因此,高等院校一定要适应时代发展的需要,把创业教育放到重要位置,正式纳入高校的课程设置体系,要以培养大学生创业精神、创业能力和创业意识为宗旨,鼓励大学生着眼于经济社会发展的需要,充分发挥自己的知识优势和创新能力,自主创业,充分发挥大学生创业带动就业的倍增效应,鼓励大学生在创业过程中实现人生的理想和价值。

2. 构建"三个体系",切实加强创业教育工作

综合国内创业教育的发展情况,广州市高职高专院校的创业教育落后于全国的总体水平。我们要正视现实,迎头赶上。创业教育作为一项系统工程,要有效开展,必须着重构建"三个体系建设"。

(1)组织管理体系

设置专门的创业教育机构,配置专职人员,全面负责创业教育工作的规划、实施及对创业的学生的后续支持工作。为加强全省高等院校大学生创业教育工作,建议省教育行政部门专门成立大学生创业教育工作机构,负责全省大学生创业工作。各院校要相应成立大学生创业指导机构,专门负责协调本校大学生创业工作。我国首批创业教育试点学校,如清华大学、北京航空大学、西安交通大学等,大部分设立了创业管理学院、创业教育中心等机构,专门负责与学生创业相关的事务,取得很好的效果。

(2)创业教学教育体系

第一,打造一支高素质的创业教育教师队伍。创业教育教师队伍素质的高低,是否具备较高的专业水平和较强的创业实际能力,在很大程度上决定创业教育的成功与否。《调查问卷二》表明,广州市高职高专院校目前负责创业教育工作的教师,不但人数较少,而且大多数是兼职,专业化、职业化程度很低。要解决这个问题,必须多管齐下:一是教育行政部门组织教师进行专门培训。教育部已在2003年10月和2004年5月组织两次全国性的创业教育骨干教师培训。但作为全国性的培训活动,参加的教师毕竟是少数。建议广东省教育厅尽快组织教师,进行比较系统的培训,这是快速形成创业教育教师队伍的行之有效的方法。二是鼓励教师自学成才。通过自学《创业职业指导——新理念》《创办和改善你的企业》等相关课程,考取国家规定的职业指导和创业指导教师资格,对于这些教师,要给予经费资助和资格承认,享受相应的待遇。三是与其他部门合作培训教师。人力资源和社会保障部这几年在培训创业指导教师方面取得明显效果。如笔者2005年暑假期间参加广东省劳动和社会保障厅举办的"SITB教师"培训班,比较系统地掌握了创业教育指导的内容和方法。四是鼓励教师开展创业实践。可以探讨教师参加校办企业的创业活动,培育他们的市场意识和市场运作经验,积累实战经验,以便在创业教育中为学生提供更有针对性的帮助。成立创业教育指导教师协会,搭建创业教育指导教师之间交流教学经验、探讨学术问题、交换信息的平台。不断提高创业教育教师队伍水平,以适应创业教育工作开展的需要。

第二,形成科学的创业教育模式。推进大学生创业,既要激发大学生想创业敢创业的主观能动性,更要提高会创业能创业的本领。国外高校普遍重视创业教育。在过去的二十多年中,创业学成为美国大学,尤其是商学院和工程学院发展最快的学科。截至2005年,美国已有1600多所院校开设了创业学课程,形成了比较完善的创业教育教学、研究体系。我国也已有部分高校如北京航空大学、中国人民大学、上海交通大学等,把创业教育列入必修课。就调查情况看,广州市高职高专院校的创业教育已远远落后于全国的水平,应根据形势发展的需要和学校的实际情况,尽快形成科学的创业教育体系。

最基本的形式是课堂教学。课堂是传授知识和经验的有效途径。课堂教学可以实现知识、人员和时间的集中,是创业教育的基本环节,有条件的院校应将创业教育课程列入必修课。条件尚未成熟的院校可先开设选修课,为有强烈创业愿望的学生提供比较系统的创业指导。创业教育的内容主要包括:创业意识,创业精神,创业知识和技能,政府促进创业的各项政策、措施等。

开展创业活动是创业教育的一个重要环节,是创业教育的重要载体。创业活动的主要形式有创业知识竞赛、专家讲座、模拟企业经营管理活动、创业沙龙等。《调查问卷一》第30题"你是否知道或参加过大学生创业设计竞赛"一题,三个选项:知道并参加过占6%,知道但没有参加过62%,不知道26%。调查表明,由清华大学1999年发起的"挑战杯"中国大学生创业计划竞赛,连续举办了五届,产生了良好的社会反响。七成以上大学生关注创业计划竞赛,并有6%的学生参加了比赛,参赛者对活动给予很高的评价,大多数人认为通过比赛了解了创业的知识、技巧,提高了自主创业的信心。要坚持把这项活动开展下去,有条件的学校可先组织校内比赛,选送优胜者参加全国性大赛,暂不具备条件的学校也应组织学生收看竞赛实况,让学生感受竞赛氛围,增长见识。总之,多种形式的创业活动,既可以增长学生的见识,又可以提高学生的兴趣,培养学生的合作精神,还能较有效地检验学生对创业知识技能的掌握情况。

后续支持是创业教育成功的重要保障。创业教育不能仅仅停留在知识传授和技能培训上,还应该为可能创业的学生和正在创业的学生提供更多的适当的辅导,帮助学生解决实际问题。后续支持的方法可以在一定程度上借鉴SYB的做法:企业诊室、企业改善小组、个人咨询。企业诊室的对象是已经参加创业培训并有强烈创业愿望的人,目的是进一步提高学员应用培训知识的能力。企业改善小组的对象是刚刚创业者,帮助他们发现问题,通过集思广益,找到解决问题的办法和适当的行动计划。个人咨询的对象是面临问题的创业者,针对他们所面对的问题提供现场咨询和指导。

第三,建立创业教育基地。就创业教育而言,实践环节是很重要的内容,政府和学校、社会应尽可能为学生提供实战或模拟训练的机会。有条件的学校可以自己设立基地,更多的院校是充分利用社会资源,依托企业、事业单位,为学生提供实践基地。可充分利用校企模式,建设小企业创业孵化基地或创业园,为大学生创业者提供一段时期的孵化和政策扶持,帮助其顺利发展。学生也应主动走进社会,寻找机会,锻炼自己,使理论教育和实践演练有机结合。

第四,加强教材建设。针对高校创业教育缺乏教材的现状,建议教育行政部门组织有关专家学者尽快编订适合大学创业教育的相关教材。该门课程的教学目标概括起来有三:第一,培养提升大学生创业意识;第二,培养提升大学生创业技能;第三,培养提高大学生创业计划书撰写能力。

(3)完善保障扶持体系

第一,有创业教育的专用经费。各院校要结合创业教育工作的基本需要,按照学生数拨付一定经费,专用于与创业教育工作相关的创业指导、市场调查、信息交流等工作,使创业教育有必要的资金保证,确保各项活动能得以有效开展。条件允许的院校还可以设立创业基金,对有发展潜力的创业计划提供一定的资金扶持,如提供一定时间的无息贷款或进行风险投资等。"中国青年创业小额贷款"对大学生创业起到积极的推动作用,为他们解决一些实际问题。今年4月,团中央和国家开发银行联合推出了"中国青年创业小额贷款"项目,支持包括大学毕业生在内的全国青年创业,主要是全国40岁以下青年初次创业的小额贷款和40岁以下青年企业家二次创业的中小企业贷款。青年创业小额贷款每人单笔额度一般在10万元以内,最多不超过100万元;青年创办的中小企业贷款单户额度一般在500万元以下,最多不超过3000万元。贷款期限一般不超过3年。国家开发银行总行负责指导和推动各分行与地方团组织合作实施该项目。国家开发银行分行负责对有关人员进行专门培训,负责青年创业小额贷款的开发、审评、贷款管理和本息回收工作。

第二,开发创业项目,建立创业项目资源库。好的项目是创业成功的重要保证。各院校最好能建立创业项目资源库,完善项目开发、征集、论证、展示和推介的工作机制,为创业者提供创业项目服务。创业项目要紧密结合大学生的特点和地方经济发展需要,突出本土化、投资少、见效快、市场前景好等特点,经专家论证可行后,向创业大学生推荐,帮助学生根据自身特点,选准创业项目。

第三,建立创业教育专家顾问团。针对高校教师创业实际经验较少的情况,建议教育行政部门聘请一批成功的创业者、企业家、财经专家、法律专家及市场营销、经济管理等方面的专业人士以及熟悉经济发展和创业政策的政府部门工作人员,建立创业教育专家队伍。一方面是承担高校创业指导教师的业务督导工作,另一方面是应邀到高校做专题报告,以现身说法或专业知识推进高校校创业工作的开展。同时,通过创业教育专家上门服务、集中服务、电话服务、面谈服务等多种形式,为创业者提供个性化和专业化的咨询、指导和服务。

第四,落实扶持政策。制订大学生创业专项扶持政策。在高校内部:学籍管理应更加灵活、方便,可考虑实行弹性学制,延长修业年限,以保证大学生学业、创业两不误、两促进。政府社会:开辟融资渠道,为大学生创业提供资金支持。提高大学生自主创业优惠贷款的额度,逐步建立大学生创业风险基金、政府专项扶持基金和银行信贷资金相互补充的创业资助体系;强化服务意识,为大学生创业提供优质服务。对大学生自主创业取消注册资金限制、减少不必要的环节与繁琐的手续,大幅度减免行政收费。根据国家有关规定,落实相关税费减免优惠政策,建立创业培训与小额贷款工作联动机制。

第五,加强跟踪服务。跟踪了解大学生创业者企业经营情况,提供持续的咨询和服务。定期组织创业交流和考察等活动,引导大学生创业者成立创业联谊会,沟通创业信息,开展结对互助活动。

3. 营造良好的创业社会环境

大学生创业是一项开拓性事业,需要来自各方面的支持,尤其是来自社会、家庭等方面的帮助。社会要改变单纯的就业观念,树立起既可就业又可创业、创业就是就业,创业不是找不到工作的无奈之举而是高水平的就业等新观念,全社会要形成支持创业的共识,鼓励大学生自主创业。

大力营造自主创业的社会风尚。推进大学生创业,必须以建设社会主义核心价值体系为主线,以弘扬"敢为人先、务实进取、开放包容、敬业奉献"的新时期广东人精神为着力点,以大力营造自主创业、艰苦创业的社会风尚为落脚点,不断加强创业文化建设。要在全社会广泛宣传创业思想,培育创业意识,提倡敢为人先、敢冒风险、敢于创业、勇于竞争和宽容失败的精神;大力宣扬自主创业的先进典型事迹,努力营造鼓励人们想创业、支持人们创成业、帮助人们创好业的社会环境,掀起全民创业的热潮。

加大优惠政策措施宣传。近几年,中央政府和地方政府各级相继出台了一大批鼓励大学生创业的优惠政策和措施,媒体对这些要多报道、善引导,让大学生对自主创业的优惠政策有比较全面的了解,并在创业时用好用足优惠政策。

不断挖掘典型事例加以宣传引导。媒体要多宣传一些自主创业、成功创业的典型事例,特别是大学生创业成功的典型以及具体做法,以便大学生们更直观地了解同龄人的创业经历,获得启迪。在创业者遇到暂时的挫折时,社会要以宽容的心态对待他们,不以一时的成败论英雄。

二、创业引领研究

本项目属广州市社会科学联合会(2011年)资助社会科学研究项目(项目编号:11SKLW06),重点研究创业引领的意义、广州市创业引领工作现状,及其如何强化广州市大学生创业引领工作。

(一)创业引领的意义

1. 创业引领能更好地指导大学生创业,满足大学生创业需要。大学生涉世不深,历练不够,缺乏工作经验和社会阅历,抵御创业风险的能力不强。政府、高校及社会要在政策扶持、创业培训、创业服务、创业环境、舆论导向等方面采取多种措施,引导和带领大学生创业,帮助他们克服困难,勇于创业,成功创业。

2. 创业引领能更好地指导高校创业教育,提高创业教育的针对性和实效性。创业引领能指导高校加强对创业型人才的教育与培养,使大学生创业覆盖社会经济、文化等领域,不断开辟新的发展空间,提供创业机遇。

3. 创业引领能引导、帮助更多大学生成功走上自主创业的发展道路,缓解大学生就业压力,充分发挥创业带动就业的倍增作用力,将沉重的人口压力转化为丰富的人力资源。

4. 创业引领还能加快产业特别是高新、新兴产业的发展,创造更多社会财富,促进地区和国家经济发展,是贯彻落实科学发展观和构建社会主义和谐社会的重要举措。

(二)广州市创业引领调查研究

《广州市高校创业引领调查问卷》及分析。此次调查的目的是了解广州市高校创业引领工作的开展情况。调查得到各高校的大力支持,并获得许多宝贵的建设性意见。调查发放问卷20份,回收有效问卷17份,回收率85%。其中本科院校10份,专科院校7份。调查表明广州市各高校的大学生创业引领工作已全面开展,各校都设置了专门机构,配置专项资金和专职人员。从事创业引领工作的教师76.17%获得相应的职业资格,从业人员对这些工作的重要性有较足够的认识,76.17%是主动选择这项工作,对高校创业引领工作发展趋势,76.17%认为今后会越来越受重视。但调查也表明,大多数院校的创业引领工作成效不是很明显,有待进一步加强。在"您认为制约高校创业引领的主要症结在哪里"一题,受调查学校都做了认真的回答。归纳出的主要观点有:鼓励大学生自主创业政策停留在文件层面,而没有落实到具体的操作层面;各个省、市对大学生自主创业学生生源地的身份限制,不能很好地激发学生的创业动机;专项经费不足或比较匮乏,人员配置不到位,部分人员是兼职,难以全身心投入工作。学校在课程设置、实践场地或孵化基地的建设上严重滞后;缺乏强有力的创业教学教育队伍和权威的教材。对"制约高校创业教育发展的主要因素":广东白云学院认为:一是社会对大学生自主创业政策停留在文件层面,而没有落实到具体的操作界面;二是各个省市对大学生自主创业学生生源地身份限制,不能很好地激发学生的创业动机;三是学校对大学生创业教育的机构、课程、师资、教材、场地和经费都比较匮乏,特别是民办高校的经费非常紧张;四是学生对自主创业的认识不足。广州中医药大学认为:领导重视程度、机构设置、师资质量数量、社会环境、政府支持等都是主要因素。广东外语外贸大学认为主要是由于编制有限,目前大部分高校都没有专职的创业教育教师或指导师,兼职较多,兼职人员不能把全部精力投入到创业教育,从而影响创业教育的发展。广东机电职业技术学院则认为是专项经费不足、学生不重视、部分部门不够重视。华南农业大学的观点是:第一,认识不够,重视程度不够,观念落后;第二,政府政策支持力度不够;第三,缺乏强有力的创业教学教育队伍;第四,课程位置不合理,缺乏科学权威系统的教材。广州工程技术学校认为:企业与高校联合开展创业教育的链接政策支持不足,使得高校创业教育处于单打独斗的局面,效果不明显;高校创业指导人员创业教育的理念与素质远远无法与市场经济的发展要求相匹配,故高校创业教育无法引领有创业需求学生的成长;国家支持大学生创业行为的政策更多是停留在宣传层面,落实到高校,起到实效的,更几乎是零。

针对学校如何加强创业教育,不少学校提出中肯的建设性意见:

广东白云学院认为:政策要落实到可操作层面,教育行政部门要介入指导,学校创业实践场地和经费要得到保障,教师队伍的培训和实践要落实。广州中医药大学认为:创业氛围要创业环境要完善;教师的创业意识、创业能力要增强;政府都很重要,要在落实支持,对大学生创业政策要落实,真正为大学生服务;经费的预算要给予保障;课程结构要改革等。广东外语外贸大学:领导重视,经费到位,人员到位,场地到位和政府的支持。广东机电职业技术学院:要相关部门要配合宣传,特别是对新生的宣传,要想办法通过合法通道筹措足够的经费;要经常举办相关的活动,让参加活动的学生深入了解创业教育;多加强跟相关企业的合作,为应届毕业生创造更多机会并跟进服务。华南农业大学:要加强经费投入;提高重视力度,形成良好的创业氛围;打造专业良好的教师队伍;加强宣传力度,拓展高校创业教育道路;建立校企间的创业平台,培养学生创业精神。广州工程技术学院:领导要高度重视创业教育,支援大学生创业政策,资金落实到高校;建立一个专门的创业教育机构以及建设一支专业的创业教育队伍;校企大联合,共同推动高校创业的实践教育环节;高校内部二级教学单位应结合开设的专业搭建创业平台,以补充这方面的缺失。

综上,广州市各高校的创业引领工作已全面开展,特别是在创业意识的培养、知识的传授和创业活动的展开等方面工作已取得一定成效,但由于资金、场地、师资等方面因素的制约,绝大多数学校的创业引领工作仅仅停留在培训层面,只有极少数学校具有孵化功能,而且孵化的数量和质量也有待提高,亟待高层次的创业孵化基地在整个创业引领中发挥龙头带动作用。

(三)加强广州市大学生创业引领工作

1. 要发挥政府创业引领工作的主导作用。我国的大学生创业引领经历了高校主导——教育、劳动等主管部门主导——政府主导的发展历程,本课题组认为创业引领是一项系统工程,需要准确定位。正确的定位应当是:政府是主导,高校是主阵地,社会是大舞台。第一,政府要强化对创业引领工作的领导,从宏观层面统筹规划广州市大学生创业引领工作。出台的大学生创业引领的政策应相互协调,形成合力,在全市范围内整合各种资源,发挥资源的最大效用,将各项优惠政策,真正落到实处,并切实做到服务到位,全程跟踪。第二,高校要加强创业课程体系建设,为大学生提供创业相关知识教育与培训,包括GYB(产生你的企业想法)培训、SYB(创办你的企业)培训、创业实习实训、孵化基地等,在创业实践中不断提高大学生创业能力,为大学生创业营造良好的教育环境。第三,社会要形成尊重创业、崇尚创业、支持创业、创业光荣的良好舆论氛围。要善于依托公共创业服务体系,建立健全大学生创业引领服务组织。要不断丰富创业服务内容和创新创业服务形式,加强政府与企业的合作,发挥企业在大学生创业引领中的重要作用。

2. 构建广州市大学生创业引领体系

第一,关于政府对大学生创业引领主导作用的制度建设与长效机制建设的研究。主要是对大学生创业引领的组织领导体系、政策支持体系的研究,探索大学生创业引领社会化运作机制,形成促进大学生创业政策体系和良好的创业环境。

第二,关于高校创业教育与培训创新机制研究。主要注重创业教育与创业培训体系的建立,以便提供创业培训质量,实现较高创业成功率。

第三,关于社会为大学生创业提供服务平台的研究。主要注重加强公共创业服务体系的研究,以及对如何建立创业指导服务组织、创业服务队伍等创业服务公共平台的研究,构建科学合理的创业服务体系。

在上述研究的基础上，重点研究广州市大学生创业引领体系的建设问题，主要包括政府、高校、社会在大学生创业引领体系的准确定位、政策建议、制度保障、工作机制、计划制定实施、方法步骤等，以期为政府决策提供参考。

三、广州创业创新实训孵化基地建设研究

广州市社会科学联合会（2011年）资助社会科学研究项目（项目编号：11SKLW06），重点研究孵化基地建设的必要性、广州创业创新实训孵化基地现状、创业孵化基地主要功能、创业孵化基地的模式和组织机构等，建议顺应时代潮流，借鉴国际以及国内其他省市的成功经验，在广州市创建一个立足广州、辐射全国、国内一流的示范性大学生创业创新实训孵化基地，推动广州市大学生创业创新工作上新台阶。

（一）建设广州创业创新实训孵化基地的必要性

1. 解决当前就业困难的有效途径之一。2013年是新中国成立以来大学毕业生最多的一年，全国毕业生数量达到历史最高的699万人，比2012年增加19万人。据广东省教育厅统计，2013年广东省应届高校毕业生44.7万人，其中研究生2.4万人、本科生20.4万人、专科高职21.9万人。毕业生签约率为52.40%，就业形热相当严峻国际经验表明创业是经济繁荣的基础和解决就业的有效途径。大学生成功创业的事实充分证明创业具有促进就业的倍增效应，能有效缓解当前的就业难问题。

2. 落实中央、省、市关于大学生创业引领各项政策措施的重大举措。创业孵化基地建设是广州市大学生创业系统工程的重要基础工程。为大学生提供创业孵化基地，使创业带头人在基地迅速成长起来，成为大学生效仿的榜样，是突破目前大学生创业活动瓶颈的关键，也是开拓就业新渠道，解决高校毕业生就业的一个有效途径，更是落实中央、省、市关于大学生创业引领各项政策措施的重大举措。

3. 创业孵是化基地建设广州作为全国创业型城市在硬件设施、软件制度等方面的集中展现。建设大学生创业孵化基地，可以集中提供创业场所和设施，还可以减少政府对大学生创业所投入的国有资产流失，又规避了创业者在创建公司时的投资风险；可以集中提供创业指导，同时解决创业导师专家资源稀缺问题，规避创业者盲目选择项目的决策风险；可以集中提供政策支持，既降低创业成本，使政府政策得到有效的落实和检验。这也是落实科学发展观和实现政府公共服务职能的重要举措。

4. 建设大学生创业孵化基地，是推动广州大学生创业创新的重要平台和有效

手段,也是缓解高校毕业生就业压力的有效途径。大学生创办自己的企业,不仅实现了自身就业,还将带动其他人才和劳动力就业。建设大学生创业孵化基地,帮助大学生走自主创业之路,可以促进科技成果快速转化为生产力。高校毕业生是高素质人才,他们拥有紧跟时代潮流的思想意识和先进的科学技术,他们创业的科技含量高、市场前瞻性强,更容易使具有自主知识产权的科技成果形成产品、尽快转化成生产力,更能获得较高回报的经济效益和社会效益。

5. 建设大学生创业孵化基地是实施科教兴国和人才强省战略,是建设创新型社会的内在要求。建设大学生创业孵化基地,不仅要提供创业孵化平台、创业相关服务,还要积极推动全省高校开展创业教育、创业理论研究和项目研究,尤其是开展创业师资培训和大学生创业带头人培训,这将为我省高校普遍开展大学生创业教育和培训,推动全省大学生创业活动的健康发展,打下坚实的基础,从而在大学生中培养造就一大批具有创业精神与创业能力的带头人、高素质企业家,促进非国有经济的发展;同时,还会使他们成为创造社会财富和促进经济持续发展的生力军。

(二)广州创业创新实训孵化基地现状研究

本次关于广州创业创新实训孵化基地现状的调查,主要是进行问卷调查,并对广州创业创新实训孵化基地现状存在的问题进行分析总结。项目组从对广州市创业孵化基地的调查得知:截止到2012年6月底,广州市登记认证的省级、市级创业孵化基地共有121家,其中高校6家。真正能为大学生创业提供孵化服务的主要是高校和极少数社会孵化基地,如广州市青年创业孵化器、广州市1850创意创业园、广州市联炬大学生创业孵化基地等,占总数不到10%。我们选取了部分基地做进一步了解,相关数据见下表。

表二 广州市部分创业孵化基地孵化企业带动就业汇总

基地名称	孵化企业(家)	带动就业(人)	大学生企业(家)	劳动就业(人)
华南理工大学国家科技园创业基地	56家	1140人	16家	205人
广东外语外贸大学学生创业基地	12家	60人	12家	60人
南方医科大学大学生创业基地	21家	185人	21家	185人
广东工业大学创业基地	31家	269人	31家	269人
广东药学院大学生创业基地	36家	368人	3家	24人

续表

基地名称	孵化企业(家)	带动就业(人)	大学生企业(家)	劳动就业(人)
华南师范大学大学生创业基地	58家	312人	19家	84人
广州市青年创业孵化器创业基地	117家	227人	8家	15人
广州市联炬大学生创业基地	38家	626人	18家	180人
广州天河高唐软件孵化中心基地	46家	4070人	6家	113人
广州市1850创意园创业基地	50家	2000人	20家	500人

表2所列数据表明：这些创业孵化基地对大学生创业的推动作用是十分明显的，但规模都比较小；社会孵化基地较少为大学生创业提供孵化条件；高校孵化基地主要解决本校学生的创业孵化需求，基本不为其他学校的学生提供机会，这就使不具备孵化功能的学校的学生无法得到比较好的孵化服务。同时我们还了解到，有些基地的准入条件较高，有资金、用地面积、高新技术、项目等的要求。如广州市1850创意园入园条件为：带动失业人员就业原则上不少于6人；为独立法人单位，实行独立核算、自主经营、自负盈亏，并与职工签订一年以上劳动合同，足额缴纳社会保险费；诚实守信，合法经营，依法纳税，且无违法违纪等不良记录。广州市天河软件园高唐软件孵化中心创业基地的入园条件为：企业主要方向是IT高科技企业，包括网络游戏、计算机硬件及软件研发、医药器械、通信电子等电子产品研发及销售企业。广州市华南理工大学国家大学科技园创业基地要求入园企业属于高新技术类，比如电子信息、计算机软件、环保设备、纳米材料、机电工程的技术开发等。这些都在一定程度上限制了大学生创业企业的进入。

(三)创业孵化基地主要功能研究

以广州市大学创业孵化基地为核心和龙头，推动全市高校开展创业教育和创业企业孵化，积极建立校级大学生创业培训和孵化基地。校级创业培训和孵化基地对本校大学生进行创业教育培训，培养大学生树立积极的创业意识和创业精神。同时，推荐、选拔具有较强创业愿望和浓厚创业兴趣的大学生进入校级创业培训和孵化基地，重点进行创业政策解读、创业技能培训、市场前景调查、创业项目研究、模拟创业实践等活动，使这些大学生尽快掌握创业技能，做好创业准备，成为大学生创业带头人。具体包括：

1. 政策扶持功能。大学生创业是一个新生事物,各项政策都有待在实际工作中探索和检验。通过创业带头人的实践,能够对我市大学生创业的相关政策进行试验,使孵化基地成为大学生创业政策的试验场,取得经验后更好地在省内推广。认真落实市政府对大学生创业的扶持政策,联合工商、税务、银行、劳动、科技、外服、社保及企事业单位,积极为大学生创业提供扶持项目,让大学生创业带头人在基地得到公益性综合服务,享受到政府的支持和关怀。大学生创业创新实训孵化基地主要是通过提供服务来实现为大学生创业服务的,因此提供优质服务是基地的核心。广州大学生创业创新实训孵化基地建成后,要能为大学生创业提供一条龙、一站式、全方位的支持和服务。帮助学生享受政府扶持大学生创业的优惠政策,如创业资金、小额贷款、税收减免、费用减免等,简化申请程序,提高申请的成功率。

2. 创业孵化功能。大学生创业初期,由于资金缺乏,规模较小,很难拿出一大笔资金来租赁经营场地。课题组对广州市部分创业孵化基地孵化调查表明:这些创业孵化基地对大学生创业的推动作用是十分明显的,但规模都比较小;社会孵化基地较少为大学生创业提供孵化条件;高校孵化基地主要解决本校学生的创业孵化需求,基本不为其他学校的学生提供机会,这就使不具备孵化功能的学校的学生无法得到比较好的孵化服务。同时我们还了解到,有些基地的准入条件较高,有资金、用地面积、高新技术、项目等的要求,这也在一定程度上限制了大学生创业企业的进入。广州市大学生创业创新实训孵化基地的建设,可以为大学生创业项目提供孵化场地和企业基本运行设施,既减轻资金压力,又能帮助他们的创业企业规避在基本建设方面的投资风险,降低创业成本,加大成功概率,增强必胜信心。

第一,对创业带头人的创业项目提供创业孵化场地和公司基本运行设施,帮助他们的创业公司规避在基本设施建设方面的投资风险。同时,利用孵化基地规范的管理和社会形象,为大学生创业者建立最初的商业信誉。为大学生创业搭建支撑平台,提供创业项目、信息、场地、政策、保障、援助及相关的公益性服务。帮助创业带头人在孵化基地开办各种形式、多种经营、多元化经济的微型企业。

第二,为进入孵化基地的创业带头人提供住宿、餐饮、物业管理等全方位的生活服务。全力打造集办公、住宿、餐饮于一体,公益性、专业性、示范性的大学生创业孵化基地。

第三,为进入孵化基地的创业带头人和创办企业的大学生员工,提供档案和户口保管、转正定级、办理保险等相关服务,解除他们的后顾之忧。

第四，为大学生创业企业免费提供国际贸易的进出口业务服务，帮助其完成报关、结算、货运、保险、商检、支付等一系列小企业难于自我完成的业务。

第五，免费为大学生创业企业提供法律咨询与服务，对企业的商务合同等商务文件给予法律指导和规避法律纠纷的服务。

3. 创业教育和实践功能。具体包括三大方面：第一，师资培训。为促进广州市各高校的大学生创业活动健康有序发展，首先就要培训一大批优秀教师。基地应担负起对高校创业教育师资的培训任务，建立起一支有较高水平的高校创业培训教师队伍。通过培训培训者的方式，每年为广州市高校培养创业指导教师，使每校有2－3名，经过系统培训能讲授大学生创业实务指导课程，并能够指导大学生自主创业的创业指导专业教师。这是开展大学生创业的基础性工作。第二，创业教育培训。课题组的调查表明，目前广州市除极少数学校如华工、华师等具备较强的创业培训孵化能力外，大多数学校的创业指导能力比较薄弱，少数学校已开设创业指导课程，而多数学校仅仅是开设创业讲座，因而学生很难得到系统的创业教育培训。而创业创新孵化基地的建设，可以为开展大学生创业教育、创业实践提供一个优秀的平台。基地设立后，可以整合现有的创业孵化基地，统筹安排，由各高校先做创业意识培训（类似 GYB）进行初步筛选，把有较强创业意愿、愿意接受进一步培训学习的学生，根据自愿、就近原则，安排到各培训基地做进一步培训（类似 SYB），基地既是创业课程实训基地，也是学生创业实战基地。通过观摩基地孵化企业的创业实践，可以使其他学生感受创业氛围，学习创业经验，转变观念，将创业理想转化为实践行动。第三，创业技能培训。按照市政府要求以及开展大学生创业的实际需要，有针对性地每年为全省高校的毕业生培训、轮训400－600名创业带头人，积极帮助他们确定创业项目，提高创业技能，并为他们创业提供政策支持、专业指导以及跟踪服务。同时，从中选拔优秀者进入省高校毕业生创业孵化基地，进行企业孵化。

4. 创业咨询和管理支持功能。首先，是项目的选择和论证。一个好的项目，意味着成功的开始。基地的专家可以利用专业知识和丰富经验，帮助大学生选择创业项目，对创业带头人或项目负责人实施针对性指导，使大学生的创业能力和技能不断得到提升，创业项目不断完善，将创业方案变为创业实践，踏出自主创业的关键一步。其次是后续支持，创业者创办企业后，各种困难和挑战接踵而至，这个时候创业者如果能够通过方便快捷的咨询，得到及时的指导，其企业碰到的问题就能及时得到处理和解决从而得以健康成长。因此后续支持至关重要，应贯穿创业过程和企业发展的始终，为创业者保驾护航。

5. 创业项目开发和对接功能。好的项目对创业的成功至为重要,因此广州市创业创新实训孵化基地在大学生创业孵化基地的项目管理中,最关键的环节是科技成果的商业化。科技成果转化要经过理论研究及试验、中试(雏形开发)、试点生产和产业化(规模化生产)3个阶段。实验室里诞生的科研成果与商业化的产品有着本质的区别,尽管前者是后者的技术基础,但前者要转化成后者可靠性、稳定性、性价比、适应用户特殊需求等方面有着特别要求。因此,科研成果变成商品之前必须要经过适应不同环境及工艺条件的大量中试,而中试结果就几乎决定了该成果的商业化发展前途。因此,孵化基地建设开放式公共专业技术开发与中试平台是关键。孵化基地要重点建设以提供检测、实验条件为主的公共检测实验平台和大型科学仪器设备共享平台,以提供科技文献、标准、情报等信息服务为主的科技信息平台等。加快技术产权交易网建设,形成交易主体与形式多元化的技术市场网络。大力培育专利代理、项目招标、知识产权评估、科技信息咨询、技术转让、检测监测、资格认证等科技中介服务机构,加强各类行业协会建设。一是组织广州市大学生创业比赛,有偿征集大学生创业项目,通过向在校大学生征集创业项目以激发他们的创业意识与兴趣。定期举办全省大学生创业项目展,建立广州市大学生创业项目库。二是面向高校广泛征集可以尽快转化为生产力的科研成果,优先提供给希望创业又苦于没有好的创业项目的大学生。同时,积极与科技厅、劳动和社会保障厅、中小企业局等部门合作,共同致力于大学生创业项目的开发。三是成立广州市大学生创业者协会和各高校分会。市级协会负责组织全市规模的社团活动,定期邀请创业教育专家、成功创业人士和大学生进行交流并予以指导。四是开展多种形式的市、校两级协会社团活动。宣传国家有关大学生创业的政策和各种信息,普及大学生创业教育;开展大学生创业指导和专项讲座;推广成功创业者的经验;培养大学生的创业意识;通过技能培训和小规模的创业实践,锻炼和提高大学生的创业能力。同时,通过网络平台,实现大学生创业群体的沟通和交流。

(四)创业孵化基地的模式和组织机构

1. 孵化基地的制度模式

孵化基地产业的出发点是公益性,即所有的企业孵化基地从建立开始,就以独特的技术为企业服务,并把产生新的资源和就业机会作为第一目标。这种服务在起始阶段几乎是无偿的,有时甚至是反支付,其服务成本通常是由政府以原始的基础设施启动费用投资和其后的财政补贴来支付。当然,在一些发达国家,也有财团、研发机构或其他利益主体为了各自的目标而进行的支付,但不管支付这些服务成本的主体是谁,几乎可以肯定的是,对孵化基地起始阶段的投资和成本支付,都是不以营利为目的的,具有明显的公益性。我国就曾非常明确地将创业中心(孵化基地)定义为公益性的科技企业服务机构。

2. 孵化基地运行模式

大学生创业孵化基地的建立主体目前主要有政府、高校、企业及其他。常见模式主要有:

政府为主导的孵化基地。由国家和地方政府部门出资创办,是政府职能的一种延伸,这种模式主要讲求社会效益,而不以经济效益为目标,这大多是非盈利性的。政府可提供相关资源和配套服务,包括制定相应的政策,提供科研经费和孵化场地等。在这种运营模式下,政府投资的重点主要放在高科技项目上,对进入基地的企业有一定要求,并不为所有想创业的大学生提供机会。

大学科技园。大学园区聚集了丰富的知识资本,拥有先进的仪器设备和试验基地,掌握着大量的科技成果。大学科技园的主要作用是为大学生把科研成果转化为高新技术企业。利用大学的人力、技术等资源,形成市场化的企业孵化器。大多是有技术含量的项目。

科技工业园区。科技工业园区就是科技成果产业化的特定区域,为了培育更多有前景、科技含量高的项目,提高园区的创新能力,获得源源不断的科技项目,进行企业孵化器建设,支持有发展前景的科技项目进行孵化,孵化成功后主要在科技园区进行产业化。同样,科技园区会对入园企业进行评估,以此评定是否可以在科技工业园发展。

这三个模式有个共同点,都是对创业项目的支持方式,但它们并没有最大限度地普及,没有给更多想创业的大学生提供机会,没有一整套从入校起就建立的完整体系,因而没能科学地引导大学生的创业意识,激发其创业激情和其确立创业目标。

本项目组认为广州大学生创业创新实训孵化基地的管理模式是政府——大学——企业管理型。其主要内涵是:政府作为投资的主体或主要是由政府组织集资,学校将师生研发的有前途的科研项目带入基地孵化培育,企业根据自身发展需要与相关项目合作,从而形成由政府、大学和企业共同建设、共同管理的科学性、规范性、多元的创业型孵化基地。

首先,由于投资主体是政府,其性质是事业单位体制,能够始终围绕促进科技成果转化,培育科技企业和企业家这一宗旨来开展各项工作。其次,事业单位体制,能够不受市场趋利的影响,而企业化运作又能使资源和资产得到最大化的利用,能够对社会力量兴办孵化基地的市场失效部分起到很好的补充作用。再次,企业化运作能够使孵化基地内部建立规范的管理制度,激励和约束机制的建立,能够吸引更多高素质人才。同时使孵化基地不仅具备了较强的集聚要素资源的能力,更重要的是增强了对要素资源的整合,以及使资源服务于孵化企业的能力。

另外,产权明晰,使孵化基地能够盘活资产,吸引更多渠道的资金投入孵化基地建设,深化对企业服务的层次,并减少对财政的过度依赖,使自身进入可持续发展的良性轨道。孵化基地实行企业化管理,自收自支,独立核算。提倡一人多岗、一岗多能、一专多用,实行"三定",注重素质与经验、专业技能与管理能力的结合,强调服务意识。

3. 组织机构

组建具有企业法人资格的全民所有制事业单位或自收自支的社会公益性和非赢利性的科技服务机构。按照市场化运作模式实行企业管理,独立核算。内设项目部、指导部、服务部、物业管理部、信息部。

设立孵化基地管理委员会。管委会是中心运行策略和服务方向的决策指导机构,由广州市高校毕业生就业工作领导小组成员及有关部门的负责人组成。按照所有权与经营权分离的原则,广州市高校毕业生就业工作领导小组办公室受托管理、运行孵化基地。收入来源主要有政府投入、社会筹集、孵化场地的托管费、税收返还和培训收入等。

设立孵化基地专家评审委员会。该委员会受广州市高校毕业生就业工作领导小组办公室的委托,负责对入驻企业和项目进行评审。

(五)广州市创建国内一流的示范性大学生创业创新实训孵化基地的建议

顺应时代潮流,借鉴国际以及国内其他省市的成功经验,结合广州市大学生创业创新实训孵化基地建设的现状,项目组认为:广州市应创建一个立足广州、辐射全国,国内一流的示范性大学生创业创新实训孵化基地,推动广州市大学生创业创新工作上新台阶。

1. 创建一个开放性的大学生创业孵化平台,让有理想有激情想创业的大学生都能在这里找到自己的舞台。

2. 把基地打造成大学生创业和生活的港湾。这至少应包括三大部分:一是大学生创业创新孵化综合性服务中心;二是大学生创业工业园区;三是建设大学生创业人才公寓。

3. 进一步开展创业创新实训孵化基地建设的可行性研究分析。重点对建设资金来源的可行性,进行论证选址的可行性论证,基地人才的可行性研究等研究。

创业是时代潮流,建功立业是每一个有志青年的人生梦想,给年轻人一个平台,他们就可大展身手,还我们一片广阔天地。我们期待着:建成后的广州市大学生创业创新实训孵化基地,将全面展示广州作为全国创业型城市在硬件设施、软件制度等方面的良好形象;是落实国家和广东省、广州市鼓励大学生创业创新的优惠政策的重要场所和关键环节;更是推动广州大学生创业创新孵化的重要平台和有力推手。我们期待着:更多的大学生企业在这里孵化、破壳、成长、壮大。

第三节　卓有成效的广州航海学校创业引领工作

一、创业引领研究蔚然成风,成果初现

近十年来,广州航海学院在大学生自主创业的引领、创业环境的优化、创业孵化基地建设等方面展开深入地调查研究,通过调查报告、发表论文和编写教材等形式,对我院创业引领工作的开展起到了极大的推动和促进作用。下面列表分别是近年的课题项目、发表的文章和编写的教材。

表三　大学生自主创业项目(课题)

序号	项目名称	主持人	项目编号/立项时间	研究经费(单位:万元)	项目来源
1	广州高职高专院校毕业生自主创业问题研究	吴妙英	06-YZ-28	1.2	广州市哲学社会科学发展"十一五"规划2006年度课题
2	广州大学生创业创新实训孵化基地研究	吴妙英	11SKLW06	1	广州市社会科学联合会
3	金融危机背景下的高校创业教育研究	王华	200912B18	0.5	广州航海高等专科学校
4	大学生创业实践和孵化基地	刘红建,贾文武	2014	1	广州航海学院
5	创新创业教育新机制与模式研究	黄毅	2014	3	广州航海学院

续表

序号	项目名称	主持人	项目编号/立项时间	研究经费（单位：万元）	项目来源
6	企业"经营之道"创业训练项目	李世红	2014	0.3	广州航海学院
7	大学生电子商务运营模式创新创业计划	刘红建	2014	0.3	广州航海学院
8	造价工作室创业训练项目	郭继康	2014	0.3	广州航海学院
9	广州航海学院学生创业型勤工助学——跳蚤市场	吴鸿瑞	2014	0.3	广州航海学院
10	"进口牛奶专卖店"创业项目	许文峰	2014	0.3	广州航海学院

表四 大学生自主创业的主要论文

序号	题目	独立/合作作者	刊物名称	发表时间
1	创业教育是高校培养创新人才的有效途径	陈春意	科技创业月刊	2005-06
2	大学生创业就业教育之研究	陈春意	科技创业月刊	2006-03
3	完善我校创业教育机制的思考	吴妙英	广州航海高等专科学校学报	2008-01
4	高职院校创业教育现状分析与建议	吴妙英	中国培训	2008-04
5	优化大学生自主创业环境的思考	李旭霞	中国高新技术企业	2008-07
6	论德育视阈下的高校创业教育	王华	广州大学学报（社会科学版）	2010-05
7	论高校创业教育中的大学生逆商培养	王华	广州航海高等专科学校学报	2010-06

续表

序号	题目	独立/合作作者	刊物名称	发表时间
8	广州大学生创业创新实训孵化基地建设	吴妙英	广州航海高等专科学校学报	2012-04
9	谈多元化促进高校毕业生就业	吴妙英	中国劳动	2012-06
10	加强创业引领助梦成功创业	吴妙英	广州航海学院校报	2013-09

表五　大学生自主创业的主要教材

序号	名称	作者	出版社名称	出版时间
1	大学生就业与创业指导	乔培华,尹伶俐	机械工业出版社	2010-08
2	大学生职业生涯规划与就业指导	尹伶俐,牟方君,贾文武	中国海洋大学出版社	2013-08

二、创业实践扎实推进,成绩喜人

1. 2013毕业生自主创业的情况调查研究

关于毕业生自主创业的调查我们设置的是开放性题目,要求与创业相关的毕业生才需要回答,共有151人参与答卷,接近参加答题人数1962人的8%。

(1)与创业相关毕业生的数量

3人已经成功创业,占151人答题人数的2%,5人正在全职创业尝试中,占答题人数的3%;9人正在兼职创业尝试中,占答题人数的6%;58人打算积累一定工作经验后创业,占答题人数的38%;76人仅仅有创业念头,占答题人数的51%。

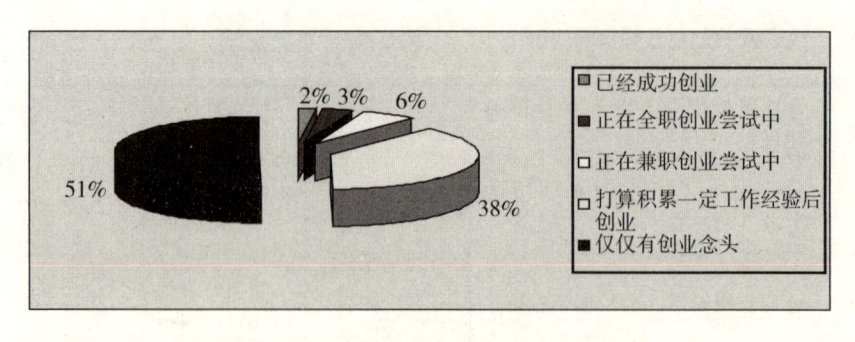

图1　我校2013届与创业相关毕业生数量

198

(2) 与创业相关毕业生的创业意愿

17 人创业意愿强烈而且付诸实践,占 151 人答题人数的 11%;58 人创业强烈但是没有合适时机实践,占答题人数的 38%;76 人创业意愿一般有机会就试试,占答题人数的 51%。

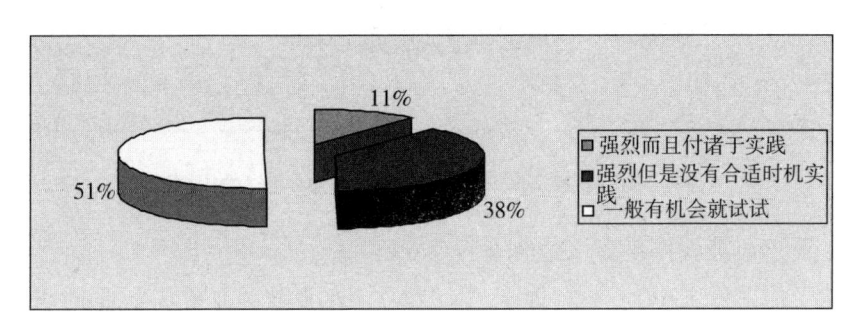

图 2　我院 2013 届与创业相关毕业生的创业意愿

(3) 与创业相关毕业生的创业原因

有创业欲望想挑战自己是我校毕业生创业的最大原因。98 人选择此项,占 151 人答题总数的 65%;排在第二的原因是亲朋好友有资源,42 人选择此项,占答题人数的 28%;排在第三的原因是家人的要求,11 人选择此项,占答题人数的 7%。

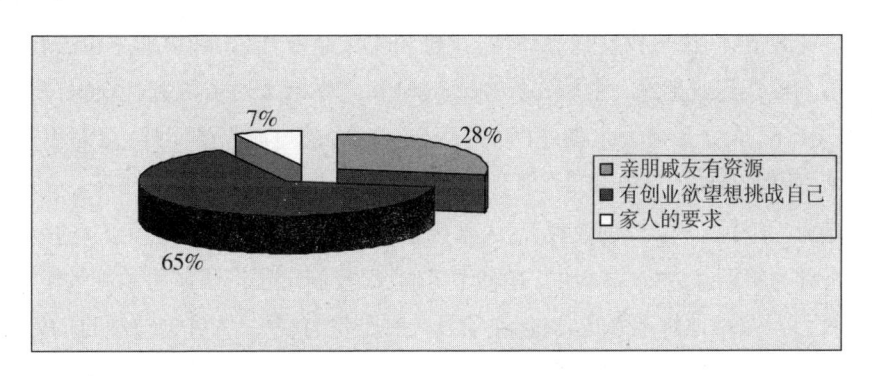

图 3　我校 2013 届与创业相关毕业生的创业原因

(4) 影响与创业相关毕业生创业的因素

资金是影响毕业生创业的最大因素,90 人选择此项,占 151 人答题总数的 59%;排在第二的因素是经验,32 人选择此项,占答题人数的 21%;排在第三的因素是环境,19 人选择此项,占答题人数的 13%;对毕业生创业影响最少的因素是政策,10 人选择此项,占答题人数的 7%。

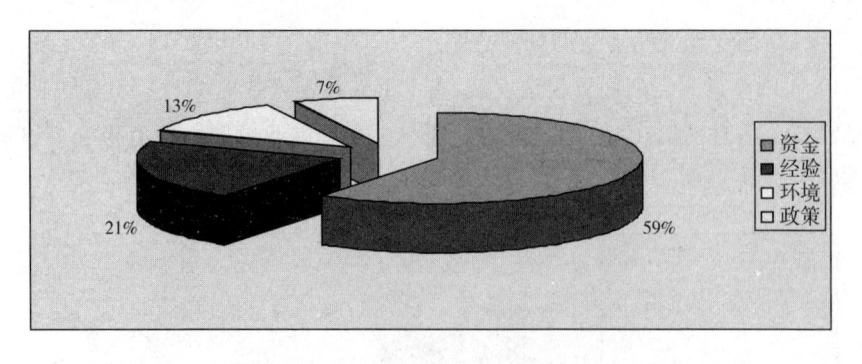

图4 影响我校2013届与创业相关毕业生创业的因素

2. 出台创业扶持政策,设立创业教育专项基金

为了促进我院大学生自主创业,学院设立了创业教育专项基金,同时积极向政府相关部门、相关企事业单位争取大学生创业专项资金。专项资金主要用于创业教育、创业项目的支持、设备购置、创业培训等相关的费用支出;对入驻创业孵化基地的创业项目给予支持,包括对在创业基地已确立项目的给予一定资金资助,对运行良好而且吸纳一定数量在校学生参与实践锻炼的项目再给予一定资金资助。此外,学校在学生助奖体系中设立大学生创业资金,扶持大学生创业创新。

3. 加强校内外实践基地建设,为大学生提供良好的实践平台

为了进一步推进我校"大学生职业规划目标分解及定向达标"活动,促进大学生创业实践活动,优化我校创业环境,我校和相关企业、工厂和事业单位合作,设立了多个校外实践基地。学校在广州市政府和广州市人力资源和社会保障局的大力支持下,成立了大学生创业(孵化)示范基地,基地属于楼宇性,总面积2210平方米,计划入住商户40家。"创业基地"以培养大学生创业意识和提高大学生创业能力为宗旨,为学校创业教育、大学生素质拓展提供实践环境,为大学生创业提供指导与帮助。为确保基地良好有序运作,学校制定了广州航海学院大学生创业(孵化)示范基地管理办法,对创业项目入孵条件与程序、入驻创业项目的管理、创业专项资金的管理等问题做出严格规范。基地设立专门机构、配备专职人员,为进入基地的创业人员提供创业辅导和服务;给予创业人员场地租金减免优惠,和提供社保、财税、工商、用工备案等代理服务,和各项创业优惠补贴(社保补贴、税费减免等)的代办服务,以及相关政策咨询、创业指导、技术支持、信息查询、物业管理等服务。搭建资源与行业平台,通过与大型企业、行业协会等建立联系,为入驻商户提供行业信息,帮助企业寻觅商机。

2014年4月18日,我院"广州市创业(孵化)示范基地"正式揭牌。我院以

"广州市创业(孵化)示范基地"为依托,进一步加大投入,建设基地、培植项目、凝聚团队。进一步凝练基地特色发展模式,加大校企合作、协同创新的力度。基地的设立,使我校的创业引领工作迈上一个新的台阶,截止到201?年,入住基地的创业人员32人,带动就业484人。此外,我校自2011年至今,有多位毕业生领了《高校毕业生自主创业证》。

4. 认真实施创业创新训练计划,组织鼓励学生参加各类创业比赛

近年来我校多次举办创业、创新比赛,并积极组织学生参加各项创业创新大赛,取得喜人成绩。

2012年5月29日,我校举行首届"赢在广州"大学生创业大赛。本次创业大赛,旨在强化对学生的教育、管理和服务,积极推进大学生自主创业,引导扶持大学生投身创业实践,进一步在我院学生中掀起"崇尚科学、追求真知、勤奋学习、锐意创新、迎接挑战"的热潮。本次选拔赛,最终评选出一等奖1名、二等奖1名、三等奖1名、优胜奖5名。其中一、二、三等奖的作品还代表学校参加了广州市的决赛。

2013年5月29日,我校举办"助你创业赢在广州"第二届大学生创业大赛初赛暨广州航海学院2013年大学生创业大赛。本次大赛共收到创业作品30份,作品构思新颖、富有特色,市场定位准确,涵盖了高科技的创新应用、绿色环保产业、餐饮业、教育业、服务业、电子商务及网上贸易等领域。

本次决赛主要有两个环节:作品PPT演示及现场答辩。进入决赛的12支团队分别就参赛项目的技术、市场前景、经营策略、资金需求及未来规划等方面做了演示,并回答了评委的提问,充分体现出同学们的创新思维和创业意识。

学校党委苏曙副书记对大赛进行了点评,充分肯定了参赛团队参与热情和大胆的创新的良好表现,同时指出创业团队在项目策划、分析过程中的不足之处,并对参赛团队寄予期望,鼓励学生充分利用资源,努力实现自己的创业梦想。

经过评委对参赛项目的策划书、PPT演示以及现场答辩三个部分进行严格审核,最终评出了大赛的各个奖项。

表六　2013"助你创业赢在广州"创业大赛获奖名单

序号	团队名称	团队成员	项目名称	等级
1	天天向上	谢鹏辉　袁景盛　邓茂操　苏元奕　肖　志　谭永彬	校园网络超市	一等奖
2	最初的梦想	王勇强　黄　兴　郭远梦　刘　航	易晨咖啡	二等奖

续表

序号	团队名称	团队成员	项目名称	等级
3	天梦队	黄行知　赖伟生　甘楚盈　李姗姗 宁广生　李亭亭　李欢	非凡货代服务4S店	二等奖
4	黄金海岸	黄才丰　罗燕琴　吴润豪　谢见玲 杨德彬　钟海志　沈焕斌	黄金海岸游艇服务有限公司	三等奖

2013年12月21—22日，由共青团广东省委员会、广东青年创业就业联合会、广东华南智慧城发展有限公司、中山大学科技创业投资管理有限公司、华南理工大学国家大学科技园等共同主办的"中国好梦想"青年创业大赛决赛在中山大学举行。我校艺术设计系的《奇幻精灵动漫项目》荣获三等奖，获得"喜羊羊之父"黄伟明老师的好评和"一对一"培训等。我校奇幻精灵动漫团队顺利通过激烈的全国海选、初赛和决赛，荣获的奖励包括进入广东省青年创业孵化基地项目、提供为期1年的免费创业办公场所、免费使用主要办公设施、发放创业贷款等。

2014年5月16-18日，由共青团广东省委员会、广东省教育厅、广东省人力资源和社会保障厅、广东省科学技术厅、广东省科学技术协会、广东省学生联合会联合举办的2014年"挑战杯·创青春"广东大学生创业大赛优秀作品展览及终审决赛在广东金融学院举行。"挑战杯"大赛被誉为大学生科技创新的奥林匹克盛会，每年举办一次。2014年的大学生创业大赛更是历届规模之最，共有92所高校700多支团队参与竞赛。我院团委按照团省委关于"挑战杯·创青春"大学生创业设计大赛的相关要求，联合教务处认真组织开展校内创业大赛工作。经过学校初赛，共推荐13份作品参加省级比赛。其中有3份作品荣获铜奖、2份作品荣获银奖，这是我院学生参加历届"挑战杯"创业大赛取得的最好成绩。

表七　第九届广东省"挑战杯·创青春"大学生创业大赛获奖名单

奖项	作品名称	参赛团队成员	指导老师
银奖	"客之韵"客家娘酒有限公司创业计划书	刁宇斌、戴雄详、王维蔼、陈盛毅、简少坚、蔡楚君、林晓璇	谭文才
	PadLock(帕洛克)有限责任公司创业计划书	王震楷、郑思韩、黄嘉练	陈立、刘哲、谭文才

续表

奖项	作品名称	参赛团队成员	指导老师
铜奖	找茶吧茶饮企业策划书	曾远明、黎祖声、郭泰宏、陆世锋	谭文才
	Fineme 科技有限公司创业计划书	李浩铭、李伟山、詹家豪、黎俊文、陈林均	谭文才
	综合学习休闲吧创业计划书	龚琦、杨毅、梁翔智、夏裕华、杨国林、李梦	张海波、陈伟聪

近年来,学校组织的创业创新大赛为大学生搭建了一个相互学习、相互交流的平台,大大提升了大学生的理论水平及实际应用能力,培养了同学们的创新意识以及团队协作的精神。特别是 2014 年,我校学生在"挑战杯·创青春"广东大学生创业大赛优秀作品展览及终审决赛上获得"两银三铜"的优异成绩,这是对我院近年来创业引领工作的高度肯定和极大鼓励,必将吸引和鼓励更多大学生投身创业创新行列,为实现中华民族的伟大复兴奋力拼搏,建功立业。

第二章

我院大学生职业生涯规划教育[*]

就业是民生之本,大学生就业更是我国社会普遍关注的热点。《国家中长期教育改革和发展规划纲要》明确指出,要加强就业创业教育和就业指导服务,提高人才培养质量。随着我国高等教育的发展和就业形势的变化,职业生涯规划教育作为提高大学生就业创业能力和职业素质的基础性工程,越来越受到高校的广泛重视。

第一节 大学生职业生涯规划教育的价值

职业生涯规划也称职业生涯设计或职业设计,是指个人结合自身条件和现实环境,确立职业目标,选择职业道路,制订相应的培训、教育和工作计划,并按照生涯发展的阶段实施具体行动以达到目标的过程。职业生涯规划有助于人们不断探索自我、挖掘自身潜力、实现自己的人生价值。而大学生职业生涯规划教育则是针对大学生这个即将从学校步入社会的特殊群体,帮助其进行职业生涯规划而实施的系列教育活动。大学生职业生涯规划教育对个体、学校及社会,都具有极其重要的意义。

一、职业生涯规划教育是大学生人生教育的重要内容

马克思在《青年在选择职业时的考虑》一文中写道:"我们在选择职业时所遵循的主要指针是人类的幸福和我们的自我完善。"大学生职业生涯规划教育的实质就是将职业发展指导作为大学生人生指导的重要组成部分,提升大学生的整体素质和能力,为毕业后的职业与事业发展奠定基础,使个体和社会和谐进步。

---

[*] 本文作者黄咸强。

二、职业生涯规划教育是高校育人规律与社会需求规律无缝对接的融合剂

教育是开发人力资源的主要途径,同时,大学教育所生产的人力资源产品最终要接受市场的检验,忽视市场规律和大学生个体职业生涯发展问题,只讲教育自身的规律是片面的。高校要以育人为本,尊重教育规律和学生身心发展规律,树立科学的质量观,把促进人的全面发展、适应社会需要作为衡量教育质量的根本标准。市场需求是多样化的,不同岗位对毕业生素质的要求是不一样的,不同行业同一类职业对从业者核心能力的要求也有很大的差别。职业生涯规划教育能够弥补专业知识教育在培养大学生方面的不足,使大学生得到更全面的发展,具有较强的就业竞争力。高校要意识到构建适合大学生职业生涯发展和市场需求的教育体系的重要性和迫切性,大学生职业生涯规划教育在实现高校人才培养与市场需求的对接上起着积极的融合作用。

第二节　我校大学生职业生涯规划教育的现状

一、调查问卷的设计

为了较全面地了解我院大学生职业生涯规划教育的开展情况,我们从五个方面来设计调查问卷的内容,并对参与问卷填写者作如下提示:本问卷只作研究之用,不记名,不公开,请将您选中的答案圈出,如果答案中没有您认为合适的,请在E后面写明您的回答。

（一）关于职业生涯规划的认识

1. 你认为有必要在大学阶段开展职业生涯规划吗?

A 很有必要　B 有一些用处　C 可有可无　D 不需要　E

2. 你听说并了解过大学生职业生涯规划的内容吗?

A 明确了解　B 有一点了解　C 只听说过　D 不感兴趣　E

3. 你对自己未来的职业生涯有规划(目标和实施步骤)吗?

A 明确详细　B 较为明确　C 摇摆不定　D 走一步看一步随遇而安　E

4. 你根据自己的职业理想制订学习计划了吗?

A 有详细计划并实施　B 有大概计划并实施　C 没有制订计划只是按学校规定学习　D 只是偶尔想过而已　E

5. 你的职业生涯规划知识来自于哪里?

A 报刊媒体　B 网络　C 父母和亲友　D 学校就业指导课程　E

（二）关于大学生自我特质的认识

1. 你了解一些常用的特性测试量表吗（如职业生涯兴趣测验工具 BCII、自我引导探索验 SDS、行为风格测试 MAST 等）

　　A 清楚了解　　　B 听说过不明确　　C 没听说过　　D 没兴趣　　　E

2. 你清楚自己的优缺点并能准确自我分析吗？（如用 SWOT 模式）

　　A 非常清楚　　　B 大概了解　　　C 模糊不确定　D 不清楚　　　E

3. 你希望学校和教师通过各种方式来帮助你正确认识自己吗？

　　A 迫切希望　　　B 希望　　　　　C 有最好，没有也无所谓

　　D 用不着　　　　E

4. 你经历过职业兴趣、职业能力等方面的测验和咨询吗？有请注明。

　　A 有　　　　　　B 没有　　　　　C 想，但没有机会

　　D 认为没必要，不感兴趣　　E

（三）关于职业世界的认识

1. 你主要从哪里获得关于职业世界的信息？

　　A 网络和媒体　B 家长和亲朋好友　C 学校　　　D 亲身实践　E

2. 你了解自己心仪的职业对其从业人员的要求吗？

　　A 清楚知道，并在努力奋斗　　　　B 知道，但没有努力进取

　　C 模糊了解，随波逐流　　　　　　D 不了解　　　E

3. 你认真考虑过自己的性格能力与将来要从事的职业之间的适合关系吗？

　　A 考虑过，认为适合　　　　　　　B 考虑过，认为自我完善后可以适合

　　C 考虑过，不合适正在为此而苦恼　D 没考虑过，找到工作时再说　　E

4. 你考虑未来所从事的职业时首选的因素是什么？

　　A 薪酬　　　　B 地区城市　　　C 自我价值实现　D 工作环境 E

5. 你是否希望学校就业指导中心能提供更加广泛的工作机会（如半工半读、暑期工等）以接触职业世界？

　　A 很希望　　　B 希望　　　　　C 无所谓　　　D 不需要　　　E

（四）关于就读专业的认识

1. 你就读的学校和专业是谁选择的？

　　A 父母和亲戚　B 高中老师和同学　C 自己　　　D 学校调配　E

2. 你对你所就读的学校和专业的看法？

　　A 喜欢，愿意读　　　　　　　　　B 一般，但是认真去读

C 不喜欢,但要认真去读　　　　D 不喜欢,也不想读　　　　E

3. 如果你有重新选择的机会,你会选择现在就读的专业吗?

A 会,因为自己喜欢　　　　　　B 会,因为就业前景好

C 不会,因为自己不喜欢　　　　D 不会,因为就业前景差　　E

4. 关于本专业的发展前景、未来职业范围等,你了解吗?

A 清楚了解　　B 大概了解　　C 不了解,实习时再说

D 不关心,因为可能要换专业工作　　E

5. 对自己感兴趣的专业领域,你会怎么办?

A 希望在教师指导下学习　　　　B 自学并考取相应证书

C 和所学专业不符,主动或被动放弃　D 选修作为第二学位　　E

(五)关于学校就业指导中心开展大学生职业生涯规划教育的认识

1. 学校就业指导中心在你找工作的过程中发挥的作用怎么样?

A 决定性作用　B 较有作用　　C 一点点作用　D 没作用　　E

2. 对于当前开设的毕业生就业指导课程的看法

A 很有用处,要开　　　　　　　B 不实用,没必要开

C 要在改进的基础上开设才有用　D 没什么用处,浪费时间　　E

3. 你对建立专业的职业生涯指导中心提供个性测评、心理咨询、生涯辅导等个性化服务的看法?

A 迫切需要建立　B 较为需要建立　C 可有可无　　D 没必要　　E

4. 如果学校就业指导中心开设职业生涯规划讲座,或是提供个性服务,你会去参加吗?

A 有兴趣,一定会去　　　　　　B 没用处,所以不去

C 收费就不去,免费就去　　　　D 想去就去,不想去就不去　　E

5. 你最希望学校就业指导中心能提供哪方面的职业生涯规划指导?

A 性格能力与职业选择匹配测试　B 职业生涯规划理论介绍

C 专业发展前景和任职要求分析　D 求职技巧和职业介绍　　E

二、调查过程与结果分析

2009 年底,我们利用设计的问卷对我院学生进行调查,抽样涵盖了不同专业、年级、性别等变量,基本能够反映我院学生的全貌。调查共发放问卷 400 份,回收有效问卷 381 份,回收率为 95.25%。在整理问卷的过程中,对相关的教师和工作人员进行开放式座谈,并随机在校园里访谈了部分学生,得到了许多第一手资料。

综合分析调查结果,得出以下基本结论。

(一)我院学生自我规划意识不强,往往对职业生涯规划"认"而不"识",疏于实践

调查中,高达95%的同学认为需要在大学里开展职业生涯规划教育,其中63.8%的同学认为很有必要进行。但是,对大学生职业生涯规划的内容充分了解的只占6%,而有一些模糊了解和只听说过的占到88.5%。这表明虽然通过各种渠道知道了"职业生涯规划"这个名词并希望接受相关教育,但大多数学生没有真正深入理解和把握职业生涯规划的理念。同时,仅有39.6%的同学认为自己对未来进行了一定的职业生涯规划,而其他同学要么摇摆不定,要么抱着走一步看一步的态度。有56%的同学根据自己的职业理想制定了学习计划并已实施,可是还有约40%左右的同学没有计划,只是按学校规定学习。可见,很多同学虽然认为很有必要进行职业生涯规划,却没有认真去做自身的职业规划实践,学校在这方面还需加强教育引导。

(二)学生对学校开展职业生涯规划教育有较高期望

调查显示,约有30%和40%的学生认为自己的职业生涯规划知识分别来源于父母、亲友和网络、报纸媒体,只有25%的学生认为自己的职业生涯规划知识来源于学校的就业指导课程。可见学校在其中发挥应有的指导和牵引作用的空间还很大。87.8%的同学迫切希望学校能够提供诸如个性测评、心理咨询、生涯辅导等个性化服务,43%的同学很想进行性格能力与职业选择匹配测试和咨询。从这些数据中,一方面可以看出同学们对职业生涯规划的参与热情是很高的,另一方面说明学校开展职业生涯规划教育的现状还无法满足学生们内心强烈的期望。比如,学生们都希望得到深度的个性化职业生涯规划服务,但现实情况是,当前我国高校都无法广泛提供一对一的个性化辅导与咨询,职业生涯规划教育远没有切实和学生个体的生活实际联系起来,远没有在学生的人生指导中发挥灯塔作用。

(三)我院学生就业指导工作日趋成熟,职业生涯规划教育任重道远

一直以来,我校都非常重视学生的就业问题:成立了学校就业指导办公室,配备了一定数量的专职就业指导教师;2002年开始就以专题讲座的形式开设了《大学生就业指导》课程;2005年起,开设了《大学生职业规划与就业指导》必修课;2007年引进了职前教育网络课堂;2010年我院结合航海类院校的办学特色及社会对实用型人才的需求编写了教材《大学生就业与创业指导》,此教材非常适合我校使用;各种讲座、社会实践、实习、大赛、论坛等活动普遍开展。近几年来的毕业生就业率在全省同类院校中名列前茅。尽管取得了一定成绩,但从实践层面看,

总体上我院职业生涯规划教育还处于起步阶段,有些地方亟待改进。调查了解到,就业的一般事务性工作和开拓就业渠道、组织招聘会等的具体工作各占到校院(系)总体就业指导工作的20%-40%,在职业生涯规划教育受到广泛关注后,这一工作目前所占比例也只处于10%-30%之间;从事职业生涯规划教育的专职人员和课程讲授的教师大多没受过专门的业务训练,既缺乏必要的理论基础和科学的操作技巧,又缺乏职场阅历,不能对学生的职业规划与发展进行科学的指导。另外,尽管我院的心理咨询和就业指导工作已开展了多年,但是与心理咨询有机结合的个性化职业测评和职业生涯规划辅导相对欠缺。

三、优化我院大学生职业生涯规划教育的对策建议

针对现状以及大学生职业生涯规划教育的特点,我院必须积极构建大学生职业生涯规划教育体系,力求满足学生发展需要。为此,我们提出以下几个方面的建议。

(一)更新教育理念,转变就业指导职能

以人为本是科学发展观的核心,也是高校最重要的办学理念。站在高校培养人才的视角,以人为本就是以学生为本,促进学生的全面发展,而大学生职业生涯规划教育所诠释的正是"以学生为本"的教育理念,它以学生为主体,通过教育、引导、辅导、实践等一系列教育措施,把学生塑造成适应社会、全面发展的创新型人才。它是素质教育的重要组成部分,是素质教育在新时期的完善和发展,是大众化就业时代的重点工作内容。对大学生实施职业生涯规划教育与专业教育是相辅相成的,共同服务于培养高素质人才的目标。因此,我们应摒弃以专业知识与技能教育为主的传统教育理念,树立专业教育与职业生涯规划教育并举的新的教育理念。学校各级就业指导部门要转变工作职能,从单一的就业事务性工作向多元化工作发展,提升职业生涯规划工作所占的比重,形成事务性工作、就业渠道拓展、职业生涯规划教育三足鼎立的新格局,在促进学生就业中更好地发挥举足轻重的作用。

(二)引培结合,强化师资队伍建设

调查表明,我院学生自我规划意识较弱,亟须加以引导。由此可见,组建一支具有专业知识互补、能力素质较高的职业生涯教育团队是当务之急。我院应加强从事职业生涯规划教育的工作人员和教师的进修培训,通过初级、中级、高级职业咨询专业技术水平认证,使他们掌握广博的职业生涯规划知识和一定的实战经验,不断提高专业水平;同时,还可以通过引进长期从事职业生涯规划教育的校外专家,充实师资队伍。我院港航学院大力推行的"兼职辅导师团队计划",直接聘请企业界有创业和管理经验的资深人士或专业培训人士作为学生的职业生涯辅导师,不仅让学生及早零距离接触到

职场的行家里手,从而有效激发他们进行自我规划的兴趣,还可以让这些兼职辅导师成为学生职业生涯规划的咨询顾问,并与校内教师相互配合,为教学体系注入新鲜的血液。实践证明,这是一个行之有效的职业生涯规划教育师资队伍建设的好举措。

(三)校企合作,搭建实践平台

校园内的职业生涯规划教育活动大部分是在虚拟的情境中进行的,过多依赖理论知识的传授,弱化了职业生涯规划教育的实践性,往往导致理论宏大而学生收效不大的结果。因此在加强课堂教学和专业化辅导的同时还需要建设好大学生职业生涯规划教育的实践平台,而校企合作的实训实习基地和企业文化资源所提供的真实职业环境可以较好地解决这个问题。比如在企业环境下实习,学生同时承担着职业人、企业人和社会人的角色,职业生涯规划理论的学习与职业能力培养、职业行为习惯的养成有机统一,各种真实问题的出现和解决的过程,也是学生职业生涯规划接受社会实践的检验、评价和自身不断调整的过程。优秀的企业文化的熏陶和感染,很容易引起学生的情感共鸣和理性审视,激发他们自觉地将所学的职业生涯规划理论与企业的要求相融合,并在实践体验中实现自我与环境的磨合,形成对社会、对职业更为全面、客观的认知,内化为自己的职业信念,从而提高未来的职业适应与发展能力。

(四)构建层级化服务体系,完善评估机制

大学生职业生涯规划教育是一项综合性的系统工程,既有课程、讲座、辅导和咨询、社会实践等活动的开展,又有校园文化、在线职业规划系统、朋辈教育系统的建设,还有职业测评、职业生涯规划大赛、创业培训工作坊等一系列工作的辅助补充。多元化的教育形式,各有优势,但也各有其局限性。因此,学校要有效整合、协调,构建层级化服务体系,如初级的理念普及和简单认识自己、职业决策等问题可以通过在线职业生涯规划系统来解决,中级的学生行动促发、学生困惑可以通过课程、社团活动、工作坊、团体辅导等方式解决,而高级的学生疑难则通过个性化辅导和咨询解决。同时,应建立多层次、全方位的学生职业生涯规划教育评估体系,评估包括时段评估、主题评估和跟踪评估。每学年的第一学期组织时段评估,测评学生的职业成熟度以及生涯发展所要求的重要素质和能力,对所收集的数据进行纵向比较分析,以此确定如何开展下一阶段的教育;在一个主题职业发展训练结束后组织主题评估,对参与此项目的学生发放主观反馈和心理量表,评估学生在该系列培训活动中的收获和进步;跟踪评估则是将学生在实习和正式工作期间用人单位对其的评价以及学生职业生涯初期的职业选择满意度作为一项重要的测评指标。科学的评估机制是大学生职业生涯规划教育取得实效的重要保障。

第三节　校企合作对我院大学生职业生涯规划教育的拓展

一、校企合作模式下大学生职业生涯规划教育的要素变化分析

校企合作改变了大学生职业生涯规划教育的主体、客体、介体、环体等基本要素，高校应认识和把握其中的变化规律，有效依托企业的资源和优势，促进大学生职业生涯规划教育的开展。

(一)大学生职业生涯规划教育主体的变化

职业生涯规划教育主体包括教育者和由教育者组成的职业生涯规划教育机构，它在职业生涯规划教育活动的各种要素中处于主导地位，决定着职业生涯规划教育的性质、方向、效率及效果。在校企合作模式下，单纯由高校教师担任教育者转变为由高校教师和企业导师交替担任教育者，教育的主体走向多元化。同时，高校教师和企业导师在很多方面的教育特点和要求是很不一样的，二者的优势互补，可以实现对大学生职业生涯规划教育更综合更科学的引领。

(二)大学生职业生涯规划教育客体的变化

职业生涯规划教育客体也可称为职业生涯规划教育对象，是指能够被一定职业生涯规划教育主体影响和控制的客观事物。从职业生涯规划教育资源角度看，职业生涯规划教育客体主要表现为学生、财、物、信息、时间等各种不同资源。作为职业生涯规划教育客体的大学生具有个性、社会性、能动性。在校企合作模式下，职业生涯规划教育客体由单纯的学生身份转变为学生与学徒(员工)双重身份，实习过程中原来课堂里的学生转变为车间里、企业中的积极参与者和劳动者，自我价值得到体现，从而主体意识增强。

(三)大学生职业生涯规划教育介体的变化

职业生涯规划教育介体是职业生涯规划教育主体与客体相互联系、相互作用的中介因素，主要包括职业生涯规划教育主体作用于客体时的教育内容及方式。在校企合作模式下的大学生职业生涯规划教育，高校进行认知性、方向性内容为主的教育与企业文化下进行规范性内容为主的教育有机结合，教育方法着眼于学生知行统一，更加注重隐性渗透。

(四)大学生职业生涯规划教育环体的变化

职业生涯规划教育环体即职业生涯规划教育的环境或条件。在校企合作模式下，大学生职业生涯规划教育的环体由单纯的校园环境转变为校园和企业交替的环境。

学校和企业是完全不同的社会机构,各自运行规律和追求目标不同。学校以育人为主要目标,企业以追求利益最大化为主要目标。复杂的人际关系、繁重的工作任务、严格的企业管理完全不同于校园环境下的舒适的学习、生活,到企业仿真实习使学生置身于职业实践的真实情境中,体验企业员工生活,感受企业造文化,从转变成一个准员之。

二、利用校企合作开展大学生职业生涯规划教育的优势

利用校企合作开展大学生职业生涯规划教育,是人才培养而产生的一种新型的教育模式这种合作可以充分发挥学校与企业各自在人才培养方面的优势,将学校育人标准与企业用人标准相对接,塑造毕业生成为适应社会和市场需要的高素质人才。

(一)校企合作实行"引进来"和"走出去"的开放办学,强化了大学生职业生涯规划教育师资队伍的建设

1. 校企合作下引进企业界行家里手来充实校内师资队伍,整体提升了大学生职业生涯规划教育团队的专业水平。

在校企合作不断深度融合的形势下,可以邀请企业家加入到学生职业生涯规划教育师资队伍中来,引进企业界有创业和管理经验的资深人士或专业培训人士作为学生的导师。不仅让学生及早零距离接触到职场的行家里手,从而有目的有侧重地培养某方面的能力,同时这些企业导师直接参与学校的人才培养,与校内教师相互配合,为教学体系注入了新鲜的血液。这是一个很好的大学生职业生涯规划教育师资队伍建设方向。

2. 校企合作能够深入解决校内教师实际职业经验不足的问题,促进教师实践能力和综合素质的提升。

当前,国内高校从事大学生职业生涯规划教育的教师要么是学术专家出身,要么是来源于党务、政工领域的管理人员,他们对职场生活的接触与体验甚少,缺乏企业经历和实践能力,在进行案例分享、操作练习等方面教学时,不免有纸上谈兵之嫌,影响了职业生涯规划教育的实效性。校企合作为教师提供了一个走出去的良好平台,鼓励和派遣教师带学生至企业实习、下企业考察或教学实践性顶岗实习、帮助企业解决技术问题、培训企业员工等,让教师深入到不同类型的职业环境中,体会、了解社会对人才的需求,改善其知识结构与经验,锻炼和提高其业务能力,从而保证学校的职业生涯规划教育更加符合实际、贴近时代脉搏。

(二)校企合作丰富了高校职业生涯规划教育的内容和形式,有助于调动大学生在职业生涯规划教育中的能动性

1. 校企合作增强了职业生涯规划教育内容的针对性,较好地满足了大学生的

不同需求。

从不同年级学生所面临的不同需要看,低年级学生因为暂时不会面临就业问题,处于职业意识的唤醒阶段,校企合作教育的侧重点是系统地向他们传授职业生涯基础知识,唤醒他们的职业发展愿望,引导他们形成合理的生涯定向。中间年级学生处于职业素质形成阶段,校企合作教育的侧重点是帮助学生在职业生涯实践活动中进一步认识自我,探索职业社会,培养社会需要的职业化意识与素质。毕业班学生直接面临着就业问题,处于职业能力提升的冲刺阶段,虽然也存在诸如职业兴趣、职业人格或职业规划等问题,但校企合作教育的侧重点应更倾向于指导职业资讯的收集和选择、求职面试技巧、心理调适、职场生存与发展,帮助毕业生尽快完成向社会职业人的角色转变。

从学生职业准备程度不同而产生的不同需求来看,对那些还没看清职业生涯发展重要性的学生,可采取校企合作开展职业指导讲座、生涯人物访谈等活动;对已经有职业生涯规划意识但是遇到困惑的学生,可通过校企合作安排相关的导师对其提供职业咨询、测评和辅导;对于想开发自身职业能力的学生,可通过校企合作安排能力培养训练课和社会实践活动。

2. 校企合作有利于开展体验式职业生涯规划教育活动,提高学生接受教育的主动性和创造性。

传统式的就业指导大都停留在过多的理论说教阶段,学生往往只是被动地接受,未能充分发挥自己的积极主动性。开展体验式职业生涯规划教育,为学生提供了一个注重体验的学习环境,能够使学生在情境互动中自觉学习、观察内省与总结领悟,获得认知和行为上的改变,促进职业化素质的养成。不管是组织职业生涯规划教育课程教学,还是组织多种形式的校园文化活动以及个别辅导,都要充分利用校企合作资源,注重企业的参与,让企业来协助开展如大学生职业生涯设计比赛、主题研讨与论坛、素质拓展训练、职业角色扮演、模拟招聘、职业教育工作坊、职业心理测评与咨询等互动性、专业性很强的体验式活动,引导学生在自我体验中达到自我教育和提升,并自觉将学习到的观念运用于现实的职业生涯世界。

(三)校企合作的实训实习基地和企业文化资源为大学生提供了真实的职业环境,促进大学生职业发展理论与实践的结合

当前的校企合作办学模式较多重视专业方面的合作,企业有形和无形资源的利用主要体现在专业建设上,而对其在大学生职业生涯规划教育方面的价值利用却较少。事实上,在企业的真实职业环境中,有比学校更多的鲜活素材和教育情境,特别有利于对学生进行渗透式的职业生涯规划教育。

1. 学生通过企业环境下的角色承担实现由职业认知向职业行为的转化。

校园内的大学生职业生涯规划教育活动大部分是在虚拟的情境中进行的,评价机制不与受教育者的切身利益相关联,过多依赖理论知识的传授,弱化了职业生涯规划教育的实践性,往往导致理论宏大而学生收效不大的结果。在企业环境下实习,学生同时承担着职业人、企业人和社会人的角色,职业生涯理论的学习与职业能力的培养、职业行为习惯的养成能够有机统一。学生作为一个职业人,他需要遵守职业道德,培养职业能力,追求职业梦想,获得职业认同与回报;作为一个企业人,他需要爱岗敬业,遵守企业的规章制度,学习企业的专业技能,完成企业的工作任务,认同企业的主流文化,与企业同呼吸、共命运;作为一个社会人,他需要遵纪守法,团结合作,通过自己的付出体现自己的社会价值。真实的企业环境下各种问题的出现和解决的过程,也是学生职业生涯规划接受社会实践的检验、利益关系者的评价和自身不断调整的过程,最终构建从职业认知到职业行为的完整链条。

2. 企业文化的熏陶和感染作用,能够帮助学生自觉地将所学的职业发展理论转变为他们内在的实践需求。

企业文化是为一个组织中所有成员所共享并作为精神层面的东西传承给组织的新成员的一整套价值观念、工作理念、分析和解决问题的能力和思维方式。学生通过耳濡目染、内心体验和情感熏陶加以理解,对他们职业道德的塑造,职业品格、职业素质的养成具有潜移默化的影响。如对员工职业道德水准的要求,注重对员工诚信品质、敬业精神、责任意识等方面的考核,这些都会对学生产生暗示、模仿的积极作用。

三、基于校企合作的大学生职业生涯规划教育模式的构建

校企合作的开展大学生职业生涯规划教育的结合点是高校和企业对大学生的职业能力和就业竞争力的共同关注。这种合作可以充分发挥学校与企业各自在人才培养方面的优势,将学校育人标准与企业用人标准相对接,是大学生职业生涯规划教育模式的创新路径。

(一)基于校企合作的大学生职业生涯规划教育模式构建的基本原则

1. 全程化系统辅导与阶段性重点辅导相结合

职业生涯规划教育是一个系统工程,需要制订科学的培养计划,并使其贯穿于大学教育的全过程。与此同时,由于不同年级的学生面临的任务和需要的差异性,需要根据学生处于不同学习阶段的特点,采用适当的培养方式和途径,才能完成职业生涯发展理念所要求的相应目标。

2. 理论讲授与实践演练相结合

职业生涯规划教育不仅要传授给大学生一定的理论知识和思想观念,更重要的是指导学生应用所学知识规划与实践自己的职业生涯。这就要求职业生涯规划教育活动的开展要以解决学生的实际问题为切入点,避免纯理论化的抽象教育,不仅要有课堂教学环节,还应有实践教学环节,以增强辅导的实效性。

3. 团体辅导与个体辅导相结合

高校职业生涯规划教育的对象是大学生,大学生群体既有共性的职业发展需求,又有个体的层次性需求差异。因此,大学生职业生涯规划教育既要针对共性的问题开展普遍性的团体辅导,又要针对学生的个体差异开展有针对性的个体辅导,把整体指导与个别指导、个别咨询有机结合起来,并根据不同的具体情况采取不同的辅导策略。

(二)建立校企合作的大学生职业生涯规划教育模式的流程模型(见图示)

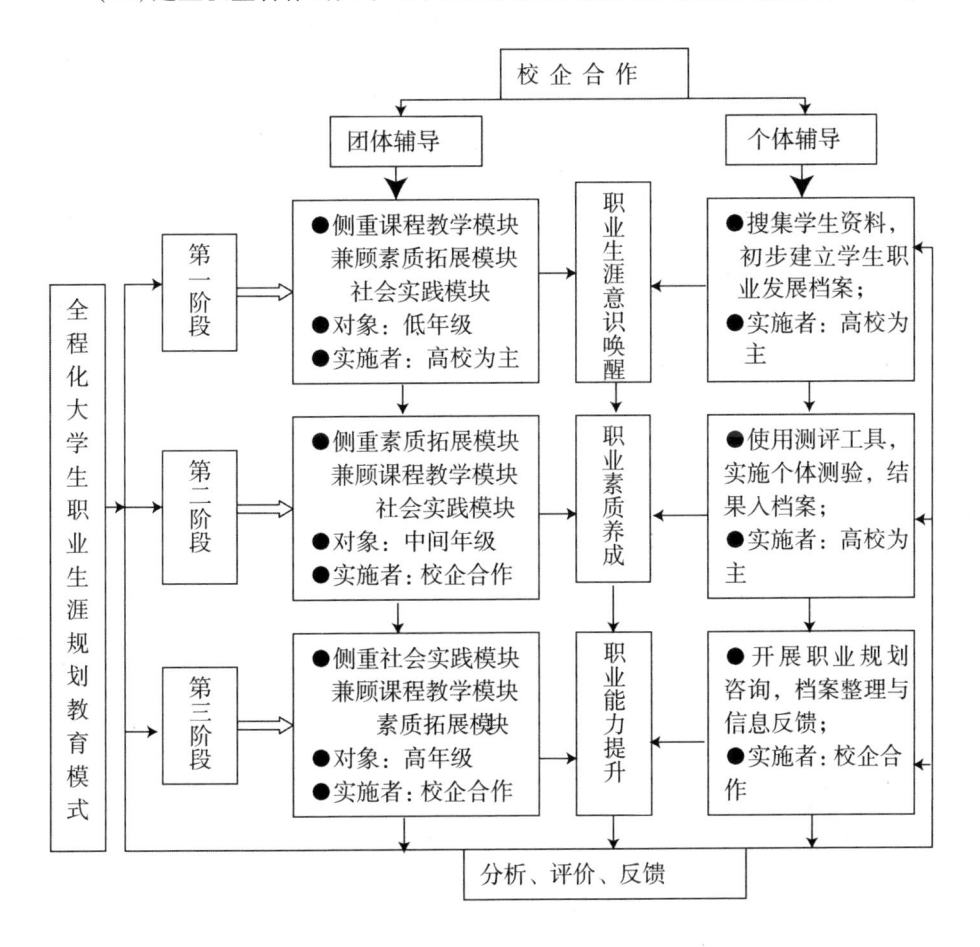

```
全程化大学生职业生涯规划教育模式
                                    校企合作
                        ┌─────────────┴─────────────┐
                     团体辅导                     个体辅导
   第一阶段 → ●侧重课程教学模块           ●搜集学生资料,
              兼顾素质拓展模块      职业      初步建立学生职
              社会实践模块        生涯      业发展档案;
              ●对象:低年级       意识      ●实施者:高校为
              ●实施者:高校为主   唤醒      主

   第二阶段 → ●侧重素质拓展模块   职业     ●使用测评工具,
              兼顾课程教学模块    素质     实施个体测验,结
              社会实践模块        养成     果入档案;
              ●对象:中间年级              ●实施者:高校为
              ●实施者:校企合作           主

   第三阶段 → ●侧重社会实践模块   职业     ●开展职业规划
              兼顾课程教学模块    能力     咨询,档案整理与
              素质拓展模块        提升     信息反馈;
              ●对象:高年级                ●实施者:校企合
              ●实施者:校企合作           作
                        └─────────────┬─────────────┘
                                 分析、评价、反馈
```

215

(三)基于校企合作的大学生职业生涯规划教育模式的实施

1. 校企合作的大学生"职业生涯意识唤醒、职业素质养成、职业能力提升"三阶段全程化辅导的内容及要求

低年级学生处于职业生涯意识唤醒阶段,校企合作辅导的重点是促进学生的职业生涯认知,帮助学生了解自己的特长与潜能、优势与不足,正确认识自我;帮助学生了解专业性质、专业能力要求、专业学习的价值和专业前景等,树立正确的学习观;帮助学生初步认识职业生涯发展规划的重要性,树立正确的职业价值观;帮助学生学习通用性技能,提高基本素养,为未来的职业发展做好专业准备。

中间年级学生处于职业素质养成阶段,校企合作辅导的重点是帮助学生自我拓展,培养较强的责任感、使命感,树立正确的成才观和事业观;帮助学生认识职业,并根据自身条件、职业志向和未来职业的发展进行初步的职业生涯规划;帮助和督促学生结合职业生涯规划做好职业生涯决策,拓展职业知识技能,培养职业化素质。

高年级学生处于职业能力提升阶段,校企合作辅导的重点是通过职业生涯规划、职业生涯决策的修正,帮助学生形成现实而正确的个人职业发展评价,树立开拓务实的职业观、创业观和择业观,确定合理的职业定位和择业期望标准;帮助学生提高职业成熟度和职业行为的"自主、自尊、自信、自强"意识;帮助学生树立爱岗敬业精神,实现人生发展与社会需要的内在统一,完成向社会职业人的角色转换。

2. 校企合作的"课程教学、素质拓展、社会实践、个体辅导"四大辅导模块在各阶段的配合运行

(1)课程教学模块的实施

将大学生职业生涯规划教育课列入教学计划,以全校性选修课的形式开设,根据各年级学生的阶段特点,构建职业生涯规划教育课程体系,使学生系统掌握职业生涯规划和生涯决策的理论和方法。以学科渗透为原则,发动专业教师全员参与,探索职业生涯规划教育的学科教学模式,将职业生涯规划教育与专业课程有机结合。注重引进和推广接近企业实际的培训类课程,并且可以将企业的典型案例引入课程教学,将教学实践嫁接到企业的运作中,丰富职业生涯规划教育的内涵和载体。

(2)素质拓展模块的实施

充分利用校企合作资源,结合大学生不同阶段的职业发展需要,开展形式多

样、内容丰富、有吸引力的校园文化活动。注重企业的参与,让企业来协助开展如大学生职业生涯设计比赛、主题研讨与论坛、素质拓展训练、职业角色扮演、模拟招聘、职业教育工作坊等互动性、专业性很强的体验式活动,引导学生在自我体验中达到自我教育和提升,并自觉将习得的观念运用于现实的职业生涯世界。

(3)社会实践模块的实施

引进企业界有创业和管理经验的资深人士或专业培训人士作为学生的导师,让学生及早零距离接触到职场的行家里手,从而有目的有侧重地实践自己的职业生涯规划。通过参观、实习、考察等各类社会实践活动形式,为学生创造认识企业、参与实践、检验知识的机会,使学生的理论学习与生产实际紧密结合,在近距离体验职场中启发职业生涯意识,培养职业品性素养。

(4)个别辅导模块的实施

不断扩大职业生涯规划教育的覆盖面,提高个性化职业发展指导的服务水平。校内外职业生涯辅导专家、企业人力资源专家参考职业测评结果,通过预约谈话、开通热线电话、网络平台等方式对学生进行个体化指导,并对学生的发展变化进行追踪监控,结合社会环境、职业需求的变化,指导学生及时调整生涯规划路线。同时,针对大学生个体职业发展中遇到的心理问题,进行直接的心理咨询与辅导。

大学生职业生涯规划教育是当今高校就业指导工作的重要内容,积极有效地开展大学生职业生涯规划教育,是高校就业指导科学化发展的标志。由于我校大学生职业生涯规划教育工作尚处于起步摸索阶段,因此,我们应在借鉴其他高校成熟的职业生涯教育理论和实践经验的基础上,努力构建适合我院特点的职业生涯规划教育模式,促进我院学生的全面发展。

第三章

广州航海学院实践教学调研报告*

大学生是民族的希望、祖国的未来。当代大学生一方面思想活跃、蓬勃向上,他们关注社会、国家的发展;另一方面由于理性思维还不够成熟,对社会缺乏全面、深入了解,他们对我国社会转型时期出现的社会问题和社会矛盾感到迷茫困惑,同时身处全球化和互联网时代,世界多元文化特别是西方各种思潮强烈冲击着他们的思想和信仰。随着对外开放不断扩大、社会主义市场经济的深入发展,我国社会经济成分、组织形式、就业方式、利益关系和分配方式日益多样化,人们思想活动的独立性、选择性、多变性和差异性日益增强。一些大学生不同程度地存在政治信仰迷茫、理想信念模糊、价值取向扭曲、诚信意识淡薄、社会责任感缺乏、艰苦奋斗精神淡化、团结协作观念较差、心理素质欠佳等问题,甚至部分学生出现"耻言理想、嘲弄信仰、蔑视道德、躲避崇高、拒斥传统、不要规则、怎么都行"的严重现象。而我们的思想政治教育由于与大学生思想实际结合不紧、针对性不强,未能有效解决这些问题。

第一节 我院实践教学开展的背景

一、贯彻落实中共中央、国务院、中宣部、中央文明办、教育部、共青团中央、广东省等有关部门关于加强大学生思政课社会实践的文件精神

《中共中央国务院关于进一步加强和改进大学生思想政治教育的意见》(中发〔2004〕16号文)(以下简称16号文)和《中宣部中央文明办教育部共青团中央关

---

* 本文作者吴妙英、李旭霞。

于进一步加强和改进大学生社会实践的意见》(中青联发〔2005〕3号文)以及中宣部、教育部等部门联合发布的《关于进一步加强高校实践育人工作的若干意见》(教思政)〔2012〕1号文)是我院思政课开展实践教学的纲领性文件。

16号文特别强调要"努力拓展新形势下大学生思想政治教育的有效途径",重点强调社会实践的重要性,指出"社会实践是大学生思想政治教育的重要环节,对于促进大学生了解社会、了解国情、增长才干、奉献社会、锻炼毅力、培养品格、增强社会责任感具有不可替代的作用。要建立大学生社会实践保障体系,探索实践育人的长效机制,引导大学生走出校门,到基层去,到工农群众中去,使大学生在社会实践活动中受教育、长才干、作贡献,增强社会责任感"。

中宣部、中央文明办、教育部、共青团中央《关于进一步加强和改进大学生社会实践的意见》(中青联发〔2005〕3号文)进一步强调加强和改进大学生社会实践的重要意义,明确大学生社会实践的总体要求和工作原则,把大学生社会实践纳入教学计划,对社会实践的内容、形式、具体安排都做了详细的规定,并对领导职责、管理体制、保障机制等方面做了具体的规定。

为了更好地贯彻落实上述文件的精神,我院近十年来在思政课程的教学中,努力创造条件,开展了内容丰富、形式多样、富有成效的实践教学。

二、解决理论和实践脱节的问题,增强思政课程教学的实效性

社会实践是解决思政教育理论与实际距离的最好选择。高等学校思想政治理论课是大学生思政教育的主渠道。学生通过课堂的学习,掌握了思想政治理论知识,提高了自身思想政治水平。因此,无论从哪个角度来看,思想政治知识的学习都是很有必要的。然而,学校理论教育,以及学校本身是无法替代学生的社会实践活动的,因为学校理论教育无法替代学生亲自对生活的体验,而且学校本身也无法完全地重现社会生活的场景。因此理论教育本身不足以解决学生理论与实际相分离的问题。当前,思政教育存在的理论与社会实际相分离的问题,一是表现在学生的学校生活和社会生活相脱节的情况;二是表现在学校所教授的理论落后于现实、与现实相脱节的现象;三是学生缺乏实践机会,难以把在学校学到的理论知识应用于现实生活。上述问题,都不是理论学习所能解决的,因此必须引导学生参加社会实践活动。通过学生自身的实践,达到知行一致,这也是思政教育目标所在。实际上,无论是"读万卷书,行万里路"的古训,还是教育家杜威、陶行知强调的"学校即社会生活""社会即学校"等理论,以及16号文的精神,都是强调教育要把学校理论学习与现实社会结合起来,把这些外在的思想道德要求运用

到现实的生活当中,实现由主观到客观的升华,从而增强思政课程教学的实效性,有效解决理论和实践脱节的问题。

三、加强思政课程教学的针对性,解决大学生思想困惑的问题

加强和改进大学生思想政治教育,增强针对性是一项极为紧迫的重要任务。因此,16号文提出"坚持政治理论教育与社会实践相结合。既重视课堂教育,又注重引导大学生深入社会、了解社会、服务社会;坚持解决思想问题与解决实际问题相结合。既讲道理又办实事,既以理服人又以情感人,增强思想政治教育的实际效果"的要求,强调思政课程教学的针对性是解决大学生思想困惑的迫切需要。

第二节 我院实践教学开展情况综述

根据中宣部、教育部有关"高等学校思想政治理论课所有课程都要加强实践教育"的精神,结合航海院校双证教育(学历教育、高等职业教育)的特点,我院在思想政治理论课的方案实施过程中,把实践教学作为思想政治理论课教学的重要环节,坚持理论与实践相结合,课堂教学与课外实践相结合,不断探索实践教学的新途径、新办法,增强思政课程的针对性和实效性。

一、统筹安排,精心规划,把大学生社会实践纳入教学计划(以 2013 – 2014 学年为例)

实践教学是培养学生创新精神和实践能力的重要手段,是提高学生综合素质的关键环节,是人才培养模式不可替代的组成部分。学校根据教学工作会议的要求,切实把思想政治理论课教学工作重点放在提高质量上,重点加强实践教学,着力培养学生的理论联系实际能力。思想政治理论课教学部在思想政治理论课对实践教学方面进行了探索,制定了具体明确的实践教学方案,为实践教学的顺利开展奠定了良好的基础。

1. 明确实践教学目的。通过思想政治理论课的实践教学,培养学生运用马克思主义理论观察问题、分析问题和解决问题的能力;让学生理论联系实际,了解改革开放的成果,更好地理解党的方针、路线和政策;使学生实现自我教育,引导学生培养正确的世界观、人生观和价值观,提高学生的社会实践能力和拓展学生的人文素质;通过思想政治理论课的实践教学,提高我校思想政治理论课教学的针对性和实效性,增强理论的说服力和可信度,使学生更加坚定社会主义信念,努力把自己培养成为合格的社会主义事业的建设者。

2. 规定实践教学学时。思想政治理论课四门课程,总共14学分,252学时,其中课堂教学200学时,实践教学52学时,其中《基础》8学时,《原理》8学时,《概论》36学时。

3. 确定实践教学内容和形式。思想政治理论课四门课程有各自不同的内容和特点,实践教学根据课程的需要开展实践教学活动。每门课程都有明确的实践教学的内容,并根据内容选择确定具体的实施方式。

例一:《思想道德修养与法律基础》课程的实践教学

《思想道德修养与法律基础》课程的实践教学的指导思想是:以在教学中时刻贴近职业特点为原则,贯穿课内课外的各个环节,从"强化实践意识、树立职业道德的理念、推动自主实践的风气"三个主要方面去建立实践课教学体系。

主要开展的活动有两类:

第一类,专题调研。包括大学生人际关系的现状调查研究、航海院校大学生理想信念的调查与分析、航海院校海洋爱国主义教育研究、大学生人生规划方案设计等社会实践教学内容。

第二类,参加校园文化建设。如艺术节、学雷锋创新风、职业生涯规划、创业大赛等活动。还有就是结合我校航海特色,开展的具有航海文化特色的相关活动,如航海日活动和南海神庙志愿者活动等。

第三类,专题讲座。学校搭建交流平台,请来专家学者给广大师生作专题报告。如结合"爱我南海"爱国主义教育系列活动,举办"中国崛起与走向海洋"报告会;何立居教授作"南海形势"讲座和《中国周边海洋形势的战略分析》报告;《一场激发爱国情怀的报告会》——"航空母舰与现代战争";亚丁湾护航船长报告会等。此外,我院还与黄埔区文联共同举办《辛亥革命精神的当代价值》专题讲座,聘请中山大学博士生导师郑永廷教授来我校作思政辅导报告,请尹伶俐教授对"大国复兴的中国梦"作解读报告等。这些专题讲座,增进了师生们的交流,扩大了知识视野,收到良好的效果。

例二:《毛泽东思想和中国特色社会主义体系概论》课程的实践教学

《毛泽东思想和中国特色社会主义体系概论》在课程安排上跨两个学期,有一个比较长的暑假,我们充分利用暑假开展实践活动。把社会实践分为学期内实践教学和暑假社会实践活动两大部分。

暑假社会实践主要包括实践调查和体验生活。

社会调查,由教研室推荐社会调查题目或方向,学生选择后开展调研,撰写调查报告,开学后上交。

近几年采用较多的题目有:家乡巨变——改革开放的成果(成就)调查(结合第七章内容),社会主义新农村(农村城镇化)建设调研(结合第八章内容)。非公有制企业工人生存状态调查(结合第十四章内容)、基层民主政治发展状况调查(结合第九章内容)等一批调研专题。

资料收集或生活体验。主要是收集家乡新中国建设时期的先进人物、先进事迹,关注家乡或本社区的弱势群体或留守儿童,或空巢老人等的生存状况,并为他们提供力所能及的帮助。

学期内实践教学活动,紧密结合教学内容安排,主要包括自主参观广州市爱国主义教育基地、"两会"议题研讨活动、参观实践教学基地、读原著活动、其他专题活动等。

4. 明确实践教学的要求。实践教学的总体要求是要理论联系实际,将实践教学与本课程的内容、实践活动与学生教育紧密地结合起来。具体要求是:组织实践教学时,要有明确的实践目的、有实践教学计划,精心组织,辅导教师要注意记录实践教学的过程资料;学生必须积极参加实践教学活动,深入实践,实地调研,结合实践教学目的要求,独立撰写学习体会材料或调查报告;活动完成后,指导老师要及时评定成绩,录入系统,并完成对此次实践教学活动的总结。

5. 统一实践教学的考核。思想政治理论课各门课程的社会实践有不同的形式与要求,每位学生必须要积极参加任课教师布置的教学实践活动,并根据要求完成社会实践作业,其成绩作为该课程成绩考核的重要部分。

二、内容丰富翔实,充分体现课程内容、历史传承和时代特点

实践教学的内容在很大程度上决定着实践教学的成败。因此,我们在内容的选择上尽可能做到既能体现课程内容和特点,又能贴近实际、贴近生活、贴近学生;既注重历史的传承,又能与时俱进。

1. 传统的爱国主义教育。广州作为近现代革命的策源地和改革开放的前沿阵地,涌现了许许多多的英雄事迹和改革先锋。没有他们的牺牲和奉献就没有我们今天的幸福生活。因此,教研室安排:每年四月份,结合清明节开展活动,组织和引导学生参观爱国主义教育基地,缅怀先烈英雄业绩,传承先烈精神,弘扬爱国主义精神和改革创新精神,并使其它内化为学生的精神动力,引导学生珍惜今天的幸福生活,学好本领,报效祖国。

具体要求与步骤:每个学生根据自己的兴趣,自主选择一至两个参观地点:如黄埔军校、广州农民运动讲习所、中山纪念堂、广州市十九路军陵园、烈士陵园、黄花岗七十二烈士墓园等;参观前,要求学生认真查阅有关文献资料,做好参观前的各项准备;参观过程中,要求与有关工作人员、游客进行深度访谈(访谈对象3人以上),掌握更多的一手材料,从中了解和掌握有关的历史与文化,认识它在中国民族民主革命运动及社会主义建设和改革开放中的作用和意义。并按要求填写好访谈记录;参观中,希望留存相关的一手资料,如:参观合影、参观入场券等;参观结束后,结合《概论》第二章内容,写一份1000字以上的心得体会,与访谈记录、相关照片及入场券等一起上交。

2. 独具特色的航海院校实践教学教育。广州是中国最早的通商口岸和海上丝绸之路的重要起点,是对外经济文化交流与合作的主要纽带和重要平台,同时也是抗击日本侵略者的重要阵地。为帮助航海学子更好地了解航海史、港口历史和广东人民抗日历史,以及对外开放的历史,学校在有关部门的大力支持下,在南海神庙、黄埔军校、粤海关纪念馆、牛山炮台、孙中山大元帅府等建立了一大批社会实践基地,定期组织学生参观,以期更好地把思想政治理论课教育教学与学生的社会实践有机地结合起来,让航海学子在理论联系实际中陶冶情操,加深对我国对外开放历史和海防、抗日历史的了解,使他们的爱国爱海洋情感得到升华。

3. 以重大历史事件为契机的实践教学。2008年改革开放三十周年、2011年建党九十周年、2012年邓小平"南方谈话"二十周年、2012"现行宪法实施'三十'周年"等重大历史事件,都是我们开展实践教学的重大契机和鲜活内容。

例三:2008年纪念改革开放三十周年实践活动。

2008年是改革开放三十周年,全国各地各行各业都以各种方式展示改革开放的伟大成就。我院结合《概论》课程第七章社会主义改革和开放,要求学生以省、市为单位,深入社会实践,了解所在的省、市改革开放以来发生的巨大变化,制作多媒体课件,撰写调查报告。在一张张新旧照片的对比中、在一组组悬殊的数字面前、在老百姓衣食住行的巨大反差中、在老一辈人充满感情的诉说中让同学们真切感受到家乡在改革开放前后的巨大变化。同学们震撼着、感动着、思考着,写下了一篇篇资料翔实的调查报告,字里行间表达了对改革开放以来自己家乡巨大变化的深切感受和无比自豪,更清楚地明白一个道理:改革开放是决定当代中国命运的关键抉择,是发展中国特色社会主义的必由之路。我们还组织学生在课堂进行分享,并将学生的实践成果制作成《改革开放·家乡巨变·祖国腾飞》的大型展示板,在学校公开展示,该展示板在2009年广东省思政评估中,得到专家的高度肯定,成为2009年思政评估的一大亮点。

4. 结合社会热点、焦点问题展开的实践教学。思政课程涉及内容广泛,既有理想、信念、道德、法律、廉政建设,又有政治、经济、文化、社会建设、国防、外交、党建等等,其中不少成为当前的热点、焦点问题。我们会根据不同的时间节点,精心挑选一些题目,向学生推荐。选题涵盖了社会主义新农村建设、农村基层民主建设、三农问题、农村空巢老人生存状况、农村留守儿童生存状况、外来务工人员生存状况、贫困农民(居民)生活状况及当地的扶贫措施、当地适龄儿童失学辍学情况、环境保护、环境污染及治理情况调查、住房情况调查、大学生假期社会实践情况、和谐校园建设、民主法制建设、涉海专业职业道德建设问题(结合韩国"岁月号")、学校安全教育问题(结合韩国"岁月号"事件)、涉海专业毕业生就业情况、大学生自主创业等问题,由学生自主选择,在假期进行调查,并撰写调查报告。

三、形式灵活多样,充分调动大学生的积极性和主动性

我校根据活动内容,采取灵活多样的实践教学模式。最常用的模式主要有两种:一是课外社会实践形式,二是课堂实践形式。这两种实践形式在理论联系实际、增强思想政治理论课的吸引力和有效性方面都发挥了积极的作用。

1. 课堂实践教学活动。课堂实践教学活动,具体包括师生之间的互动讨论、专题辩论、课堂演讲等,还包括比较深层次的研究性教学,如指导学生阅读经典名著、撰写读书报告;指导学生对重大社会问题进行讨论,形成研究报告,甚至指导学生申请研究课题等。在研究性实践中培养学生发现问题、运用理论分析问题的能力。课堂实践是社会实践的有效补充,它具有时空选择上的灵活性与教学内容的贴近性及参与人数上的广泛性等优点。

近年来,采用较多、效果较好的活动如:"爱我南海"爱国主义教育专题研讨,"航空母舰与现代战争"专题研讨,"两会"议题专题研讨和成果分享,现行宪法实施三十周年征文比赛,"中国梦·航海梦·我的梦"征文和演讲比赛,读原著,读中外名著写心得体会和分享活动,"时事开讲"等,这些活动,扩大了学生的知识视野,增进了师生交流,收到良好的教学效果。

例四:宪法实施三十周年征文比赛

2012年是《中华人民共和国宪法》(82)实施三十周年。为了推动学生认真学习宪法,了解宪法历史发展,明确宪法对国家发展和公民权益保障的重要意义,正确行使宪法权利,自觉履行宪法义务,做一个现代合格公民。在《概论》课程的教学安排中,我们做了精心规划,结合第九章——"建设中国特色社会主义政治",加

强了对宪法理论、知识和案例的介绍,还向学生介绍并推荐了近几年一批相关的优秀论文、专著,同时要求学生认真阅读82《宪法》及其四个修正案的内容,关注2012《法治的力量》年度法治人物及历年法治人物的事迹。

2012年12月4日,习近平总书记在首都纪念《中华人民共和国宪法》(82)实施三十周年大会上发表了重要讲话,我们在课堂上也及时组织学生学习讨论了讲话。

为了检验教学效果,鼓励学生学习宪法的热情,推动宪法学习的进一步深入,思政部在全校开展"纪念82宪法实施三十周年"征文活动。此次活动得到同学们的热烈响应,同学们踊跃投稿,共收到稿件300多份,经过评比,有十六位同学获奖。

这次征文有几个特点:第一,广泛的参与性。参加这次征文活动的300多位同学几乎涵盖学校所有院系,16位获奖同学分别来自6个院系。第二,文章水平较高,有一定的广度和深度,有较强的理论性、思想性,并且密切关注社会现实。第三,不少文章的题目拟得很好。如:一等奖"依法保护资源环境,努力建设美丽中国",把十八大精神和宪法、法律关于资源环境保护相关规定很好地结合起来,而且对仗整齐;二等奖的"孩子,你若安好,便是晴天"既富有诗意,又充满人文关怀;三等奖的"私营经济的春天",让人充满憧憬和期待。第四,文章涵盖的面非常广,而且都是与国家发展、公民权益有着密切联系的宪法内容,有不少还是当前的热点、焦点。如依法治国、建设法治国家、民主监督、宪法的尊严和遵守等问题,人权保障和公民权利保护、平等权、教育权、言论自由、妇女儿童保护等问题,财产权保护和非公有制经济发展问题,司法独立问题,资源环境保护问题等等。这次活动,有三篇学生文章登载在广州航海高等专科学校校报第184期。同时,我们还举行颁奖仪式,并组织部分获奖同学分享他们的心得体会。总之,这次征文比赛达到了预期目的,取得了很好的效果,推动了宪法学习的深入,是思想政治理论课课堂实践教学改革的一次有益尝试,对今后教学工作的改进有借鉴意义。

例五:"两会"议题专题研讨(以2014年两会研讨为例)

"风声、雨声、读书声,声声入耳;家事、国事、天下事,事事关心"。关心国际国内大事,关注时政焦点、热点、难点,这既是时代赋予大学生的历史使命,也是当代大学生必备的基本素质。因此,每年的3月份"两会"召开期间,我们组织和引导学生就社会关注和学生感兴趣的热点问题,结合课程相关章节,以寝室为单位进行集体的研讨,加深学生对国情、民情和大学生自身发展等问题的了解,这对于学生了解和把握党的路线、方针、政策,更好地联系实际理解和掌握课本内容,具有积极的意义。

具体要求:以宿舍为单位分小组研讨,研讨的议题自选;选好研讨议题后,每个小组至少集中研讨两次,并填好研讨发言记录。每个同学在研讨会上必须发言,提出自己的观点和看法;研讨过程中,要求学生根据本组选的议题并适当结合《概论》第一章、第六章、第七章、第八章、第十二章等的内容(具体内容根据各小组选好的议题而有所侧重),进行研讨;研讨过程中,每个同学必须读"中国共产党十八届三中全会决议"及本届总理的政府工作报告,并就自己的理解,在研讨时发表自己的见解;研讨结束时,每个小组交3000字以上研讨报告,并把小组的研讨记录一起上交。

这次研讨,同学们踊跃参加,研讨话题涉及广泛,其中包括:反腐倡廉、环境资源保护、大学生就业创业、市场经济的决定性作用、民主法治建设、校园文化建设、和谐社会建设、社会治理体制改革、建设海洋强国以及实现中华民族伟大复兴的中国梦等话题。研讨有一定的深度和广度,同学们通过了解现状、分析原因,提出解决对策或建议,并写出一批有较高质量的研讨报告。

2. 课外社会实践。我院思政课中的课外社会实践,是由教师结合教学内容和教学目的,组织学生到城乡、企事业单位调研考察,布置学生寒暑假社会调查,带领学生到实践基地学习参观等社会活动。通过社会实践,让学生在直观的现实生活和开放的教学环境中加深对理论的理解和认识,这是理论学习和生活实践相联系的过程,也是抽象理论具体化的过程。这些实践主要有三种形式:

第一种形式,由思政部直接组织学生进行的社会实践。如2012年是邓小平南方谈话发表20周年,南方日报传媒集团、广东省文化厅在广东省博物馆联合主办《风起南方——纪念小平南方谈话发表二十周年》大型图片展,2012年3月8日,思政部教师组织了2011级航海学院、外语系等院系的部分学生前往广东省博物馆参观。

例六:2012年纪念邓小平南方谈话发表二十周年实践活动

2012年是小平南方谈话发表20周年,我们在制定教学计划时,就把这一重大历史事件以及社会主义市场经济理论作为该学期理论实践教学的重要环节,进行精心设计,开展了一系列活动,取得良好的教学效果和一定的社会效果,获得了广泛的好评。

抓住契机,精心设计。20年前的春天,邓小平谱写了人类发展史上的中国传奇,从此,中国人民走出了一条波澜壮阔"中国道路"。正是小平南方谈话,使广东走上了发展的快车道,迅速跃升为全国强省,成为改革开放的排头兵。我们抓住小平南方谈话发表20周年这一契机,结合《概论》课程的内容,通过一系列的实践教学活动,表达我们对改革开放总设计师的深情怀念和崇高敬意和深化改革续写辉煌的坚定信念。

活动的主题:缅怀伟人业绩,见证沧桑巨变,凝聚改革共识,推动深化改革。

活动的形式:结合课程内容,认真学习小平南方谈话,深刻领会南方谈话精神;参观《风起南方——纪念小平南方谈话二十周年图片展》;关注媒体相关报道;深入社会调查等。

活动的具体要求:参加这次活动的学生必须完成一份作业,形式自定,可以是书面作业,也可以是多媒体课件或视频;体裁灵活,可以是观后感、读后感,也可以调查报告、人物采访,还可以关注当前的社会热点、难点,提出深化改革的意见、建议等等。

活动的开展:参观——举办社会实践汇报——校报专栏报道——总结四个阶段

参观。2012年3月8日,思政部教师组织了2011航海学院、外语系等院系的部分学生前往广东省博物馆,参观由南方日报传媒集团、广东省文化厅联合主办的《风起南方——纪念小平南方谈话发表二十周年》图片展。展览分为"小平之路""南粤巨变"和"南方的怀念"三个部分,以图片为主,视频和历史报纸为辅,全方位、多侧面、生动形象、真实感人地再现了20年前小平南巡的精彩瞬间,展现南粤大地的沧桑巨变和南粤人民对小平同志的深情怀念。

举办《风起南方,龙腾寰宇》社会实践汇报。这次活动得到同学们的积极响应,他们通过参观图片展、认真学习南方谈话、关注媒体报道、进行实地调查,写出了一大批有真情实感、思想性、实践性较强,质量较高的文章。为了深化对这次活动内容的认识,收到更好的效果,我们举办了《风起南方龙腾寰宇》——《概论》课学生社会实践汇报,在校园以宣传板报的形式予以展示。展示以媒体报道的文章、照片,师生参观《风起南方——纪念小平南方谈话发表二十周年》图片展的照片和66篇学生作业为素材,分三部分进行布展。

第一部分:"深情怀念,告慰小平"。这部分,主要体现对小平的深情怀念,既有大量的媒体文章、照片,又有同学们发自内心的通过文章表达的深情怀念。小平同志二十年前的南方谈话,已成为中华民族一笔宝贵的精神财富,指引我国在改革开放的康庄大道上,科学发展,走向中华民族的伟大复兴。

第二部分:"追龙圆梦,南粤巨变"。这部分主要展现在小平南方谈话精神的鼓舞下,南粤人民牢记小平"你们一定要赶超四小龙"的重托,解放思想,奋发向上,先行先试,追龙超龙,使南粤大地发生的沧桑巨变。

第三部分:"分享观读心得,期盼深化改革"。这一部分主要是观后感和读后感,是同学们的心得体会,同时又反映青年学生关心祖国大事、心系改革大业、期盼深化改革的热切愿望。

校报专栏报道。活动开展过程中,我们及时向校报投通讯稿和活动照片,并向校报推荐学生的优秀文章。学校宣传部门和校报对立传工作高度重视,在《广州航海高等专科学校校报》第 176 期开辟了"邓小平南方谈话 20 周年"的专栏,刊登了活动照片、通讯稿和六篇学生文章,并在第 177 期继续登出两篇学生文章,扩大了活动的影响。

通过"纪念小平南方谈话发表 20 周年"系列活动的开展,将伟大的理论和鲜活的社会实践有机结合,多角度拓宽《概论》教学的深度和广度,使学生体会到理论的强大力量,多层面认识到学习《概论》课程的重要性及其现实意义,增强了《概论》课程的实效性。

这种实践活动,是最受学生欢迎的,效果也非常好,但因为涉及人员、经费、安全等诸多问题,开展起来受到很多限制,全面推开有很大难度。

第二种形式,配合学校共青团、专业院系组织的实践活动。在"三下乡""三支一扶""四进社区"和航海系、轮机系的专业实习工作中,思政部选配老师参加,开展活动的指导工作并适时开展思想政治教育工作。在活动中,思政部教师作为领队,全程跟随,同吃同住,近距离地观察、了解学生的思想状况,对学生在实践中遇到的各种问题,及时进行指导。但由于思政部师资较少,加上实践时间较长,很难做到长期坚持和大范围参与。

第三种形式,学生根据教学安排自主开展的实践活动。我们开展的大量的实践活动,都是在按照教学安排、提出明确目的要求后,由学生自主完成,如参观爱国主义教育基地、涉海文物古迹,两会专题研讨,家乡变化的调查以及其他一系列专题调查等。这种形式机动、灵活、简便,学生可自主安排、自由组合,还能节约人力资源和经费开支,但对学生的指导不甚及时、到位,个别学生有虚假行为,作业有抄袭现象,有些活动的效果不够理想。

第三节 我院实践教学调查问卷及分析

2013 年广州航海学院本科招生以来,我院在思政课本科教学中进一步加强了实践教学环节,各门课程都布置了一定的实践教学活动。为了做好这项工作,学校领导高度重视,主管思政课程的党委书记带领宣传部、教务处及相关部门负责人多次到思政部做专题调研,广泛听取思政部教师关于社会实践的意见和建议,制定实践教学规划,协调各职能部门和专业院系的工作。在各部门领导的指导下,思政部教师倾力、悉心、认真地做好了各课程社会实践的布置、指导、成绩评定录入和总结工作。广大学生踊跃参加、积极投身社会实践,深入调查,写出了一批有一定水平的调查报告。为了解这项工作的开展情况、及时总结经验、发现存在问题,不断完善我校思政课程的实践教学,在2014年五、六月份间,思政部分别在学生和思政课任课教师中开展问卷调查,在广大师生的大力支持下,获取了珍贵的一手资料,下面是调查问卷的内容分析。

学生调查问卷共设计15个问题,涵盖了社会实践活动的必要性,参加社会实践收获情况,社会实践的内容、形式,教师对社会实践任务的要求,任课教师对社会实践报告的处理情况,实践活动形式,完成这项工作主要障碍,经费负担等,其中第十五题是开放式的,要求学生为今后这项工作的开展提出至少三条宝贵意见。这次调查发放问卷180份,回收162份,回收率90%,数据见表一。

表一 "思政课程实践教学调查问卷(学生)"统计表

题目	选择	统计数	百分比(%)
1. 你认为社会实践活动的开展	A. 很有必要	33	20.4%
	B. 有必要	73	45.1%
	C. 没有必要	10	6.2%
	D. 说不清	17	10.5%
	E. 其他	1	0.6%
2. 你在思政课社会实践中	A. 收获很大	39	24.1%
	B. 有一定收获	94	58.0%
	C. 没有收获	8	4.9%
	D. 说不清	4	2.5%
3. 你认为思政课社会实践的内容安排	A. 比较适中	89	54.9%
	B. 量太大,挤占其他课程的学习	35	21.6%
	C. 量太少,可以适当增加	1	0.6%
	D. 说不清	9	5.6%

续表

题目	选择	统计数	百分比(%)
4. 你们现在开展的社会实践采取	A. 指定内容,命题作业	37	22.8%
	B. 指定范围,自主选题	16	9.9%
	C. 形式多种多样	33	20.4%
	D. 以上都有	31	19.1%
5. 你认为老师对社会实践任务的要求	A. 明确、具体、详尽	71	43.8%
	B. 比较明确、具体	65	40.1%
	C. 没有讲清楚	3	1.9%
	D. 说不清	6	3.7%
6. 任课老师对社会实践报告(可多选)	A. 收取并评定成绩	108	66.7%
	B. 在完成作业时可以和老师交流,及时得到帮助	73	45.1%
	C. 老师对报告进行初评,提出修改意见,指导修改	78	48.1%
	D. 其他	3	1.9%
7. 实践报告成果(可多选)	A. 老师评定成绩并登录在学校系统中	53	32.7%
	B. 老师对实践报告总体情况进行分析、支持存在问题	78	48.1%
	C. 老师安排学生在课堂分享、交流	104	64.2%
	D. 其他	3	1.9%
8. 你认为实践活动采取	A. 集体完成	61	37.7%
	B. 个人完成	4	2.5%
	C. 两者都可以	54	33.3%
	D. 最好根据内容决定集体或个人完成	25	15.4%
	E. 由学生自主决定完成形式	3	1.9%
9. 个人完成作业(可多选)	A. 工作量偏大	72	44.4%
	B. 没有人可商量	53	32.7%
	C. 缺乏交流碰撞	67	41.4%
	D. 没问题,可以很好完成	28	17.3%
	E. 可以保证每个人都必须完成	12	7.4%

续表

题目	选择	统计数	百分比(%)
10. 你认为集体完成（可多选）	A. 可以分工合作	113	69.8%
	B. 共同交流、讨论推动对问题的深层认识	107	66.0%
	C. 和个人完成没什么区别,都是各干各的	12	7.4%
	D. 有些同学不够自觉	22	13.6%
	E. 其他	1	0.6%
11. 你觉得完成这项工作主要障碍是（可多选）	A. 缺乏理论指导,不知道如何开展社会实践,如何写调查报告	80	49.4%
	B. 缺乏经验	61	37.7%
	C. 缺乏经费	39	24.1%
	D. 觉得这项工作意义不大	15	9.3%
	E. 其他	1	0.6%
12. 你们已进行的社会实践	A. 由老师组织带领展开	29	17.9%
	B. 班组组织	19	11.7%
	C. 自由组合	92	56.8%
	D. 其他	12	7.4%
13. 你们进行社会实践的费用	A. 学生个人自筹	96	59.3%
	B. 学校承担	18	11.1%
	C. 学生个人自筹和学校承担相结合	30	18.5%
	D. 其他	0	0
14. 你们是否希望由学校组织外出的社会实践	A. 非常希望,会踊跃参加	78	48.1%
	B. 希望,会参加	53	32.7%
	C. 无所谓	5	3.1%
	D. 其他	3	1.9%

续表

题目	选择	统计数	百分比(%)
15. 请你为今后这项工作的开展提出至少三条贵意见:	第十五题是开放式的题目,学生们都做了认真的回答,我们将问题进行了归纳,分成三大方面。包括: 一、对学校的期望: 1. 学校提供经费　　59　　36.4% 2. 由老师指导带队　　46　　28.4%2. 3. 组织外出实践　　34　　21.0% 4. 实践课题与专业结合　　14　　8.6% 5. 课题丰富,选择多样　　24　　14.8% 6. 增强可操作性　　8　　4.9% 7. 作业量适中　　18　　11.1% 8. 课题结合时事、实际　　7　　4.3% 9. 合理安排社会实践时间地点　　1　　0.6% 10. 坚持课内与课外相结合、集中与分散相结合,确保思想政治贯穿于社会实践的全过程　　1　　0.6% 二、对老师的要求: 1. 做好前期准备工作,使学生对实践活动的内容、目的要求有充分了解　　10　　6.2% 2. 希望老师对学生进行理论指导和及时跟进 3. 实践时间安排要充分　　18　　11.1% 4. 老师认真审阅　　2　　1.2% 5. 重视成果处理　　17　　10.5% 6. 要求可以更灵活　　3＋2　　3.1%2. 7. 增加趣味性　　2　　1.2% 8. 在法律许可的范围内和安全的前提下开展社会实践活动　　1　　0.6% 三、对学生自己的要求: 1. 学生要注意培养并提高自我的实践能力,积极踊跃参加有益的社会实践,在实践中锻炼自我　　1　　0.6% 2. 集体完成,学会合作　　24　　14.8% 3. 确保每个人参加　　3＋1　　2.5%15. 4. 严肃对待抄袭　　2　　1.2%		

从上述列表的统计数据看,学生对实践教学的评价是积极、肯定的,对老师在社会实践的指导工作也是肯定和较为满意的。如对社会实践活动的开展,认为很有必要和有必要的分别占20.4%、45.1%,而认为没有必要的仅仅占6.2%。对思政课社会实践中的收获一题,认为收获很大和有一定收获的分别为24.1%和58.0%,认为没有收获的仅占4.9%。认为老师对社会实践任务的要求明确、具体、详尽的占43.8%,认为比较明确、具体的占40.1%,认为没有讲清楚占1.9%,说不清的占3.7%。任课教师对社会实践报告处理都比较认真负责,除去收取并

评定成绩这一基本做法外,有45.1%的学生在完成作业时可以和老师交流,及时得到老师的帮助;48.1%老师对报告进行初评,提出修改意见,指导修改。同时,学生觉得完成社会实践工作主要的障碍是:缺乏理论指导,不知道如何开展社会实践,如何写调查报告的占49.4%;缺乏经验的占37.7%;缺乏经费的占24.1%;觉得这项工作意义不大的占9.3%。社会实践的费用,目前基本上是由学生个人自筹的,占59.3%;学校承担的占11.1%;学生个人自筹和学校承担相结合的18.5%。对由学校组织外出的社会实践,学生表示非常希望,会踊跃参加的占48.1%;希望参加的占32.7%,两者相加超过80%。

教师调查问卷共设计18个问题,涵盖了社会实践活动的必要性,学生参加社会实践的情况,教研室对社会实践任务的要求,实践内容、形式及其时间安排等情况,任课教师对社会实践报告的处理情况,学生完成这项工作主要障碍,经费负担,学生对学校组织的校外实践活动的态度及组织外出的社会实践的主要障碍等。其中第十八题是开放式的,希望教师为今后这项工作的开展提出至少五条宝贵意见。这次调查发放问卷11份,回收11份,回收率100%,数据见表二。

表二 "思政课程课践教学调查问卷(教师)"统计表

题目	选择	统计数	百分比(%)
1. 您认为学生开展社会实践活动	A. 很有必要	9	81.8%
	B. 有必要	2	18.2%
	C. 没有必要	0	0
	D. 其他	0	0
2. 您任教的班级学生对社会实践活动	A. 非常积极参与	2	18.2%
	B. 比较积极参与	8	72.7%
	C. 参与	1	9.1%
	D. 其他	0	0
3. 您认为思政课社会实践的时间安排	A. 比较适中	7	63.6%
	B. 比例偏大,挤占课程理论教学的时间	1	9.1%
	C. 比例偏少,可以适当增加	3	27.3%
	D. 说不清	0	0
4. 您课程的社会实践内容	A. 由教研室统一规定	8	72.7%
	B. 由课程老师自己决定	1	9.1%
	C. 两者都有	2	18.2%

续表

题目	选择	统计数	百分比(%)
5. 您教研室现在开展的社会实践采取	A. 指定内容,命题作业	2	18.2%
	B. 指定范围,学生可自主选题	6	54.5%
	C. 形式多种多样	3	27.3%
	D. 其他	0	0
6. 您认为教研室确定的社会实践内容	A. 很好	4	36.4%
	B. 比较一般	4	36.4%
	C. 说不清	3	27.3%
7. 您认为教研室确定的社会实践内容(可多选)	A. 能体现课程内容	6	54.5%
	B. 能结合实际	5	45.5%
	C. 体现学校特点	3	27.3%
	D. 结合专业特色	1	9.1%
	E. 其他	0	0
8. 您教研室对社会实践任务的要求	A. 明确、具体、详尽	4	36.4%
	B. 比较明确、具体	7	63.6%
	C. 没有讲清楚	0	0
	D. 其他	0	0
9. 在学生社会实践活动中,您进行了(可多选)	A. 布置任务收取报告并评定成绩	11	100%
	B. 在完成作业过程对有需要的学生进行指导	8	72.7%
	C. 对报告进行初评,提出修改意见,指导修改	2	18.2%
	D. 其他	0	0
10. 您对实践报告成果处理方式(可多选)	A. 评定成绩并登录在学校系统中	4	36.4%
	B. 安排学生在课堂分享、交流	6	54.5%
	C. 对实践报告总体情况进行分析、指出存在问题	9	81.8%
	D. 其他	0	0
11. 您认为实践活动更为可取的完成方式	A. 集体完成	2	18.2%
	B. 个人完成	1	9.1%
	C. 最好根据内容决定集体或个人完成	8	72.7%
	D. 由学生自主决定完成形式	1	9.1%

续表

题目	选择	统计数	百分比(%)
12. 您认为指导社会实践(可多选)	A. 工作量太大,难以承受	3	27.3%
	B. 工作量偏大,但基本能接受	7	63.6%
	C. 很轻松,完全能胜任	0	0
	D. 其他	1	9.1%
13. 您觉得学生完成这项工作主要障碍是	A. 缺乏理论指导,不知道如何开展社会实践,如何写调查报告	9	81.8%
	B. 缺乏经验	5	45.5%
	C. 缺乏经费	5	45.5%
	D. 觉得这项工作意义不大	2	18.2%
	E. 其他	0	0
14. 您已进行的社会实践	A. 由老师组织带领展开	4	36.4%
	B. 班组组织	3	27.3%
	C. 自由组合	5	45.5%
	D. 其他	2	18.2%
15. 您的学生进行社会实践的费用	A. 学生个人自筹	10	90.9%
	B. 学校承担	0	0
	C. 学生个人自筹和学校承担相结合	1	9.1%
	D. 其他	0	0
16. 您的学生对学校组织外出的社会实践	A. 非常期待,会踊跃参加	4	36.4%
	B. 期待,会参加	6	54.5%
	C. 无所谓	1	9.1%
	D. 其他	0	0
17. 如果学校组织外出的社会实践,您认为主要障碍是	A. 安全问题	8	72.7%
	B. 经费问题	8	72.7%
	C. 人员不够	4	36.4%
	D. 其他	0	0

续表

题目	选择	统计数	百分比(%)
18. 请您为今后这项工作的进一步完善提出三条宝贵意见	第十八题是开放式的题目,老师们都做了认真、细致的回答,我们将问题进行了归纳,分成三大方面。包括: 一、对学校的期望:要更加重视 1. 给予经费支持　　3 2. 对社会实践活动应有更规范化的管理,例如相关管理制度的完善　　1 3. 对参与指导的老师提供更多帮助和肯定,包括课时、课酬等　　1 4. 对参与指导的老师进行培训　　2 5. 对思政课程社会实践内容进行总体安排,精心规划,使其既能体现思政课程的要求,又尽可能结合学校、专业和学生特点;　　1 6. 一个学期的社会实践活动不宜过多　　1 二、老师的自我要求:精心准备,严格操作 1. 提升自身的实践能力,加强指导学生开展实践活动的理论储备 1. 突出学生的主体性　　1 2. 采用受学生欢迎的形式,而不是流于形式　　1 3. 实践教学的内容要尽可能结合学生特点、专业特色和教师特长 4. 实践课题可以更突出人文关怀　　1 5. 教师间加强交流和沟通　　1 6. 及时总结提升,不断完善 三、对学生的要求 1. 让学生认识到社会实践的重要性,让它成为学生内在的需要　　3 2. 要对学生进行理论指导和实践报告的写作培训　　3 3. 组织部分同学集体实践　　1 4. 学校承担部分费用 5. 组织优秀实践报告评比,对优秀者进行表彰,以资鼓励;　　1 6. 对优秀实践报告集结成册,作为资料保存,并上传到网络课程,以便扩大影响。　　1		

　　从上表的统计数据看,老师对社会实践活动的开展是高度肯定的,对学生在实践活动中的表现也是肯定和较为满意的。如对社会实践活动的开展,老师们认为很有必要和有必要的分别是81.8%和18.2%。关于学生参加实践活动,非常积极的为18.2%,积极为72.7%。任课老师对社会实践报告处理都是认真负责,除收取并评定成绩这一基本做法外,对学生在完成作业过程进行指导的占72.7%;对报告进行初评,提出修改意见,指导修改的有18.2%。同时,对完成社会实践工作主要存在障碍是:缺乏理论指导,不知道如何开展社会实践,如何写调查报告的有81.8%;缺乏经验的有45.5%;缺乏经费的有45.5%;觉得这项工作意义不大的有18.2%。对由学校组织外出的社会实践,学生表示:非常希望,会踊跃参加的

有36.4%;希望,会参加的有54.5%。对教研室在实践教学的安排从内容、形式、时间、工作量等都持比较肯定的态度,并为完善我院的实践教学工作,提出大量宝贵意见。

综合两份调查问卷,我们认为,我院近年来开展的实践教学改革,得到了师生的一致拥护,认同率很高,成效比较显著,但是师生在积极参加这项工作的同时,也感到诸多不足,主要包括:

教师层面:由于教师自身的实践经历和指导学生开展实践活动的理论储备和实际经验的限制以及繁重的教学工作,使得对实践教学的指导不是很充分、及时、到位;实践教学经费的缺乏和对安全问题的忧虑使得师生同时参加的实践活动很少,教师对学生的状况缺乏直接的了解;实践教学的内容和形式完全由教研室规定,不利于任课教师根据学生特点、专业特色和教师特长开展更有针对性和特效的活动;实践活动大部分要求学生个人完成,既不利于培养学生的团队意识和合作精神,还加大教师指导和成绩评定工作量,同时不利于集思广益,形成优秀的实践成果。因此,希望学校更加重视思政课的实践教学工作,并对社会实践活动进行制度化、规范化的管理;对参与指导的教师提供更多帮助和肯定,如组织外出实践、进行培训,对课时、课酬等要有制度化的安排;合理确定实践教学的内容与时间安排,努力做到课程内容和实践教学、教师、学生的实际情况有机结合;部分实践教学的内容和形式可以由任课教师根据学生特点、专业特色和教师特长自主决定,充分发挥任课教师的积极性、主动性,也使活动更具针对性,以便取得更好的效果。

学生层面:认为开展实践教学,特别是进行社会调研,缺乏比较系统的理论指导,不懂如何进行社会调查和撰写调研报告;过多的实践教学以及书面作业要求在一定程度上挤占了专业学习的时间;外出的实践活动加重了学生的经费负担;活动内容、形式过于统一,限制了学生的积极性和自主性的发挥;实践教学的内容和学生实际、专业结合不多;部分学生对实践教学活动不够重视,马虎应付等。

通过问卷调查和开展工作,我们还发现其他一些问题,包括:少部分学生对社会实践教学的重视不够,参与社会实践的兴趣与热情需要引导与加强;学生撰写社会实践报告的能力与水平有待规范、提高;有分量、高水平的调研成果不多;极少数部分同学不交实践报告,少部分同学存在抄袭现象等等。

第四节　完善我院思政课实践教学的建议

一、学校要高度重视，全面负责，进一步完善机制、体制建设，切实保障思政课实践教学工作的开展

根据16号文精神和我院的实际情况，我们认为学校在思政课实践教学方面应做的工作包括如下几个方面：

1. 完善领导体制。建议设立院党委书记和分管教学的副院长直接领导、职权明确、指挥有力的管理体制，并成立思政课实践教学的专门管理机构，统一组织和协调实践教学工作，具体包括对思政课实践教学的指导思想、组织领导、活动目的、内容审定、成绩考评、工作量计算等有关问题作出明确规定，为实践教学活动顺利、持续开展提供强有力的组织保障。

2. 尽快建章立制。我院近年来思政课实践教学工作取得的成效，很大程度上取决于领导的高度重视和各部门的通力合作以及全体教师的共同努力，但目前仍带有很大的随意性，没有形成文件或制度，应尽快建章立制，把目前的做法尽快制度化、规范化，做到有章可循、规范运作，为实践教学活动顺利、持续开展提供强有力的制度保障。

3. 落实保障机制。经费紧张和师资水平是制约高校思政课实践教学的瓶颈。因此，一方面学校要严格按照教育部、广东省教育厅的规定全额拨付思政课经费，并明确实践教学的占比，确保经费及时到位，不挤占、不挪用；另一方面，学校应采取措施，尽可能让教师多参加各种学术会议和实地考察活动，开阔视野、锻炼能力、丰富教学素材，不断提高教师的整体素质和综合能力，提高教师自身素质和指导学生进行实践活动的能力。

4. 建立思政教师社会实践的支持系统。学校可以聘请一批校外指导教师，如有关部门领导、企业家、社区骨干、创业能手等先进模范人物，参与到实践活动中来，以他们的专业知识、亲身经历和感人事迹来增强实践教学的效果。同时，协调校内各职能部门的力量，把院系书记、大队长、中队长纳入思政课实践教学工作中来，形成思政课实践教学与共青团、各院系的实践活动有机结合、互相促进、相得益彰的局面。

5. 完善激励职能，定期评估，树立典型，表彰先进，发现问题，及时改进。

二、思想政治理论部负责具体规划,确保有效实施,及时总结经验教训,在实践中不断使规划完善

1. 制定实践教学计划,明确各门课程实践教学的学时、内容和时间安排,尽量做到既反映课程内容和特色,又综合培养学生各方面的实践能力,使理论和实践有机结合,提高思政课教学的针对性,增强其时效性。

2. 完善软硬条件建设。加强思想政治理论课的社会实践教学基地建设,加强对思政部教师指导社会实践能力的培训工作,保障全体思政课教师能通过不同渠道参与各种形式的社会实践活动。

3. 确保有效实施。实践教学,特别是组织学生外出实践,涉及面非常广泛,既要和实践基地和接待单位联系,又涉及人员经费安排,更加重要的是要确保学生的安全问题。因此一定要统筹安排,分工协作、高效执行。

4. 成立专题小组,实施专项调研。在目前全员参加,在课堂实践教学和学生自主组织的校外活动的基础上,加大学校组织的校外活动的力度,并且最好能成立一些专题研究小组,由提出专题的教师进行指导,开展调查研究,这样有利于将"学、问、议"集合起来,是一种更富有挑战性的方法;同时也有助于提高实践教学的效果,形成高质量的实践报告。

5. 重视成果处理,形成激励机制。建议学校定期进行成果评比,对优秀成果学生及其指导教师进行表彰、以资鼓励,将优秀成果集结成册,作为资料保存,并在网络上呈现;对优秀的调研报告帮助修改后推荐在学报、校报上发表,以扩大教育成果,激发大学生参加社会实践的积极性。

6. 及时总结经验教训,着力解决存在的问题,并对工作做进一步的完善。

三、教师作为实践教学工作的直接负责人,应做到的几方面工作

1. 高度重视,认真负责。思政课教师负责实践教学的具体实施,在实践课题的选择、过程中间的指导、实践报告和调研报告的撰写、任务完成后的总结等方面都发挥着重要作用,甚至在一定程度上决定着实践教学的成败。因此,指导教师一定要高度负责、全身心投入地做好这项工作。

2. 教师自身要积极投身社会实践,不断开阔自身视野和丰富教学资源,在实践结束后,及时把实践活动的成果,如文章、图片、视频、数据、录像资料等,加以整理汇总,建立实践教学资料库,并将其呈现在网络课程中,结合课程内容,融进课件,增强思政课教学的实效性。

3. 精心规划,采取灵活多样的方式方法,最大限度地激发学生的积极性、主动性和创造性。在课堂实践教学中,探索专题研讨、辩论、演讲等学生喜欢的形式;在外出实践活动中,在确保安全的前提下尽量满足学生的要求。

4. 弘扬爱岗敬业、乐于奉献的精神,不计得失,以满腔的热情和高度负责的态度,尽最大的努力来推动思政课实践教学工作的开展。

第四章

新时期高校良好师生关系的构建研究

21世纪是知识经济的世纪,知识经济是创新经济,对人的个性发展的要求日益强烈。这种新的发展和变化,要求高校必须要以人为本,创建现代和谐良好的师生关系,提高育人质量和办学水平,以满足现代课堂教学的要求,将学生的素质教育真正落到实处。

第一节 构建高校良好师生关系的必要性[*]

和谐良好的师生关系是教育活动的灵魂,构建和谐良好的师生关系,在现代教学中,能促使师生之间情感和理念的交流、知识资源与能力见解的共享,有助于丰富课堂教学内容,求得新的发展,真正实现教学相长,帮助大学生成长成才。由此可见,构建高校良好的师生关系,有利于大学生综合素质的提升、高校教育目标的顺利进行,具有极其重要的教育意义和社会价值。

一、良好师生关系的内涵

师生关系是教师与学生在教育过程中以"传道、授业、解惑"为中介而形成的校园中最基本、最主要的人际关系,是一定社会政治、经济、道德等关系在教育领域的反映与体现。高校师生关系以教与学的需求为基础,以师生交往为条件,体现在大学活动的各个方面,贯穿整个大学教育过程,既是教育手段,又是教育目的的重要方面。当代大学教育倡导平等、民主、合作的新型教育理念,良好的师生关系也应建立在此理念的基础上,真正实现师生在知识、人格、精神、道德等各层面

---

[*] 本节作者黄丽红、施群丽。

的充分交流,使师生实现相互理解、相互尊重、共同发展的和谐关系①。因此,良好师生关系的内涵应是指在教育活动中,教师与学生在心理上形成的一种稳定、持续的和谐融洽的关系,在这种关系中师生间在人格上是民主平等的,在情感上是真诚与互爱互信的,在理念上是相互尊重与理解的,在行为上是相互对话与合作的②。要想建立良好的师生关系,一方面,要使学生充分发挥主观能动性,使自己的人格得到充分发展。学生要尊重和信任老师,要学会与人相处,并在实际生活中积极进行人际关系的实践,在良好的师生互动中成熟起来,体验生命价值,从而逐步形成自由的个性和健康的人格。另一方面,要求教师通过教学活动,让每个学生都能感受到民主和平等,获得心灵的真正成长。让学生在教学活动中学会学习、学会判断、学会选择,帮助学生由知之不多到知之较多,由不成熟到成熟,最终促成学生全面发展。实践证明:一个学校师生关系的亲疏好坏,将直接影响着教育活动能否高效有序进行,决定着高校教育质量的高低,对师生双方的发展有着极其重大的影响作用。

二、新时期高校师生关系的困惑

教师与学生的关系在高等教育大众化的背景下正悄悄地发生着巨大的变化。研究高校师生关系,尤其是科学地认识和把握其新情况、新特点,对于构建高校良好师生关系具有十分重要的意义。受传统师生关系的影响,新时期在良好师生关系建构过程中存在一定困惑,主要表现在:

(一)教师在教学中的地位与作用

教师在教学中的地位。传统的师生关系是一种具有权威性的师生关系,教师是楷模与表率的形象,加之人格力量等缘由,使得教师在师生关系中具有权威地位和专制地位。但随着社会的变化发展、科技进步、信息获得渠道多元化,以及学生积极参与教学过程和学生主体性的不断强化,指令性和专断的师生关系变得越来越难以维持。

教师在教学过程中的作用。随着社会的发展,教师的权威不再建立于学生的被动与无知之上,而是建立在借助学生的积极参与以促进其充分发展之上。社会发展要求教师具有创造性,而不是机械传递知识的简单工具,因为这样才能帮助学生在成长的道路上迅速前进,引导学生面对社会与生活,学会思考并提高处理

---

① 郑国中:《当代大学和谐师生关系的构建》,载《中州学刊》,2010年第4期。
② 冯淑慧:《论构建高校和谐师生关系的必要性与途径》,载《文教资料》,2007年第23期。

问题的能力。但不少教师还没有走出灌输怪圈,对教师作用的转变无所适从。

(二)当前学生对师生关系的质疑

大学生对高校教学活动缺乏一定的信任。教学活动需要师生课堂互动并形成良好的师生关系,其建立在师生平等理解、相互交往的基础之上,这需要学生的信任。但是当前学生并没有形成对教师的很好的信任,以致无法建立一种良好的师生关系,顺利达成高校教育的目的。在我国,随着各种教育费用的上涨及国家义务教育保障体系的相对滞后,学生对付费教育中的教师的劳动,以及对教师的辛勤劳动是否需要充满了疑惑。

高校师生关系中存在的问题不仅阻碍了教学质量的提高,而且影响了大学生的成长,扭曲了大学生的人格,妨碍了高质量人才的培养。为了营造民主、平等的大学氛围,形成优良的教风和学风,我们必须构建和谐良好的新型高校师生关系。

第二节 我校师生关系的现状考察*

教师与学生是学校的两大主体,只有了解这两大主体的关系,才能处理好其间的关系,才能促进校园和谐。据权威调查显示,不同的师生关系对学生产生不同的影响。在中小学时期,由于学生年龄的幼小,以及长期受到"师道尊严"的影响,对老师唯听是从,这对其全面发展会产生一定的负面影响。作为大学生,在一定程度上较成熟,接触的人和事比较多,对老师的所谓"权威"已不再是盲从,甚至还会出现一些叛逆现象。这一方面是年龄的问题,另一方面也是全国推进素质教育所导致的。为了我院师生关系得到更好发展,建立良好的师生关系,提高教学效果,同时也为我院升本做好准备。为此,驾驶09级3栋404宿舍设计了如下调查问卷,以不记名的形式对我院师生展开了调查。

调查步骤:

一、问卷的制作

该宿舍同学针对我院的师生关系制作了350份问卷,采取网络与纸质调查相结合的方式。其中学生卷320份,每份21题,包含一个简短问答题(建议),基本

---

* 本节作者黄丽红、施群丽。

上每题3个选项,方便作答。问卷涉及面广(学习、心理、交往),能反映实际问题。其中教师卷30份,每份15题,针对一些普通常见的问题展开调查。

二、问卷的发放与回收

此次调查共发放问卷350份,其中,学生卷320份,回收308份,回收率96.25%,

教师卷30份,回收28份,回收率93.33%。

由于学校人数较多,故采取以宿舍为单位。对我院8栋宿舍的学生分别进行调查。

三、问卷调查的统计及总结

(一)学生卷

1. 问卷调查的统计

发放给大一男生108份,占发放问卷总数的33.75%,回收102份,占发放问卷总数的33.12%。

发放给大一女生50份,占发放问卷总数的15.63%,回收50份,占发放问卷总数的16.23%。

发放给大二男生105份,占发放问卷总数的32.81%,回收101份,占发放问卷总数的32.79%。

发放给大二女生57份,占发放问卷总数的17.81%,回收55份,占发放问卷总数的17.86%。

由于此问卷所涉及的题目较多,故没有进行逐题统计。我们选择了一些有代表性、典型性的题进行统计。结果如下:

(1)你对目前的师生关系:很满意28,占9.09%;比较满意158,占51.29%;一般,还需要进一步改善122,39.61%。

(2)有无必要走近老师? 有必要258,占83.77%;无必要31,占10.06%;无所谓19,占6.17%。

(3)对老师提出的缺点,你会:改正171,占55.52%;安分几天71,占23.05%;我行我素66,占21.43%。

(4)当你某门很差时,若老师老是叫你回答问题:高兴168,占54.55%;恨他68,占22.08%;无所谓72,占23.38%。

(5)希望老师找你谈论问题? 希望162,占52.59%;不希望64,占22.78%;偶尔希望 82,占 26.62%。

(6)与师生交往的渠道:和老师在课堂交流 199,占 64.61%;在课下找机会沟通 70,占 22.72%;偶尔会用手机,QQ 之类的电子通讯与老师交谈 39,占 12.66%。

(7)对某老师不满时:与老师交谈 62,占 20.13%;无所谓 85,占 27.59%;背后指责 161,占 52.27%。

(8)若你做了老师,最重要:亲和力 159,占 51.62%;严肃态度 77,占 25%;教学方法 72,占 23.38%。

(9)在路上见到老师,你会:主动打招呼 189,占 61.36%;当老师看见自己时再打招呼 63,占 20.45%;不打招呼 56,占 18.18%。

(10)你的老师对待不同学生的态度怎样?喜欢成绩好的 18,占 5.84%;喜欢所有学生 290,占 94.16%;不喜欢学生 0。

(11)和老师探讨什么问题?专业及考试之类的问题 209,占 67.85%;人生困惑 69,占 22.40%;其他 30,占 9.74%。

(12)有了难以解决的问题时愿意找谁帮助?找老师帮助 31,占 10.06%;找同学或同乡帮助 189,占 61.36%;自己的事情自己办 88,占 28.57%。

(13)你周围的大学生在尊敬师长方面做得怎么样?很好 108,占 35.06%;还可以 100,占 32.47%;不好 100,占 32.47%。

(14)由于校车迟到,是否反感?反感 50,占 16.23%;不会 201,占 65.26%;看情况 57,占 18.51%。

此外还统计了问答题,308 份问卷,有 28 份作了简答题,占 9.09%。大体上归纳有如下建议(经过筛选统计):如希望老师能更多融入学生,课堂上应有幽默感、多关心学生的生活等。

2. 问卷调查分析

根据问卷调查统计数据和访谈结果,对我院大学生关于师生关系现状分析如下:

(1)我校师生关系比较令人满意,但仍不太乐观。有 83.77% 的同学表示有必要走近老师;希望老师找自己谈论问题的占 52.59%;当你某门功课很差时,若老师老是叫你回答问题,高兴的占 54.55%;若做了老师,觉得老师最重要是亲和力,占 51.62%。这些都说明了同学们迫切希望接近老师,希望和老师建立良好的师生关系。可喜的是 9.09% 的同学对我院师生关系感到很满意,51.29% 的同学感到比较满意;另有 39.61% 的同学认为自己与老师的关系还需要进一步改善。调查结果还显示感到老师喜欢所有学生的占 94.15%;感到不喜欢学生的为 0;61.36

%的同学在与老师见面时会主动打招呼,20.45 %的同学表示当老师看见自己时再打招呼。这些数据一定程度上表明了我院师生尚处于良性互动层面,但师生关系仍有一些令人担忧的地方。

(2)我校师生关系呈现出工具化趋势。据调查结果显示64.61%的同学表示自己与老师是在课堂交流、当众交流,22.72%的同学选择在课下找机会当面沟通,仅有12.66%的同学表示偶尔会用手机或网络与老师交流。在回答和老师探讨什么问题时,67.85%的同学选择讨论最多的是专业及考试之类的问题,选择人生困惑的只占22.40%。很显然大学生除了遇到与学习有关的问题时需要老师帮助外,其他的问题则较少有人会去找老师帮助,由此可见教师在关注学生成长过程的烦恼方面做得还比较欠缺,与学生交流的层次还基本处于学业领域,缺少真正意义上的心灵沟通。这反映出师生间交往渠道较为单一,交往机会较少,范围相对狭小,师生互动缺乏动力,师生关系显得比较疏远,呈现工具化趋势。

(3)有一些教师和学生之间的情感关系比较淡漠。从教师方面看,有的教师由于性格、心理的问题,不善于与他人交往与沟通,仅把自己的精力投入到教学科研或专业学术方面,与学生保持一种"纯教"的关系。这种"教书"与"育人"相脱节的现象自然使师生关系不融洽,所以,学生有困难首先不会寻求老师的帮助。在"面对自己难以解决的问题时愿意寻求谁来帮助?"这个问题的答案中显示只有10.06%的学生愿意找老师帮助。以往大学里的师生关系不和谐的现象可以说多多少少是存在的,在教学过程中,教师拥有绝对的权威,一直来,老师只给学生大脑灌输知识的传统师生关系大大降低了学生学习的主动性,教学效果得不到很好的实现。对于校车迟到是否反感的问题,回答反感的占16.23%,回答不会反感的占65.26%,回答看情况的占18.5%。由此得出大多数学生对校车迟到表示理解的结论,但实际上在调查过程中发现,之所以对校车迟到不反感,是因为校车迟到就可以晚些上课。这种现象反映出来的问题是:同学们对学习的课堂知识缺乏足够的兴趣,学习的积极性不高。从学生方面来看,每个学生成长环境不同从而形成不同的个性。学生对老师提出的缺点,回答会改正的占55.52%;回答安分几天占23.05%;回答我行我素占21.42%。后面两个答案占到44.47%,足见有相当一部分同学的自律意识较差;对你周围的大学生在尊敬师长方面做得怎么样?回答很好的占35.06%;回答还可以的占32.47%;回答不好的占32.47%。对某老师不满时:回答与老师交谈的占20.13%;回答无所谓的占27.59%;回答背后指责的占52.27%。这说明我校学生有一部分同学学习、生活比较迷茫、任性,缺乏与老师主动交流的意向,甚至还存在着对老师的不尊敬的现状,这些都会导致师生关系不和谐现象的出现。

(二)教师卷

1. 问卷调查的统计

对教师发放问卷30份,回收28份,占93.33%。

对教师卷,我们对回收的问卷采取了完全统计,统计如下:

(1)对待学生态度:一视同仁28,占100%,区别对待0,维护权威0。

(2)与学生关系:和谐28,占100%,距离0。

(3)师生关系:有重要作用28,占100%,主导作用0,无影响0。

(4)影响师生关系的重要因素:教师方面25,占89.28%,学生方面2,占7.14%,环境方面1,占3.57%。

(5)与学生相处时,您习惯呈现的角色:朋友18,占64.29%,师长6,占21.43%,父母4,占14.29%。

(6)(多选)学习方式:合作20,占71.43%,自主18,占64.29%,探究12,占42.86%,传授2,占7.14%。

(7)(多选)以考试成绩排名:坚决制止22,占78.57%,激励手段3,占10.71%,多利少弊2,占7.14%,多弊少利25,占89.29%。

(8)(多选)教师基本条件:课讲得好18,占64.29%,学生成绩好9,占32.14%,教育得当20,占71.43%。

(9)(多选)好学生的标志:对学习兴趣高,成绩好2,占7.14%,品行端正10,占35.71%,身心健康23,占82.14%,听话0。

(10)(多选)师生关系会影响到:学习兴趣13,占46.43%,态度18,占64.29%,成绩15,占53.57%,心理21,占75%。

(11)我校师生关系:融洽22,占78.57%,不融洽0,一般5,占17.86%,说不清10,占3.57%。

(12)"学生有学习、娱乐和选择学习时间的权利"是否正确:正确0,不正确25,占89.29%,片面3,占10.71%,说不清0。

(13)是否尊重、信任每个学生:能26,占92.86%,大部分能2,占7.14%,少部分0,都不能0。

(14)是否能把精力放在教学上:做不到0,困难0,基本做到25,占89.29%,能做到3,占10.71%。

(15)(可多选)教学目标:建立良好师生关系18,占64.29%,吃透教材,备好课2,占7.14%,提高学习成绩15,占53.57%,培养学生的学习能力25,

占 89.29%。

2. 问卷调查分析

通过以上统计可反映出,现如今,在建立我校老师与学生之间良好的关系时,老师做得很好,例如,学生问卷中回答喜欢所有学生的达 290 份,占 94.16%;教师问卷中回答对学生一视同仁的、关系和谐的、教师在师生关系中具有主要作用的都占到了 100%,回答尊重和信任每个学生的占 92.86%,令人深感欣慰。为此,老师们也普遍认为,如今的学生教育,重点并不在学习成绩,更多的应是培养其学习的能力和学会做人做事。因为,当今社会,只学习成绩好并不能决定一切,能力与人品则更加重要。

第三节　新时期高校良好师生关系的构建*

一、新时期影响高校师生关系的因素

在校园生态系统中,教师与学生是其中最活跃的因子,是校园生活的创造力,不仅影响着校园的硬件环境,而且影响着校园内的软件环境。其相互关系决定着师生自身的创造水平,决定着校园生态的和谐状况及发展水平,因而探究师生关系的影响因素非常重要。

(一)教师自身素质。由于处在组织教育活动的地位上,所以在建立良好的师生关系过程中,教师负有比学生更大的责任,因而教师素质对师生关系的影响很大。第一,师生关系对于教师而言是一种职业关系。教师建立这种关系具有明确的目的,即帮助学生解决精神世界发展中的某些问题,促进学生全面发展,因而教师需要具备专业知识。第二,师生关系不是纯粹的工作关系。良好的师生关系必然是老师对学生晓之以理、动之以情的,因而师生关系具有浓厚的感情色彩。师生关系的维持和发展都离不开教师与学生双方情感的交流与表达,离不开教师高尚的品德情操和强烈的敬业精神。第三,师生关系是一种非对等关系。教师要向学生提供各种帮助和服务,而学生则不必如此。师生关系的非对等并不意味着教师在教学中可以不讲民主、忽视学生的主体性、无视学生的尊严与自由。相反,这更要求教师具备奉献精神、民主意识、平等思想,努力为学生的全面发展服务。

---

* 本节作者尹令俐。原文《论思想政治理论课教学过程中师生关系建立的基础》发表于《思想教育研究》(2009 年 02 月)等。

（二）学生的心理准备。心理准备是学生接受教育、提高自己知识储备的需求和信任、尊重教师的态度。有了这种需要和态度，大学生才有可能顺利接受来自教师的教育。目前，影响大学生做好心理准备的因素主要有以下几方面：第一，社会价值思潮对青年大学生接受教育的影响。价值多元是现代教育发展的一个显著特点，形形色色的价值观的矛盾与冲突影响着大学生对于大学教育的心理准备和心理预期。第二，付费教育影响着大学生对新时期师生关系的认识，影响着大学生对教育者的认同。现在，学生付费接受教育，不少学生认为师生之间是赤裸裸的利益和金钱关系、教育成为赚钱的机器。这使得教育的性质和教育心理发生变化。这种变化是可怕的，学生觉得自己是花钱换取知识，这种交易性质的思想使得传统的"一日为师，终生为父"的师道观念受到冲击，师生关系日渐冷漠。

（三）社会环境的变化发展。高校教学过程不是一个封闭孤立的过程，而是处在纷繁复杂的社会环境之中。各种环境因素对学生在接受教育过程中都在自发地产生影响。这些影响既有积极的、正面的，也有消极的、负面的。现实生活中消极的、负面的影响严重地抵消着教师授课对学生的自觉影响。导致师生现实交往受阻，影响教学效果。科技的发展、信息接受渠道的多元化也影响着良好师生关系的建立。在大学校园里，网络环境发展较好，信息高速公路成为校园文化的重要补充，学生从教学渠道获取信息的比例降低，而教师因为种种原因，在电脑应用、网络信息获取上可能不同程度地落后于学生。这就导致学生对教师的知识贮备、人格魅力产生怀疑，对教师的信任度降低，使得教学过程中的师生关系出现某种程度的疏远。

二、教学过程中构建良好师生关系的基础

师生关系是教学关系的核心，研究教学过程中的师生关系，尤其是科学地认识和把握新时期师生关系建立的基础，对于高校教育实践的发展具有十分重要的意义。在高校教学过程中构建良好师生关系的基础，主要表现在现实基础、传统文化基础、理论基础和情感基础四个方面。

（一）构建良好师生关系的现实基础。教师对学生的教育教学活动是人的一项有意识、有目的的实践活动，是由教育者的活动、受教育者的活动和决策者的活动共同构成的一种涵盖历史、文化特质的社会交往活动。教育教学目的的实现，需要良好的师生关系，需要师生双方的相互信任和相互理解，因为只有把教师的教育活动建立在师生平等理解、相互信任、相互交往的基础之上，把教育放在生活世界的大背景中，让教育、知识、学习真正地与学生的精神发展相关联，才能使教师在与学生的对话、交往、理解中，对学生进行全面的教育。时代发展要求学校培

养具有高的素质的人,培养具有创新意识和实践探究能力的学生,这一要求使得师生关系的结构也有了新的内涵。不论是教育者、受教育者,还是决策者都是社会的、现实的人,都有自己的生活经历、社会地位、文化背景、经验储备、思维方式、价值观念,对社会发展向受教育者提出的客观要求有自己的认识和评价,但同时社会现实与发展和自身需要影响和制约着教育者和受教育者对教学活动的选择、建构和展开,并要求师生关系内涵不断丰富与发展。因此,无论从时代对师生关系的要求出发,还是从师生关系的结构出发,新型的师生关系都应是一种相互尊重、相互理解、相互欣赏下的民主关系;是一种相互学习、相互要求、共同参与的合作关系,同时也是一种相互独立、富有个性、共同发展的和谐关系。但我国随着各种教育费用的上涨及国家义务教育保障体系的相对滞后,学生对付费教育中的教师劳动的理解和尊重,尤其是教师付出教育智慧的辛勤劳动是否得到或需要认同充满了疑惑。由于就业形势的严峻而对正规学校教育的实效和外部的可应用性产生严重怀疑。学校受到了非议,教育在适应就业结构演变的过程中困难重重①。教师替代教育接受大学生的质疑,种种个案的曝光,再加上那种无视学生使得尊严与自由,不平等的、上下级的师生关系遭到了社会猛烈抨击。因为教师对教学过程中的师生关系的把握缺乏引导,所以,在处理学生的情时显得心事重重而又小心翼翼。无论教师还是学生都迫切需要建立良好的师生关系。

(二)构建良好师生关系的传统文化基础。中国传统的教育中强调"师道尊严"(《礼记·学记》)和"尊师重道"(《后汉书·孔僖传》),推崇家长制文化,其师生关系被赋予了一种家长制色彩,"一日为师,终生为父",人们总是把教师比喻成父亲、母亲,教师对学生严加管教,恨铁不成钢的心情被传为美德。重权威是中国传统文化的一大特色,传统文化中崇尚权威的价值取向对中国教育中的师生观的影响很深。当时教师的角色定位是"正礼",出于对礼和道的尊崇,推崇教师的绝对权威,并对教师提出了很高的要求,如"师者,人之模范也"(《孟子·离娄》)、"贤者以其昭昭使人昭昭"(《孟子·尽心下》)等。对教师率先垂范的严格要求,对今天的影响是积极的。

中国传统教育虽然主张教师权威,但是:第一,她更通过中国最优秀文化典籍(如《论语》)告诉我们教学实践中的平等的师生关系。《论语》中的孔子是那样的亲和、民主,自己"过则无惮改",与学生平等讨论,师生关系是那样融洽,他并非专

---

① S. 拉塞尔,G. 维迪努:《从现在到 2000 年教育内容发展的全球展望》,教育科学出版社 1996 年版。

制的老师,更没有所谓的"师道尊严"。第二,在教学过程中,对待学生主张循循善诱,"不启不愤,不悱不发;举一隅不以三隅反,则不复也。"(《论语·述而》),开始是"引而不发",等到学生对知识有了一种渴望,一种追求,老师则进行启发。孔子指出:"学而不厌,诲人不倦。"(《论语·述而》)可以看到孔子认为对一个老师而言,最高的评价就是"诲人不倦",这也是一个教师对待教学、对待学生的态度。第三,在对待学生问题上,强调因材施教。在实际的道德教育的过程中,教育者必须根据学生的思想实际或道德行为中存在的问题,作因人而异、对症下药的教导,这也是儒家德育的宝贵经验和重要传统。毛泽东称"孔子是中国第一个教育家"①,充分地肯定孔子的"有教无类"的思想,尤其肯定孔子的教学态度、教学方法和和谐的师生关系。无论是"三人行,必有我师焉;择其善者而从之,其不善者而改之。"(《论语·述而》),还是在对"礼"和"道"的认识上有"弟子不必不如师""闻道有先后,术业有专攻"(韩愈《师说》),都说明在中国传统教育的理念中师生间的界线并不是等级森严,难以逾越的。由此可见,学生对于老师,须恭敬有礼,不可冒犯,这是对师生关系的规范与要求,但在具体的教学过程中,中国传统的教育重视的是学生与老师之间平等的讨论,构建的是非常理想的、和谐的师生关系。因此,在我国一直非常重视思想政治教育过程中的师生关系的建立,认为教师与学生建立起和谐的关系是教师施教的前提。

(三)构建良好师生关系的理论基础。科学发展观为高校良好师生关系的构建提供了理论指导。科学发展观强调"科学",要求一切从实际出发,尊重客观规律,充分发挥人的主观能动性和创造性;要求教育要坚持全面、协调的观念研究社会经济发展和人的生存环境间的关系,用实践的研究不断完善和发展理论的内容,用以协调人与自然、社会的关系,保持人的发展与自然界发展、社会发展的平衡。科学发展观要求"以人为本",在教育教学中就是教师要"以学生为本",教师不断提高自身修养,营造民主氛围,保护学生权利,确立服务学生的新观念,实现师生之间在情感、思想观念、价值取向以及行为等方面的相互宽容和理解。良好师生关系的建立必须遵循教育教学规律和人的成长成才规律,按照科学发展观的要求加强和改进教育教学,培养反映时代特征、符合时代要求的建设者与接班人。

高校教师在教学过程中,要充分发挥社会主义核心价值体系对师生关系的引领作用。社会的发展、多元文化的交流和人的主体性的张扬,使得现代教育的价值取向呈现多元化趋势,因而矛盾与冲突在所难免。社会主义核心价值体系代表

---

① 许全兴:《毛泽东与孔夫子》,人民出版社2003年版。

了中国特色社会主义社会的主导价值,提供了和谐社会建设所需要的文化认同和价值追求,不但强调以马克思主义为指导思想,而且强调尊重差异、包容多样、求同存异、团结友爱、和睦相处等,具有弘扬正气、凝聚人心、沟通感情、增进融合等功能,能够引导教师和学生超越各种差异,消除彼此之间的分歧和隔阂,促进平等、民主、共生的师生关系的构建,增强教育教学的实效性。

(四)构建良好师生关系的情感基础。教育教学既是一个知识传授的过程,同时也是一个情感交流的过程。情感在教育教学中起着重要的作用。高校教师只有坚持以情感人的方法,才能收到良好的效果。

情在从知到行的转化过程中起着重要的中介作用。教学过程就是知、情、意、行诸要素的变化过程,情对人们的行为起着巨大的作用。情感的一个重要特点就是它的感染性。人与人之间的情感可以相互感染,当一个人产生某种情感,它会感染别人,使别人产生相同的情感。因此,在教学中,教师以深厚的真挚的情感对待学生,用情感去影响学生、感化学生、打动学生,就会使学生受到感染,从而引导师生双方情感上的共鸣,使教师比较容易完成教学目标,达到教学的效果;相反,如果教师缺乏热情、态度冷漠、情感交流发生阻碍,甚至可能引起受教育者的逆反心理,那么知识的交流就会受到影响,更谈不上教育的效果。因此,以情动人是教育教学的基础,也是良好师生关系建立的基础。

情是心灵的钥匙,爱是教育的基础。情感教育是一切教育的基础。在教学过程中,首先,教师要用真诚、尊重的态度对待教学,对待学生。教师真诚的情感,会引起学生的亲近和尊重的;教师对学生所提问题的坦诚、对学生的真诚,会拉近师生的距离,使课堂出现适度的学习气氛,易于打开学生的情感的通道,提升学生接受知识的灵敏度进而达到良好的教学效果。尊重学生,就是尊重学生的人格和尊严。其次,教师教学要善于联系学生实际情况,要善于将理解、关心、信任与学生的实际情况结合起来,以情动人,用真诚去取得学生信任,用温暖去启迪学生心扉,用友爱去与学生进行情感上的沟通,进而取得教育教学的良好效果[①];同时架起良好师生关系的桥梁。

三、构建良好师生关系的对策

无论是从时代对师生关系的要求出发,还是从师生关系的结构转变出发,新

[①] 陆庆壬:《思想政治教育学原理》,高等教育出版社出版,1991:251-252. 2009年2月课程建设 第2期 总第164期。

型的师生关系都应是一种的协作的、相互理解的、相互欣赏下的民主关系;是一种相互学习、相互要求、共同参与的合作关系;是一种相互独立、富有个性、共同发展的和谐关系。这种新型师生关系对思想政治理论课教学提出了新的要求。

(一)创建符合时代与社会发展需要的教学理念。现代教育理念主张"以人为本",即人的发展是教育的出发点和归宿点。要把人的培养和全面发展放在第一位。高校要"注重人文关怀和心理疏导,用正确方式处理人际关系"①。师生关系应"以学生为本",重视大学生的个性化发展需要,尊重大学生的个性差异,根据学生的发展需要科学设定教学内容,将集体、社会的发展诉求与个人的发展需要有机结合起来,促进大学生的全面发展。

(二)建立新型教学评价体系。过去,高校教师普遍性地单纯以成绩为依据评价学生,既不尊重学生的个性差异,又无法体现对学生日常行为的关注。改革和完善评价制度的关键在于从一元化、唯分化的评价转变为多元化、多样化的评价。对学生的评价应包括社会认知与学科认知,评价指标应多元化,注重对学生综合素质的考察,建立"知行合一"的综合评价体系。"知行合一"的评价体系是通过"直面学生"的非正式评价来实现的。"直面学生"的非正式评价是教师在的学习不断观察并与学生经常交往的基础上形成的"评价",它不以一次考试、一个分数来衡量学生,而是关注学生的综合素质。

(三)确立适应社会和时代要求的教师素质体系。第一,教师要自觉更新教育理念,实现师生协作。在信息时代,教育的重点已经由传授现成的知识转变为提高学生学习的能力、吸收处理信息的能力和创造力。因此,教师要成为理论的实践者,担负起全面培养学生的重任,使学生加入终生学习的行列,成为学生学习的引导者,自觉实现由知识的传授者转变为学生发展的促进者、由知识的输出者转变为学生自主学习的指导者、由独立的劳动者转变为师生共同提高的合作者。第二,教师要自觉培养师生情感。师生的情感是指教师与学生在教育活动中自然形成的态度和感受。师生的情感主要受到双方人格水平和交往态度的影响。其中教师起着主要作用。教师要不断提高自身修养,营造民主氛围,树立民主意识,保护学生权利,确立服务学生的观念,增强服务意识,构建平等的师生关系。第三,教师要自觉加强学习。高校教师要适应时代的要求,终身学习,把自己变成自主学习者角色、合作者角色、研究者角色。

---

① 高举中国特色社会主义伟大旗帜,为夺取全面建设小康社会新胜利而奋斗[N]. 人民日报,2007 - 10 - 16(3).

第五章

航海院校学生心理健康调查报告*

大学生的普遍年龄一般在18—25岁之间,从心理学的角度来看,正处于青年中期。大学生的心理具有青年中期的许多特点,但作为一个特殊群体,大学生又不能完全等同于社会上的青年。心理是否健康一般采用量表测量,其标准不是固定不变的。心理健康标准随着时代变迁、文化背景变化而变化。根据我国大学生的实际情况,评判大学生的心理健康水平应从以下几个标准来考虑:一是智力正常标准。二是情绪健康标准。三是意志健全标准。四是人格完整标准。五是自我评价正确标准。六是人际关系和谐标准。七是社会适应正常标准。八是心理行为符合大学生的年龄特征标准。

第一节 新生心理健康状况调查

对高校的新生来说,生活环境、学习环境、人际关系、学习内容和方式有了非常大的改变,很可能由此带来适应性问题和障碍。因此,很有必要对新生的心理健康状况进行调查分析以帮助其尽快适应大学生活。

一、研究方法

(一)被试

某2008级新生,回收有效问卷2301份,其中男生1315,女生986。

(二)测量工具及计分

采用大学生人格问卷(UPI),这是我国高等院校使用最广泛的一种用于对新

---

* 本文作者陈沁。

生心理健康调查的问卷,可以有效地检测出新生的心理适应问题[1]。根据计分规则可以把学生分为三类,其中第一类为可能有较明显心理问题的学生,应尽快约请进行咨询。

二、结果和分析

（一）三类学生的分布

表1　三类学生的人数及性别分布

性别	人数 n	问卷平均分 M	标准差 SD	I类比率 （%）	II类比率 （%）	III类比率 （%）
男	1315	7.06	5.98	6.9	26.7	66.4
女	986	8.75	6.75	9.4	30.4	60.2
合计	2301	7.78	6.31	8.3	28.3	63.4

从表一可以看到:第一类学生占全体被试的8.3%,第二类学生占28.3%,第三类学生占63.4%。分析性别因素对问卷结果的影响,第一类学生中男生占男生新生总数的比例是6.9%,第一类学生中女生占女生新生总数的比例是9.4%,性别差异显著($p < .001$),男生的心理健康状况要优于女生。调查结果显示女生较男生可能存在更多的心理问题,这与其他院校的调查结果一致[2],但也有一些研究发现性别因素对心理健康状况没有影响或与本调查的结果相反。笔者认为虽然女生从测量结果上看心理健康程度低于男生,但是这可能是由于女生的更敏感或者说女生的判断标准所致。

（二）各系专业满意度和第一类检出率相关

表2　各系第一类学生检出率和专业满意度

系别	航海	轮机	港航	航务	计算机	商贸	外语	动漫
第一类比例	6.0%	8.1%	10.2%	9.2%	3.2%	9.6%	15.0%	6.1%
专业满意度	2.54	2.89	2.17	2.42	2.85	2.94	2.76	2.50

（专业满意度:1=非常满意,2=比较满意,3=一般,4=不太满意,5=很不满意）

专业满意度与第一类学生检出率相关系数很低($r = 0.07$),说明心理健康程度与专业满意度相关,比较低,可能与个体的心理品质关系更大。

（三）"想轻生"或总分 25 分以上学生的比例

表 3 "想轻生"或总分 25 分以上学生的比例

想轻生	24 人	占第一类学生	占全体新生
		13.0%	1.0%
25 分（含 25 分）以上	22 人	占第一类学生	占全体新生
		11.9%	1.0%
合计	46 人	占第一类学生	占全体新生
		24.9%	2.0%

自杀是心理危急状况的一种极端反应,美国精神卫生研究将自杀行为分为:自杀意念、自杀未遂和自杀死亡。研究显示,在有自杀意念的人群中,5% 的人会采取自杀行为;在采取自杀行为的人群中,10% 的人会自杀死亡。在采取自杀行为之前,约 70% 的人会事先向亲友表达或暗示自杀的意念。

"总分 25 分以上"说明该生有很多困惑、冲突和问题,对大学学习和生活适应有困难,有些可能存在严重的心理问题。"想轻生"或总分 25 分以上的学生,需要老师特别给予关注。

三、几个关键题目的统计

在大学生人格问卷(UPI)中有几个题目是对学生进行筛选分类的关键题目:8 题:自己的过去和家庭是不幸的;16 题:常常失眠;26 题:对任何事都没兴趣;辅助题 1:至今,你感到自身健康方面有问题吗? 辅助题 2:至今,你曾觉得心理卫生方面有问题吗? 辅助题 3:至今,你曾接受过心理咨询与治疗吗?

表 4 第一类学生中关键题目的选择率

8 题	16 题	26 题	辅 1	辅 2	辅 3
41	45	29	144	165	43
22.16%	24.32%	15.67%	77.84%	89.19%	23.24%

从表 4 可以看出,第一类学生中 80% 左右认为自己身心健康状况都较差,22% 以上的学生认为自己的过去和家庭是不幸的;24% 的学生常常失眠;15% 的学生感到对任何事情都没兴趣;而接受过心理咨询的只有 23%,也说明加强心理健康教育工作还是非常有必要的。

四、总结

据统计,近几年,大学生因心理原因导致的危机事件逐年上升,广东省教育厅前副厅长李小鲁在 2008 年 12 月广东省普通高校心理健康教育"师生互助计划"试点工作总结会议上提到,与前一年相比广东省高校今年心理危机事件上升了百分之三十多。因此,心理健康教育要以全体学生作为教育对象,应逐步建立和完善心理健康教育的全员育人、全方位育人和全过程育人的工作机制。必须采用多项措施加强心理健康教育工作:加强心理健康教育领导体制和工作机制建设,建立心理健康教育工作的长效机制;开展形式多样的心理健康教育:以课堂教学、课外教育指导为主要渠道和基本环节,形成课内与课外、教育与指导、咨询与自助紧密结合的心理健康教育工作的网络和体系;注重队伍建设:建立一支专职教师为骨干、专兼结合、素质较高的队伍,加强各系心理教育工作,加强心理委员的培训和管理工作,构建学校、院系、学生三级工作体系。

第二节　航海类专业贫困生健全人格的培养策略

我国高校航海类专业旨在培养高级船员。船员是一种特殊职业,长期工作和生活在船上,生活枯燥孤单;常常经受气候环境的严峻考验,生物节律紊乱。此外船舶在大海上航行,沿途停泊在各国面临港口,相异语言的障碍、不同社会文化的冲突等屏障。这就要求船员不仅应具备扎实的业务水平、较高的思想品德素质,还应具有健全的人格。因此,在我国优质船员资源短缺和航海类专业贫困生比例较大的情况下,探讨航海类专业贫困生健全人格的培养显得尤为重要。下面从航海类专业贫困生人格发展的不平衡现象及其原因展开讨论。

一、航海类专业贫困生健全人格的内涵

人格是在一定社会历史条件下具体的人所具有的意识倾向性以及经常出现的较为稳定的心理特征的总和,包括认知、动机、气质、性格、自我调控等。大学时代是学生掌握知识的黄金时期,也是人格发展的重要阶段。我国高校航海类院校不仅要注重其专业素质和能力的培养,还要培养学生尤其是贫困生的健全人格,具体来说包括以下几方面。

（一）客观的自我认识和积极的自我态度

航海类专业贫困生应有全面的、客观的自我认识，既不夸大也不缩小自己的优缺点，能够经常意识到自己的行为，并能从总体上认可自己、接纳自己，热爱生活，有投身于工作、事业和家庭的热情。

（二）准确的社会知觉和建立适宜的人际关系的能力

人格健全的航海类专业贫困生应能准确地从他人的言语、行为中体察他人的思想、愿望和感受，了解他人对自己的看法和态度，而且对他人的了解是建立在事实根据上的而不是凭主观臆测的。此外，其良好的生活能力和对待他人的态度应有助于建立适宜的人际关系。

（三）协调的个性结构

人格健全的航海类专业贫困生是指其个性倾向的各部分包括认知、情感、动机、行为、气质、性格、自我调控等之间应该能保持一种动态的协调、平衡。

二、航海类专业贫困生人格发展的不平衡现象及其原因

航海类专业贫困生人格发展的不平衡是指为数不少的航海类专业贫困生作为一个弱势群体，其人格特征偏离正常的状态。主要表现在以下几个方面。

（一）性格封闭，以自我为中心

航海类专业贫困生由于受各方面客观条件的限制，社会接触面较窄，长期以来养成了不善与人交往和自我封闭的性格。有些同学从小就只一心一意地读书，其他事情都无需自己过问和解决，进入大学之后，由于学校环境的变化，大学学习方式方法的不同，往往不能很快地适应。由于生源地不同、经济条件悬殊、文俗差异、生活习惯不相容，有的同学不能很好地适应，考虑问题、处理事情都以自我为中心，将自我作为思考问题的出发点与归宿。目中无人，自私自利，造成人际关系紧张，使本应美好的大学生活变得不堪忍受。

（二）情绪波动，挫折承受力差

大学生正处于生理发育的成熟期和心理发展的过渡期。从生理上讲大学生已经进入生长稳定期，身体各器官各系统的机能日益完善。从心理上讲，大学生正处于迅速走向成熟而又未真正成熟的过渡阶段。有些航海类专业贫困生在心理发展上表现出许多过渡状态的矛盾性，比如：抑郁、孤独、自卑、挑剔、嫉妒等。他们遇事情绪波动较大，尤其是当碰到学习上的竞争、社会交往中的挫折时，心理比较脆弱，承受能力差，并常用消极方式来对待这些挫折。

(三)意志薄弱,自控能力差

航海类专业就业率高,有的贫困生认为就读航海类专业就是进入了保险箱。他们对生活、学习缺乏斗志,随波逐流、无聊空虚、懒散倦怠。他们普遍对自我现状不满,但很多同学都不能在理想与现实之间找到平衡而使自己感到巨大的心理压力,当这些学生遇到困难挫折时,往往表现为烦恼不安、畏惧退缩,社会责任感不强,自控能力差。广州航海高等专科学校在航海类专业学生中发生了几起恶性事件。根据调查:肇事的学生大多数来自于贫困家庭,平时性格内向,自控能力差。

三、航海类专业贫困生健全人格的培养策略

为适应世界海运的发展,培养和输出符合世界航运所需要的人才,针对航海类专业贫困生人格发展的现状,航海院校应着重加强对航海类专业贫困生健全人格的培养。

(一)完善培养机制

首先,应建立一支训练有素、掌握心理学专业知识和技能的教师队伍。心理健康教育是一项专业性很强的工作,要推进这项工作向科学化和规范化发展,就必须首先加强心理健康教育工作者自身素质的培养。航海院校应充分挖掘本校的资源,有计划地对心理健康教育教师进行培训,充实授课教师的心理学知识,并努力构建一批航海院校心理健康教育研究的学术专家队伍。

其次,招生时采用心理测验甄别心理素质符合航海要求的学生。理想的航海类人才具备的人格特征和行为特征关系到航海院校对学生的选拔、教育、培养等至关重要的问题。在招生工作中选择适当的心理测验工具提前甄别出坚强果敢、团结协作、情绪稳定和乐于交往的学生,这样可以避免教育资源的浪费,利用有限的资源培养出更多符合航海要求的人才,同时又可以避免人才的浪费,避免让不适合的人从事海上工作。

其三,应建立多层次、多形式的心理健康教育模式的机制。心理的健康和人格的健全决非短时期内就可以培养完成的,单一的课程、单纯的课堂教学、单一的考试方式等都无法完成这个任务。因此,航海院校在开展心理健康教育活动时,必须把心理健康教育纳入整个学校的教育系统中,融合到学校教育的全过程,渗透到各项教育教学活动中,以真正做到多内容、多层次、多途径、多形式地实施心理健康教育。各航海院校可以采用体验式学习方法,利用情景模拟、案例教学等先进教育手段,开设航海心理素质训练课。一方面让学生了解心理发展的基本知

识,认识自我、悦纳自我,调节心理压力,保持心理健康;另一方面注意结合航海职业特点与需要,训练学生坚强果敢、情绪稳定、善于社交等心理素质。在航海教育中,有大量的航海实践和生动事例,有成功的,也有失败的;有中国的,也有外国的;有的还很典型、惊心动魄。这些事例对丰富学生航海经验,拓展视野,增强情感体验,树立自信心都很有帮助。此外,可以设置具体的环境,例如航海模拟实践等,让学生置身其中,独立思考,让学生经受困难时的心理、技术、知识考验。通过这样的反复训练,学生不仅在专业技术上,而且在心理素质上一定会有收获。

(二)促进和谐交往

船舶是一个游动的社会。和谐的人际交往能使船员形成同舟共济、克服困难的共识,能使船员很好地适应船上社会,形成一个融洽、和睦、友好的工作气氛和环境。和谐的人际交往还是精神生活的需要,能保证船员的工作质量,保障船舶的安全。因此,积极培养航海类专业贫困生的人际交往能力,意义重大而深远。

(三)建设校园文化

校园文化是一种难得的、隐性的培养健全人格的教育资源。与其他类别院校相比,航海院校的校园文化不仅容易形成,且特色鲜明,而且航海院校校园文化所特有的内容如高度严谨、积极服从、顾全大局、团体协作、勤奋敬业等还有利于学生健康心理的养成。因此,航海院校的校园文化建设应成为培养学生健全人格的一个重要途径和渠道。在校期间可以通过对学生加强艺术教育,通过培养学生各种健康的兴趣,比如音乐、绘画、摄影、书法、文学等等,增强学生自我调节情绪的能力和自我陶冶的能力。而增强心理相融性,可以通过团体活动与训练,使学生掌握科学的心理学方法与技术,改善自我,提高心理素质,开发潜在能力,改善人格现状,使其在未来工作中更具有团队精神、凝聚力和整体性。

现代意识中人的意义的觉醒促使人们对教育价值观进行深刻的反思。人们通过对人类发展的历史分析并对世界各国社会发展的横向对比研究认识到,教育是可以实现健全人格培养的。航海院校只有在充分重视航海类专业贫困生问题的基础上,在注重其专业素质和能力的培养的同时,积极争取各种有利条件培养他们的健全人格,才能为我国的航海事业培养出综合素质全面发展的高级航运人才。

第三节 航海类专业学生的人格特点及相应的教育对策

随着世界航运业的发展,航运市场的竞争日益激烈,因此,对人才素质的要求也越来越高。特别是航海类专业人才,职业的特殊性要求他们不仅要有较高的思想素质、扎实的业务素质,更要有良好的心理素质。对大量的海损海难事故分析表明,船员的人为失误是造成事故的主要原因,而这其中绝大部分是由于船员的心理素质不佳造成的。可见海员的心理素质对船舶的安全行驶具有重大影响。海上工作的艰苦性和海洋环境的特殊性,也要求海员具备心胸豁达、沉着自制、坚忍不拔、团结协作、善于自我调节、容忍善待他人、开朗幽默等心理素质。

航海院校作为培养航海类人才的专业院校,担负着为我国航运事业输送高素质专业人才的使命。我们对航海类专业学生的心理健康状况和人格特征与普通专业学生做比较,作为培养他们心理素质的依据,更能做到教育的有的放矢。

一、航海类专业学生独特的人格特点

（一）"敏感性"较低

根据卡特尔人格量表测量,航海类专业男生和普通专业男生相比,在"敏感性"因子上得分较低。在"敏感性"因子上,得分高表示敏感易感动,有时候耽于幻想不实际;得分低代表理智,着重现实,多以客观、独立、坚强的态度处理事情,航海类专业男生在这项上得分比普通专业学生偏低,说明他们比较实际,注重现实,比较能适应艰苦的海上工作,这可能和他们的成长环境有关,由于多半来自经济不发达地区,相对比较艰难的生长环境塑造了他们现实、独立、坚强、能吃苦的精神。

（二）"有恒性"较高

根据卡特尔人格量表测量,在"有恒性"因子上,航海类专业男生得分较普通专业男生要高,说明他们做事比较有恒负责,能尽职。能够从事一些需要耐心和细致的工作。这个说明航海专业教育对学生施加了正向的引导,因为本专业要求学生在船上要严格按照制度和上级的指挥行事,而且在茫茫的大海上,生活和工作都是比较枯燥的,所以要求学生能够忍受封闭和枯燥的环境和生活。所以,学生在日常的学习和训练中已经对于未来职业的一些基本要求自觉地相应地进行了个人学习和准备。

(三)"忧虑性"较高

根据卡特尔人格量表测量,在"忧虑性"因子上,航海类专业男生得分也较普通专业高,说明他们比较忧虑、多烦恼,有更多的沮丧悲观情绪。这个原因,首先可能是航海类专业男女生比率的天然缺陷造成的,整个专业都没有女生,清一色的都是"光棍",给正值对异性交往有强烈渴望的青年学子带来极大的不方便。第二,航海这个职业属于艰苦行业,经常听到一些事故报道,会给人在潜意识中造成这是危险行业的认知,或多或少给学生带来一些心理压力。最后,想到未来的职业在远离大陆的大海上,封闭缺乏信息流通,又没有家人在身边,由于以后工作的原因现在也不方便交女朋友等等,这些都可能会给正值多愁善感的年轻人增添额外的烦恼。

(四)情绪稳定性较差

在情绪稳定性方面,航海专业大学生明显低于普通大学生。一些调查研究也发现航海专业的大学生产生矛盾较普通专业大学生更可能转化为较严重的冲突事件,如本校近年来发生的较严重的学生打架斗殴事件都是航海类专业学生参与其中的。这与航海专业大学生所处的学习生活环境有一定关系。航海专业一般采用半军事化的管理模式,在着装、作息、训练等方面有严格的规定,学生的学习压力和训练强度都比较大。再加上社交环境较普通学生狭窄,这样一些负面情绪可能容易积累而且不易释放排遣,随着时间积累最后会用一种破坏性的方式释放出来。因此,对航海院校大学生进行心理健康教育,需要加强其情绪稳定性的培养和锻炼。当然还要增加学生娱乐,丰富学生活动,给学生更多释放排遣负面情绪的出口。

二、有针对性地提高航海类学生的心理素质

航海事业对人才具备的良好人格和心理素质的要求更高。加强心理素质教育,尤其是根据航海类学生的特点开展有针对性的教育和训练就尤为重要。

(一)开设航海心理素质训练课程

采用体验式学习方法,利用情景模拟、案例教学等先进教育手段,开设航海心理素质训练课,是培养学生良好心理素质的有效手段。航海心理素质训练一方面应当让学生了解心理发展的基本知识,认识自我、悦纳自我、调节心理压力,保持心理健康;另一方面要注意结合航海职业特点与需要,训练学生坚强果敢、情绪稳定等心理素质。在航海教育中,有大量的航海实践和生动事例,有成功的,也有失败的;有中国的,也有外国的;有的还很典型,惊心动魄。这些事例对学生丰富航

海经验、拓展视野、增强情感体验、树立自信心都很有帮助。此外,可以设置具体的环境,如航海模拟实践等,让学生置身其中,独立思考经受住遇困难时的心理、技术、知识考验。通过这样的反复训练,学生不仅在专业技术上,而且在心理素质上一定会有收获。

(二)加强艺术和体育教育,增强学生自我调节情绪的能力

由于生活空间比较狭小压抑、工作单调枯燥,船员容易因生活无聊而产生消极不愉快的情绪,而此种负面情绪会使船员心灰意冷,降低工作效率,不利于身心健康。因而在校期间,要培养学生各种健康的兴趣,如展养学生音乐、绘画、摄影、书法、文学等方面的兴趣,要拓宽学生的生活面,使学生胸襟宽广、眼界开阔、情操高尚,在船上狭小的工作生活空间里,感受到更多的快乐,增加他们对工作、对生活的热爱。

(三)培养人际交往能力

人际关系是职业的润滑剂同时也是生活的安慰剂,很多空闲时间通过人际间的互动可以消遣,很多不良情绪可以通过亲朋的安慰得到释放。航海类学生未来长期生活在以男性为主体的船上,脱离大社会,远离家乡和亲友;船员又定期更换,择友圈子非常有限;加上信息比较闭塞,业余生活单调枯燥,因此如果不善合群,往往会由于缺乏家庭亲情的慰藉,或因缺少可以倾诉各自喜怒哀乐、促进情感交流的知心朋友,从而带来失落感。良好的人际关系,可以促进相互帮助、相互谅解,增加安全感。同时还可以取得与他人更多的一致性和共同性,避免过分孤独。总之良好的人际关系对维护心理健康起着重要的润滑作用。海员能否积极协调好人际关系尤为重要。

第四篇 04
工作大事记

广州航海学院德育工作大事记(2005－2013年)

2005年

4月29日,我院在学生活动中心三楼隆重举行"五四"表彰大会。各系(部)400多名团员青年代表欢聚一堂,共同纪念"五四"运动86周年。

5月19日,湛江海事局副局长申春生来我院作题为"21世纪航海类专业学生面临的机遇和挑战"专题报告。报告会在学生活动中心三楼举行,学工处处长钟建东主持。

5月21日,应中海国际船舶管理公司之邀,在姚立宁校长和李纯英副书记的带领下,我院师生一行60余人到南沙港参观了该公司先进集装箱船"新大连"号。

7月5日,校学工部、团委和两办在学生活动中心联合举办了"隆重纪念郑和下西洋600周年暨热烈庆祝首届中国航海日"活动。

11月4日,广州航专第六届校园文化艺术节开幕。

11月22日,我院七七届校友、美国太空总署火箭推动实验室专门从事人工智能研究的汤奔阳博士回母校,给师生代表做专场报告。

11月24日,广州舰艇学院张立深教授来我院作讲座,讲述了关于《海军与海洋》的情况和事例,使到场的师生拓展了知识面和专业视野。

11月26日,由院团委主办,校社联承办的校园文化艺术节之"第十三届书画展"在新教学楼一楼举行。

2006年

3月7日,学校两办在船长大厦二楼会议室组织了"党建与学生工作会议",会议由校党委书记杨炳生同志主持,各总支书记、支部书记和全体大、中队长参加了会议。

4月6日,在办公楼二楼会议室举行我院与孙中山大元帅府纪念馆共建爱国主义教育基地签字仪式。李穗梅馆长和我院李纯英副书记在"共建协议书"上郑重签字,至此,为期二年的"共建"活动拉开帷幕。

4月21日,"哥德堡号重返中国之旅"系列活动——海上丝路魅力水手选拔大赛新闻发布会在广州电视台大厅隆重举行,我院院长王玉潜教授、院党委副书记李纯英教授应邀出席大会并在嘉宾席就座。

4月25日,我院软件学院一行42人,前往广州大学城中山大学传播与设计学院,参加广东省发展和改革委员会等主办、GDLC等筹办的2006年首届开源文化节。

4月27日,纪念"五四"运动87周年,我院第二届"颂中华、迎五四"合唱比赛暨"五四"表彰大会在文船俱乐部举行。

6月5日,应王玉潜校长的邀请,华中科技大学教育科学研究院别敦荣教授和陈廷柱副教授在我院船长大厦报告厅分别作了题为"高等学校学科建设的问题与对策""教育思想的价值"的专题报告。

6月29日,在学生活动中心礼堂,我院隆重召开了庆祝中国共产党成立85周年大会,全校在职教职工党员和学生党员近400人参加了会议。

7月18日,瑞典仿古商船"哥德堡号"抵达广州南沙客运码头,中国人民对外友好协会会长陈昊苏,广东省有关领导前往码头迎接。我院组织了200名师生参加欢迎的庆典,至此,我院参与历时4个多月迎接"哥德堡号"系列活动的工作画上了圆满句号。

10月19日,全国劳动模范、全国五一劳动奖章获得者、金牌轮机长吴有胜校友回校,院党委书记杨炳生、院长王玉潜、校友联络办公室主陈少平等在办公楼四楼会议室会见了吴有胜校友,并对他在工作中所取得的成就表示祝贺。

2007年

元月9日至21日,我院举办了首届船模展,期间前往参观的师生员工达2000多人次。本次船模由党委宣传部承办,共展出十四条吨位大小不同的各种商用船,其中有集装箱船、散货船、油船和多用途船等。

4月19日,中国人民解放军海军兵种指挥学院政治工作系主任陈映桥教授应邀来校作《关于台湾问题》的报告。报告会由科研处处长钟碧良主持,航海系近二百名学生以及学校部分老师聆听了此次报告。

5月13日,在学校海燕广场,我院与黄埔区红山街道联合举行"共建爱心家教志愿服务基地"挂牌仪式。红山街党工委副书记庄永肖主持了挂牌仪式,我院党委副书记李纯英、红山街党工委书记邓伟雄分别讲了话。

7月3日,我院庆祝第三届"中国航海日"系列活动开幕式在田径运动场隆重举行。

12月11日,"广东省2007年高雅艺术进校园活动"走进我院,由广东省教育厅主办、我院协办、华南理工大学青年交响乐团演出的一场大型交响音乐会在教学楼广场隆重上演。

2008 年

3月15日,由广东省航海学会、广东海事局、深圳海事局、广州海运(集团)有限公司等单位主办,我院承办的"第二届广东海事高级论坛"在行政楼六楼报告厅隆重召开。

5月8日,由院团委和学生会主办的2008年广州航海高等专科学校"五四"表彰大会暨大学生风采大赛总决赛在文船俱乐部隆重举行。

5月26日至31日,应意大利热那亚圣佐治亚航海学院院长、WladimiroLozzi教授的邀请,我院代表团一行四人,在王玉潜院长的率领下出访意大利热那亚进行了为期6天的访问交流。考察交流之后,王玉潜校院与WladimiroLozzi院长分别代表两校正式签署了合作办学意向书。

5月27日,由心理健康教育与咨询中心主办的我院首届"5.25—我爱我"心理健康周开幕式暨系心理教育站成立大会在学生活动中心举行。

6月12日,我院庆祝第四届"中国航海日"系列活动在海燕广场拉开帷幕。

7月19日,第58届世界小姐中国总决赛广东赛区决赛颁奖晚会在广州市花都区政府礼堂隆重举行,我院吴静琪同学在决赛中荣获第58届世界小姐中国总决赛广东赛区总决赛"十佳选手"及"最佳亲善小姐奖",这是我院学生首次获得国际性文艺奖项。

11月20日,我院校友、广州市文化局陈春盛副局长应邀回校学海讲坛作《感受成长,启迪人生》的专题报告。

2009 年

3月19日,海军兵种指挥学院陈岛教授应何立居副校长的邀请,在我院学生活动中心为我院师生作了题为"我国海洋权益斗争与海上通道安全"的精彩报告。

4月23日,由学工部、校团委主办,校学生会承办的第二届宿舍文化节在学生宿舍七栋前隆重开幕。

5月25日,省教育厅组织了以中山大学教育学院副院长李辉教授为组长的思想政治理论课建设评估专家组一行5人到我院进行为期两天的思想政治理论课建设现场考察评估。

5月26日,意大利热那亚"圣佐治亚航海学院"院长wladimiroIozzi先生、航海系主任Piazza先生、航海系教授Luca先生、英语教师兼翻译Susanlinda女士组成的意大利国际教育合作交流代表团来我院进行了为期一周的友好交流。

7月15-17日,在院党委副书记苏曙率领下,我院各基层党组织派出100多名党员,前往潮安县彩塘镇,与当地24个村党支部的党员干部和群众进行了第二次面对面的结对共建工作。开展了城乡基层党组织共建、"我爱我的祖国"、纪念建党88周年和庆祝新中国成产60周年等学习实践科学发展观主题实践活动。

11月5日,由我院少数民族同学哈蕊、王有理、周媚、周若泉组成的少数民族运动队代表黄埔区参加了由广州市体育局、民族宗教局举办的广州市少数民族体育花会,取得单项比赛项目投竹篓第4名的好成绩。

12月4-6日,由国家文化部、科技部、工业和信息化部、国家广电总局、新闻出版总署、国务院新闻办公室、团中央、北京市政府共同主办的"第七届中国国际网络文化博览会暨首届中国动漫游戏人才年会"在北京隆重召开。我院的校、政、企三方结合的动漫人才培养办学模式荣获"2009年中国动漫游戏专业人才培养模式创新奖"。

2010年

元月25日,我院党建暨思想政治教育研究会2009年年会在行政楼六楼报告厅隆重召开。

元月25日至2月8日,我院十二位师生出访意大利圣佐治亚航海学院。我院自2008年5月26日与该校签订友好合作协议之后,首次派出十二位师生前往意大利对热那亚圣佐治亚航海学院作为期两周的学习交流,这是我院多年来拓展对外交流活动,首次开展的实质性活动。

3月29日至4月11日,意大利热那亚圣佐治亚航海学院师生一行12人回访我院。这是自2008年5月26日和2009年5月26日两校签署"校际友好合作协议""师生互访和学习交流的协议"以来,两校师生进入实质性的相互交流学习阶段的标志。学校主要安排本次来访的师生到系部进行理论和实践的交流学习、两校师生的友谊互动交流和参观广州文化展等活动。

6月30日,广州市地方税务局黄埔分局胡炳生副局长率领黄埔地税局税政、法规、征管等科室的工作人员来我院进行"税法进高校"的税收政策宣传活动。

8月14日,交通运输部珠江航务管理局工会主席李育青带队,来自广东省海员工会、香港海员工会、广西港航管理局、云南省航务管理局、贵州省航务管理局的各领队、学生代表约90名夏令营成员来我院参观交流。

9月14日,我院聘请中海发展股份有限公司货轮公司高级船长、工商管理硕士、高级工程师邱国宣总经理为客座教授。颁发聘书仪式在行政楼六楼学术报告厅举行,王玉潜院长代表学校向邱国宣总经理颁发了客座教授聘书。邱教授为我院师生上了第一堂课,题目为"投身航运,共求发展,铸就灿烂人生"的演讲。我院航海学院、船舶工程学院、港口与航运管理学院的300名师生聆听了邱教授的报告。

10月26日,我校就业指导中心从省教育厅领回了"全国普通高等学校毕业生预征工作先进集体"荣誉牌匾,这是教育部首次在全国普通高等学校中开展毕业生预征工作的评选表彰,全国共表彰先进集体135个(其中高校123所)、先进个人265名。广东省共有7所普通高校受到教育部的表彰。

2011年

3月7日,由广东省民间文艺家协会、广州市民间文艺家协会、黄埔区政府联合主办的"2011年菠萝诞洪圣文化岭南水神文化"研讨会在黄埔区政府办公大楼副楼举行。

4月8日,由国家交通运输部主办的"参加海军亚丁湾索马里水域护航船长事迹报告会"在我院隆重举行。

4月26-27日,广东省高校党建研究会高职高专分会教育厅直属院校研讨会暨分会工作会在我院举行,会议的主题是学习贯彻新修订的《中国共产党普通高等学校基层组织工作条例》,研究广东省高校党建研究会高职高专分会下阶段工作。

4月28日晚,我院演播大厅传来阵阵优美的俄罗斯旋律。我院与俄罗斯联邦驻广州总领事馆庆祝"五一"国际劳动节联欢晚会在此隆重举行。

5月18日,校党委书记王舒平率党委中心组成员一行32人赴珠海高栏港广东海事局巡查执法支队学习交流,在广东海事局巡查执法支队吴建生支队长等领导的陪同下登上了被称之为"中国海事第一船"——"海巡31"船。

5月31日,我院庆祝中国共产党成立九十周年大型文艺晚会《永远跟党走》在演播厅举行。

6月15日,广东高校心理健康教育与咨询专业委员会主任,广州中医药大学经济与管理学院院长、博士生导师邱鸿钟教授应邀在我院图书馆报告厅作了题为"心理压力的调节与管理"专题讲座。

6月16日,学校在图书馆报告厅举行了"纪念中国共产党成立90周年"书画摄影比赛优胜作品颁奖仪式。

6月22日,学校在海燕广场举行出征仪式,为陈昌明船长出征亚丁湾执行第九批护航任务送行。

6月30日,我院在行政楼六楼报告厅举行纪念中国共产党成立90周年暨创先争优表彰大会。

7月8日，学校党建暨思想政治教育研究会在图书馆报告厅召开工作会议。

7月11日，我院师生代表共40余人参加了广州海事局在珠江内港东河道水域举办的以"兴海护海，舟行天下"为主题的海事开放日活动，共同庆祝我国第七个航海日。

7月12-19日，我院院团委和扶贫办组织的暑期三下乡社会实践活动在清远市阳山县小江镇顺利开展。

7月25-29日，由交通运输部主办、武汉理工大学承办的主题为"拥抱蓝色国土，发展绿色航海"的2011年中国航海院校夏令营活动在武汉隆重举行。我院共派出二十多名师生参加了本次夏令营。

9月16日，在纪念辛亥革命100周年前夕，由黄埔区文联主办，我院协办的"黄埔文化系列讲座之七"——《辛亥革命精神的当代价值》专题讲座在我院图书馆一楼报告厅举行。

10月14日，为纪念辛亥革命100周年，缅怀中山先生和革命先驱的历史功绩，传承和弘扬爱国主义精神，学校组织党委中心组全体成员和各民主党派及侨联负责人参观了黄埔区长洲岛新落成的广州辛亥革命纪念馆。

12月18日，广东省委常委、省纪委书记黄先耀老院长在广东省纪委丘海副书记、省教育厅罗伟其厅长、省教育纪工委书记赵康等领导的陪同下回校视察。黄书记的到来受到院党委书记王舒平、院长王玉潜、学校校领导和中层干部以及黄埔区区委陈小钢书记等区领导的热烈欢迎。在王舒平书记和王玉潜院长的陪同下，黄先耀书记等领导一行参观了校园、我院建设中的新校区以及航海学院的海船模拟器实验室。

12月29日，我院在行政楼六楼报告厅隆重举行陈昌明船长护航立功表彰大会。

2012年

3月2日，我院隆重举行南海神庙文化研究中心揭牌仪式。

3月4日，广东省首届岭南民俗文化节、第八届广州民俗文化节暨黄埔"波罗诞"千年庙会之"风雅颂歌"活动启动仪式在我校演播厅隆重举行。

6月7日，由中华人民共和国交通运输部主办，广州航海高等专科学校承办的《雪龙特殊区域航行特点》报告会在我院行政楼六楼报告厅举行，报告会由中国极地研究中心南极科考船"雪龙号"船长沈权主讲，院长助理林敏主持了报告会，航海系全体教师和学生代表近400人聆听了报告会。

7月23日至25日，由交通部主办，青岛远洋船员职业学院承办的2012年中国航海院校大学生夏令营在山东省青岛市开幕。我院师生在全部7个比赛项目中荣获1个一等奖、3个二等奖、4个三等奖的好成绩。

12月,广州市人力资源和社会保障局批准我院艺术设计学院的生产性实训基地为"广州市创业(孵化)示范基地"。

2013年

教育部4月18日发文(教发函〔2013〕40号)批准在广州航海高等专科学校基础上建立广州航海学院。

4月18日,我院"广州市创业(孵化)示范基地"正式揭牌。

7月11日,纪念第九届中国航海日航海文化暨南海神文化研讨会在我院行政楼三楼会议室召开。

7月23~28日,由交通运输部主办,大连海事大学、上海海事大学、广州航海学院承办的"寻海上丝绸之路,筑海洋强国之梦"2013年中国航海院校大学生夏令营,于7月23日在上海海事大学举行开营仪式。7月26日抵达广州航海学院,随后继续举行海上救生拖带、游泳接力、撒缆绳、打绳结、车工工艺比赛等航海技能竞赛和英语演讲比赛,参观了著名的黄埔军校、文冲船厂、南海神庙和广州大学城。

7月28日,交通运输部科教司袁鹏副司长、于敏处长一行来我院考察指导工作。

7月28日,航海院校大学生夏令营各项活动顺利完成,当晚举行了"中国梦,海洋情"颁奖晚会。交通运输部科教司袁鹏副司长出席了颁奖晚会并讲话,交通运输部科教司教培处于敏处长、广东海事局杨文副局长、广东省航运集团有限公司张道武副总经理、广东省珠江航运有限公司何伟建总经理和大连海事大学、上海海事大学、集美大学、武汉理工大学、青岛远洋船员学院、青岛港湾职业技术学院、广州航海学院等7所院校的领导、嘉宾参加了颁奖晚会。

10月17日,国家海洋局南海分局宣讲会在我院行政楼六楼报告厅举行。国家海洋局南海分局党委书记钱宏林、南海分局人事处处长吴东滨、南海分局人事处主任科员徐淑升和中国海监第八支队副支队长蔡岳龙等领导以及我校2014届航海类专业毕业生代表近200人出席了宣讲会。

12月5日,广州市文广新局陈春盛副局长受邀莅临我院学海讲坛,在行政楼六楼报告厅作了题为《了解自己,规划未来》的学术报告。

12月16日,我院客座教授、中海散货运输有限公司总经理邱国宣教授在行政楼六楼报告厅为我校海运系学生作了题为"海运强国砥砺前行"的学术报告。

后 记

  为深入学习贯彻党的十八大精神和习近平总书记系列讲话精神,展示中央16号文件颁发以来各地各高校加强和改进高校德育工作的新实践、新探索,教育部思想政治工作司组织出版《高校德育成果文库》,汇集各地高校的成果和经验,搭建交流研究成果、展示工作经验、促进成果转化的有效平台,相信会对进一步促进高校德育工作的创新发展起到重要的推动作用。

  本书是《高校德育成果文库》入选书目之一,是广州航海学院以思政部为主的教育工作者集体智慧的结晶。参与本书编写的有尹伶俐、贾文武、钟碧良、朱怡权、陈雪芳、牟方君、马国华、吴妙英、黄丽红、雷新兰、黄咸强、王华、王明霞、陈艳、陈沁、孙利龙、施群丽、李旭霞、苏怀富、欧俊伟等同志。闵金卫、刘招兰、郑德华、邱必谦、谢特秀、朱钧等同志为本书的撰写提供了相关材料。教育部思想政治工作司对《高校德育成果文库》的编选给予了关心和指导。本书在编写和出版过程中,得到了中国书籍出版社、中联华文(北京)社科图书咨询中心的大力支持,在此表示衷心的感谢。

本书编写组
2014年12月